300 Jahre Charlottenburg

Von Charlottes Schloss zur Berliner City

Inhaltsverzeichnis

Einleitung	6-7
Vorgeschichten	8
Dorf Lietzow (1239)	8
Sophie Charlotte (1668-1705)	8-9
Schloss Charlottenburg (1699)	10-15
Gründung und Frühzeit: Die Ackerbürgerstadt	16-18
Das Keramik-Museum Berlin im ältesten Bürgerhaus (1712)	18-19
Luisenkirche (1716)	19-20
Situationsplan der Stadt Charlottenburg 1724	21
Industrialisierung und Stadtwerdung	22
Die Friedhöfe (1815)	24-25
Sport in Charlottenburg (1858)	28
Das Museum Berggruen und die Stülerbauten (1859)	28-30
Standesamt in der Villa Kogge (1864)	30
Westend (1866)	32-35
Bismarckzeit: Die Großstadt	36-38
Käthe-Kollwitz-Museum, Literaturhaus und Villa Grisebach im Wintergarten-Ensemble (1871)	38-39
KPM (1873)	40-41
Plötzensee (1879)	42-43
Technische Universität Berlin (1879)	43-44
Villa Oppenheim (1882)	44-45
Kurfürstendamm (1886)	45-58
Physikalisch-Technische Bundesanstalt PTB (1887)	58-59
Wilhelminismus: Reichste Stadt Preußens	60-63
Gipsformerei (1891)	63-64
Bröhan-Museum im Offizierswohnhaus (1893)	64-65
Heinrich Zille (1893)	65
Kaiser-Wilhelm-Gedächtnis-Kirche (1895)	66
Theater des Westens (1896)	67
U-Bahn (1902)	68
Universität der Künste (1902)	68-69
Rathaus Charlottenburg (1905)	70
Volkshochschule (1905)	70
Landgericht und Oberverwaltungsgericht (1906)	71
Krankenhaus Westend (1907)	72
Schillertheater (1907)	72-74
Charlottenburger Tor (1908)	74
Europäische Wirtschaftshochschule in der Säuglingsklinik (1909)	74
Olympiastadion (1909)	74-76
Museum für Fotografie im Offizierskasino (1909)	76-77
Kinos (1911)	77-78
Synagoge und Jüdische Gemeinde (1912)	78-79
Deutsche Oper Berlin (1912)	80
AVUS (1913)	80
Messegelände mit Funkturm und ICC (1914)	81-82
Weimarer Republik: Der Bezirk im Neuen Westen	83-84
Tribüne (1919)	84-86
Renaissance-Theater (1922)	86-87
Volkspark Jungfernheide (1923)	87
Komödie und Theater am Kurfürstendamm (1924)	88
Kempinski (1926)	89
Schaubühne im früheren Universum-Kino (1928)	89
Touro College Berlin im Campus am Rupenhorn 5 (1929)	90
Georg-Kolbe-Museum (1929)	90-91
Radio und Fernsehen (1931)	92-94
Siemensstadt (1932)	94
Nationalsozialismus: Zerstörung und Widerstand	95-97
Dietrich-Bonhoeffer-Haus (1935)	98
Teufelsberg statt Wehrtechnische Fakultät (1937)	98
Ernst-Reuter Haus – Haus des Deutschen Städtetages (1939)	98-100
Nachkriegszeit: Wiederaufbau	101-102
Häuser für die Mode (1950)	104
Kinos für die Filmfestspiele (1952)	104-105
Ernst-Reuter-Platz (1953)	105-106
Amerika Haus (1957)	106
Le-Corbusier-Haus (1958)	106
Charlottenburg-Nord mit der Paul-Hertz-Siedlung (1961)	107
Mauerstadt: Schaufenster des Westens	108-109
Maria Regina Martyrium (1963)	109
Klausenerplatzkiez (1963)	110
Europa-Center (1965)	112
Produktionstechnisches Zentrum PTZ (1986)	115
Heimatmuseum (1987)	115
Naturwissenschaftliche Sammlung der Stiftung Stadtmuseum (1989)	116
Wende: Ist der Neue Westen der alte Westen?	118-119
Ludwig-Erhard-Haus der IHK (1998)	119
Stilwerk (1999)	119
Mercedes-Welt (2000)	120
Ku'damm-Eck (2001)	122
Volkswagen-Universitätsbibliothek (2004)	123
KPM-Quartier und Spreestadt (2005)	125
Literaturauswahl	126
Dank an die Sponsoren	127
Bildnachweis	128

Grußwort des Regierenden Bürgermeisters von Berlin, Klaus Wowereit

300 Jahre sind ja noch ein recht jugendliches Alter für einen Stadtbezirk. Schaut man aber mit diesem Band auf die Charlottenburger Geschichte, so glaubt man, die Historie im Zeitraffer zu erleben. Von der winzigen Siedlung entlang der heutigen Schloßstraße mit der gleichnamigen Residenz bis hin zur Industriestadt und pulsierenden Metropole: Das war ein Aufstieg, so rasend schnell wie der von Berlin.

Und wirklich: Charlottenburg ist eine Metropole in der Metropole: so aufregend und lebendig, so vielfältig und kulturell begütert wie Berlin insgesamt.

Hier ist großbürgerliche Behaglichkeit ebenso zu Hause wie die Boheme und Zilles Miljöh lebt im Gewand kultureller Vielfalt neu auf.

Aber dann sind da noch die großartigen Museen rund um das Schloss und natürlich der Kurfürstendamm. Sie haben Charlottenburg einen guten Namen in aller Welt gemacht, wie natürlich auch die Technische Universität, die Universität der Künste, die Theater und die Deutsche Oper. Jüngste Perle ist das neue Olympiastadion, ein Symbol für Charlottenburgs wie für Berlins Zukunft als Sportstadt.

Die Liste der Charlottenburger Attraktionen muss unvollständig bleiben. Fehlen darf aber nicht der Hinweis auf die Menschen, die hier leben. Es gibt wohl nur wenige Berliner Bezirke mit einer so faszinierenden Mischung unterschiedlicher Temperamente, Lebensstile und Kulturen. Und doch eint sie alle, dass sie gerne in ihrem Kiez leben und dass nicht wenige stolz darauf sind, wenn man in Paris, Moskau, Tokio oder New York weiß: Charlottenburg ist in Berlin.

KLAUS WOWEREIT

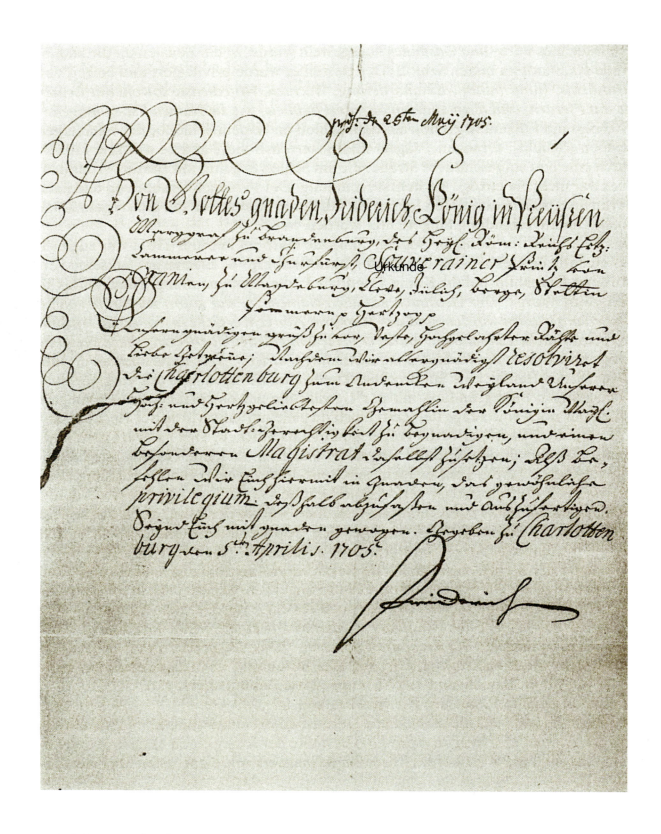

Brief des preußischen Königs Friedrich I vom 5. April 1705

Von Gottes gnaden, Friderich, König in Preußen, Marggraf zu Brandenburg, des Heyl. Röm. Reichs Ertz-Cämmerer und Churfürst, Souverainer Printz von Oranien, zu Magedeburg, Cleve, Jülich, Berge, Stettin, Pommern und Hertzog.
Unsern gnädigen Gruß zuvor, unser Hochgelahrter Räthe und Liebe Getreue; nachdem Wir allergnädigst resolviret der Charlottenburg zum Andenken Weyland Unserer Hoch- und Hertzgeliebtesten Gemahlin der Königin Mayes. mit der Stadt-Gerechtigkeit zu gegnadigen, und einen Besonderen Magistrat daselbst zu setzen; Alß Befehlen Wir Euch hiermit zu Gnaden, das gewöhnliche privilegium deßhalb abzufaßen und auszufertigen. Seyend Euch mit gnaden gewogen. Gegeben zu Charlottenburg, den 5. Aprilis 1705.
Friderich

Grußwort der Bezirksbürgermeisterin von Charlottenburg-Wilmersdorf Monika Thiemen

Kann man den 300. Geburtstag einer Stadt feiern, die seit 85 Jahren nicht mehr existiert? Ich behaupte: Charlottenburg ist nicht vergangen. Im Gegenteil: Wir zehren bis heute von dem, was in der Stadt Charlottenburg geschaffen wurde, als sie noch selbständig war. Wir wollen das Jubiläum „300 Jahre Charlottenburg" dazu nutzen, traditionsbewusst in die Zukunft zu blicken. Die Grundlagen dafür finden Sie in diesem Buch. Vielleicht wundern Sie sich bei der Lektüre, wie weit die Tradition vieler Charlottenburger Institutionen zurückreicht. Manche haben Charlottenburg noch immer als glänzende City West-Berlins in Erinnerung.

Aber die unnatürliche Situation im eingemauerten Berlin stellt sich aus heutiger Sicht als kurze, kuriose Episode dar. Viel wichtiger sind die lang wirkenden Traditionen. Und die sind für die City West und für Charlottenburg viel älter. Nur wenn wir diese Traditionen kennen, können wir die richtigen Entscheidungen für die Zukunft treffen. Deshalb ist es so wichtig, dass wir das Charlottenburger Jubiläum nutzen, um diese großen Traditionen bewusst zu machen.

Wir sollten nicht vergessen, dass die große Attraktion Berlins nicht auf Zentralismus beruht, sondern darauf, dass Berlin aus vielen selbständigen Städten und Gemeinden zusammengewachsen ist und dass es diese Eigenständigkeit der Bezirke und der Kieze immer gepflegt und zum Ausdruck gebracht hat.

Diese Eigenständigkeit sollten wir auch in Zukunft weiter gestalten zum Wohle unseres Bezirks und zum Wohle ganz Berlins. Denn auch heute lebt Berlin vor allem von der Vielfalt, die in seinen Bezirken zum Ausdruck kommt. Auch dies wollen wir in diesem Jubiläumsbuch zeigen.

Sie finden hier nicht nur eine Gesamtdarstellung der 300jährigen Geschichte Charlottenburgs, sondern auch viele Selbstdarstellungen von wichtigen Charlottenburger Einrichtungen. Ich freue mich sehr, dass alle bereit waren, an diesem Buch mitzuwirken und hier ihre jeweils eigene Geschichte zu erzählen. Ihnen allen danke ich herzlich – insbesondere den Unternehmen, die auch finanziell dazu beigetragen haben, dass dieses Buch zu einem sehr günstigen Preis im Buchhandel angeboten werden kann.

Herzlichen Dank auch dem Verlag Euramedia Werbung Berlin, der die gesamte Herstellung organisiert und das Buch auf eigenes Risiko finanziert hat.

Ich wünsche Ihnen viel Spaß beim Lesen und hoffe, dass Sie das Gelesene bald vor Ort bei uns in Charlottenburg-Wilmersdorf vertiefen.

Monika Thiemen

Einleitung

Der heutige Berliner Bezirk Charlottenburg-Wilmersdorf hat seine wesentlichen Grundlagen den früheren selbständigen Städten Charlottenburg und Wilmersdorf zu verdanken. Vor ihrer Eingemeindung nach Groß-Berlin 1920, vor allem in den Jahren des Kaiserreichs zwischen 1871 und 1914 wurden die Straßen angelegt, die wichtigsten öffentlichen Verkehrsmittel eingerichtet, Kanalisation und Wasserversorgung, Schulen, Universitäten, Kultureinrichtungen, Rathäuser und vieles mehr geschaffen. Wer heute mit offenen Augen durch den Bezirk geht, der wird sehen, dass fast alles, was heute besteht, damals entstand. Danach wurde das Bestehende erweitert, vieles zerstört, wieder aufgebaut, manches nicht gerade zu seinem Vorteil erneuert, aber bis heute zehrt der Bezirk von dem, was in den damaligen Großstädten geschaffen wurde.

Dieses Buch will zeigen, wie die Grundlagen für unser heutiges Leben in Charlottenburg-Wilmersdorf entstanden sind. Für viele neue Errungenschaften der letzten Jahre, auf die der Bezirk mit Recht stolz sein kann, reicht die Entstehungs- und Vorgeschichte weit zurück. Der chronologische Aufbau des Buches macht deutlich: Fast alles von dem, was uns heute neu erscheint, hat historische Ursprünge, die zurückreichen in die Zeit der Stadt Charlottenburg. Die Vergangenheit ist nicht vergangen. Im Gegenteil: Unsere heutige Existenz ist ohne ihre Geschichte nicht vorstellbar, und wir können uns selbst nur verstehen, wenn wir die Entwicklung kennen, die zu unserer Gegenwart geführt hat.

Anlass für dieses Unternehmen ist das Jubiläumsjahr „300 Jahre Charlottenburg – 1705-2005". Deshalb steht Charlottenburg hier im Mittelpunkt. Aber wir wollen seine Geschichte aus der Perspektive des heutigen Bezirkes Charlottenburg-Wilmersdorf erzählen. Dieser Bezirk verrät an vielen Stellen seine Herkunft aus zwei selbständigen Großstädten. Und für ganz Berlin gilt heute: Es macht seinen besonderen Reiz aus, dass es aus einst selbständigen Städten und Gemeinden zusammengesetzt wurde. Die Eigenständigkeit der einzelnen Kieze mit ihrer je

Berliner Straße (heute Otto-Suhr-Allee) um 1825

eigenen Tradition ist bis heute spürbar und erlebbar. Das gilt es zu erhalten. Zentralisation wird dem nicht gerecht.

Berlin hat sich nicht von einem zentralen Kern aus nach außen entwickelt, sondern viele Zentren haben sich jeweils eigenständig entwickelt und sind schließlich zusammengewachsen. Nur wer diese Besonderheit der städtischen Entwicklung Berlins berücksichtigt, wird den besonderen Beitrag ermessen können, den ein Bezirk wie Charlottenburg-Wilmersdorf für die zukünftige Entwicklung Berlins leisten kann.

Dabei geht es nicht um Separatismus, und wenn heute im Bezirk bei manchen Konflikten mit den zentralen Senatsverwaltungen an die frühere Selbständigkeit der Stadt erinnert wird, dann wird doch die Einheitsgemeinde Berlin nicht ernsthaft in Frage gestellt. Und auch dies kann man aus der Geschichte lernen. Die erfolgreiche Entwicklung Charlottenburgs in den letzten 50 Jahren seiner Selbständigkeit als Großstadt ist ohne die enge Nachbarschaft Berlins nicht vorstellbar. Und als das Charlottenburger Tor gebaut wurde, da wurde es als Schmucktor und als Pendant zum Brandenburger Tor gebaut. Es betonte mehr das verbindende als das trennende Element.

Je erfolgreicher sich Charlottenburg als eine der reichsten Städte Preußens entwickelte, desto mehr drängte alles zu einer Verbindung mit Berlin. Als diese Verbindung nach dem Ersten Weltkrieg am Beginn der Weimarer Republik 1920 gesetzlich festgeschrieben und damit verwaltungsmäßige Realität wurde, da waren die Tatsachen längst geschaffen. Die Diskussion über das künftige Groß-Berlin war zu diesem Zeitpunkt schon mehr als 50 Jahre alt, eine gemeinsame Stadtplanung hatte es schon mit dem Hobrecht-Plan von 1862 gegeben, und selbstverständlich wurde der Kurfürstendamm schon im Kaiserreich als Berliner Boulevard empfunden, obwohl er in Charlottenburg lag. Liselotte von der Pfalz wusste schon 1705, als Charlottenburg Stadtrechte erhielt: „Weilen Berlin und Charlottenburg so nahe sein, wird es mit der Zeit nur eine stadt werden."

Die große Chance für Charlottenburg lag gerade in dieser paradoxen Situation: selbständig zu sein und doch zugleich Teil des Großraums Berlin zu sein. Diese Chance wurde von der Charlottenburger Stadtverwaltung und von den sehr aktiven Charlottenburger Bürgerinnen und Bürgern gut genutzt. Charlottenburg wurde in vielfacher Hinsicht zum Vorbild für erfolgreiche Kommunalpolitik.

Auch heute liegt in der Kombination von Eigenständigkeit und Zugehörigkeit zu Berlin die große Chance für die Bezirke und für Berlin insgesamt. Für diese Chance ist Charlottenburg ein Beispiel, und der Blick in die Stadtgeschichte mag helfen, auch heute wieder die Chance zu nutzen und die Entwicklungspotentiale auszuschöpfen, die der Bezirk Charlottenburg-Wilmersdorf für Berlin zu bieten hat: In der Vielfalt liegt die Kraft.

Blick vom Neuen Kranzler Eck auf den Kurfürstendamm und den Breitscheidplatz

Natürlich ist etwas dran an dem Klischee vom gutbürgerlich-vornehmen Berliner Westen, aber wie jedes Klischee ist es in seiner groben Vereinfachung am Ende doch falsch. Charlottenburg war eine sozial höchst differenzierte Stadt, und ihr Magistrat hat eine erfindungsreiche aktive Sozialpolitik praktiziert, die für andere Städte vorbildlich wurde. Die Stadt hat auf dem Höhepunkt ihrer rasanten Entwicklung massiv in den Ausbau der Bildungseinrichtungen – auch und gerade für die niederen Stände – investiert und damit vor 100 Jahren eine Zukunftsorientierung bewiesen, die uns heute zu Gute kommt. Privates Mäzenatentum – an erster Stelle von jüdischen Bürgerinnen und Bürgern Charlottenburgs – hat bedeutende Kultur- und Wissenschaftseinrichtungen geschaffen. Heinz Berggruen hat mit seiner Sammlung im Stülerbau gegenüber dem Schloss Charlottenburg vor wenigen Jahren diese große Tradition fortgesetzt und damit einen der bedeutendsten Besuchermagneten für das heutige Charlottenburg geschaffen. Er ist übrigens ein gebürtiger Wilmersdorfer, wie er immer wieder gerne betont.

Die Geschichte Charlottenburgs macht an vielen Punkten ihres Verlaufs Staunen über die Leistungen von Männern und Frauen, die sich für die Stadt und später für den Bezirk engagiert haben: Sophie Charlotte, Johann Christian Gottfried Dressel, Hedwig Heyl, Anna von Guericke, die Familie Cassirer, Kurt Schustehrus, Emil Barth und Margarete Kühn seien hier beispielhaft genannt.

Wenn uns das Staunen dazu führt, auch noch etwas für unsere Zukunft zu lernen, dann ist mehr erreicht, als man hoffen kann.

Vorgeschichten

Die Geschichte Charlottenburgs beginnt am 5.4.1705 mit einem Brief von König Friedrich I. Der König trauerte um seine früh verstorbene Gattin Sophie Charlotte und befahl, der Ansiedlung weniger Häuser von Schlossbediensteten die Stadtrechte zu verleihen und diese neue Stadt nach ihr zu benennen.
Wie alle Geschichten hat auch die von Charlottenburg ihre Vorgeschichten. Drei davon wollen wir hier erzählen: Dorf Lietzow, Sophie Charlotte und ihr Schloss.

Dorf Lietzow (1239)

Lietzow ist sehr viel älter als Charlottenburg. Im Jahr 1239 wurde es erstmals als „Lucene" erwähnt. Auch die Schreibweise „Lützow" ist verbreitet. Heute erinnert nur noch der Name der Straße Alt-Lietzow direkt hinter dem Rathaus Charlottenburg an das frühere Dorf. Bauernhöfe und Dorfkirche gibt es nicht mehr, die Dorfkirche ist inzwischen sehr modern geworden.

Bis zum Jahre 1708 war Lietzow – zumindest was die kirchliche Zugehörigkeit angeht – eine Filiale von Wilmersdorf. Der Wilmersdorfer Pfarrer musste die Lietzower Bauern mitversorgen. Auf alten Karten ist die Verbindung zwischen den beiden Gemeinden als „Priesterweg" verzeichnet. Sie verläuft etwa entlang der heutigen Brandenburgischen und Leibnizstraße.

Manche Charlottenburger sind gar nicht glücklich darüber, wenn ihre Stadt auf das Dorf Lietzow zurückgeführt wird. Denn sie sind stolz darauf, dass Charlottenburg im Gegensatz zu vielen anderen Städten im damaligen Berliner Umland eben nicht aus einem Dorf entstand, sondern von Beginn an Stadtrechte erhielt. Das Dorf Lietzow wurde erst 1720, 15 Jahre nach der Stadtgründung, eingemeindet.

Das Dorf Lütze 1795, Stich: F. Calau

Sophie Charlotte (1668-1705)
VON RUDOLF G. SCHARMANN

Das Schloss und die Stadt haben ihren Namen der früh verstorbenen Königin Sophie Charlotte zu verdanken.
Sie wurde am 30.10.1668 auf Schloss Iburg bei Osnabrück als einzige Tochter unter sieben Kindern des Herzogs Ernst August von Braunschweig-Lüneburg und seiner Gemahlin Sophie von der Pfalz geboren. Den glanzvollen Aufstieg ihrer Familie stets vor Augen, war Sophie Charlotte durch ihre Mutter von Kindheit an sorgfältig und umfassend erzogen worden. Zeitlebens hatte sie zu ihr ein besonders inniges Verhältnis, das vor allem durch die gemeinsame Liebe zur Philosophie und die Freude an Musik und Gartenkunst gekennzeichnet war. Während eines Frankreichaufenthalts mit ihrer Mutter lernte die Elfjährige 1679 bei ihrer Cousine, der Herzogin von Orléans, Liselotte von der Pfalz, in Versailles den tonangebenden Hof Europas kennen. Sie war eine gefeierte Schönheit, hochgebildet, geistreich und vielseitig begabt, sie sprach fließend französisch, englisch und italienisch.

Aus machtpolitischen Erwägungen wurde sie am 8. Oktober 1684 in Herrenhausen bei Hannover mit dem Kurprinzen Friedrich III. von Brandenburg vermählt. Dieser hatte 1681 die damals erst 13jährige auf einer Reise nach Pyrmont kennen gelernt und setzte nun gegen den Willen des Großen Kurfürsten, seines Vaters, die Eheschließung durch. Die Eltern Sophie Charlottes stimmten zu, da sie für die Erlangung der Kurwürde auf die Befürwortung Brandenburgs im Kurkolleg hofften.

Für die lebenshungrige, weltoffene und selbständige junge Frau gestaltete sich das Verhältnis zu ihrem Mann äußerst schwierig; schon bald führten sie eine Ehe auf Distanz. Beider Temperamente und Lebensgewohnheiten waren zu unterschiedlich. Sophie Charlotte entsprach sicher nicht Friedrichs Idealbild von einer treu ergebenen, frommen und zurückhaltenden Ehefrau. Sie war zu impulsiv, zu wissbegierig und verlangte nach Teilhabe am höfisch-politischen Geschehen, das sie mit Weltgewandtheit, Geschmack und Charme zu gestalten wusste. Sie liebte die abendlichen Maskeraden, Bälle und Hoffeste, auf denen sie ihre vielfältigen musikalischen und schauspielerischen Talente effektvoll zur Geltung bringen konnte. Er dagegen zog sich früh zurück, so dass man, wie ein Hofbeamter äußerte, von den Abendveranstaltungen der Königin sogleich zum Morgenempfang des Königs gehen konnte.

Ihrer hervorragendsten Aufgabe, einem Thronfolger das Leben zu schenken, hatte sie sich am 14. August 1688 entledigt – nachdem der Erstgeborene kurz nach der Geburt starb, das zweite Kind eine Totgeburt war und erst der dritte Sohn Friedrich Wilhelm I. überlebte. Unablässig war sie bestrebt, ihm eine sorgfältige Erziehung zu vermitteln, indem sie ihn für die ihr wichtigen Bereiche der Musik, Philosophie und Lektüre zu gewinnen hoffte. Letztendlich scheiterte sie aber an dem so anders gearteten Wesen Friedrich Wilhelms, dessen charakterliche Entwicklung ihr große Sorgen bereitete.

Bis 1700 versuchte die Kurfürstin auch immer wieder, politisch Einfluss zugunsten des Welfenhauses auszuüben. Sie beteiligte sich aktiv an Hofintrigen, trug 1697 zum Sturz des Oberpräsidenten Eberhard von Danckelmann bei, der im Spiel um die Gunst des Kurfürsten ihr größter Gegner war und den Etat ihrer Hofhaltung beschnitt. Finanziell beanspruchte sie der 1695 begonnene Bau ihres Lustschlosses Lietzenburg, das spätere Charlottenburg, mit seiner aufwändigen Gartenanlage weniger, da sie selbst 10.000 Reichstaler aus eigenem Vermögen beisteuern konnte. Mit Erhöhung ihrer Revenuen stiegen aber auch die Summen für die Erweiterungsbauten und die Innenausstattung des Schlosses.

Friedrich Wilhelm Weidemann, Königin Sophie Charlotte in Preußen, Öl auf Leinwand, um 1702/1705.

Ihr Sommersitz sollte als „erster Musenhof in Brandenburg-Preußen" in die Geschichte eingehen. Sie verstand es, hier einen Kreis namhafter Gelehrter, Philosophen, Freidenker, Theologen und Künstler zu versammeln, die den festlichen Veranstaltungen und philosophisch-religiösen Gesprächen Glanz verliehen. Mit dem Universalgenie Leibniz, dem Lehrer ihrer Jugend, verband sie von 1698 bis zu ihrem Tod 1705 ein besonders enger Gedankenaustausch. In Lietzenburg sprachen sie oft über die Rechtfertigung Gottes angesichts des Übels in der Welt; Fragen, die Leibniz letztendlich zur Niederschrift der „Essais de Théodicée" anregten. Mit Hilfe der Kurfürstin gelang es ihm auch, Friedrich III. 1700 zur Gründung der Berliner Akademie der Wissenschaften zu bewegen.

Ein besonderer Höhepunkt in ihrem Leben sollte die Krönung zur ersten preußischen Königin im Königsberger Schloss am 18. Januar 1701 werden, die Friedrich I. selbst bei ihr vornahm. Anschließend gingen beide zur Salbung in die Schlosskirche, um ihr neu entstandenes Königtum auch kirchlich segnen zu lassen.

Zurückgekehrt nach Lietzenburg, wo inzwischen großartige Erweiterungen infolge der königlichen Rangerhöhung verwirklicht wurden, lebte sie wieder ganz ihren Leidenschaften. Den Winteraufenthalt im Berliner Schloss verkürzte sie wie so oft durch ihre Reisen zum Karneval nach Hannover. Dort verstarb sie auch ganz unerwartet an den Folgen einer verschleppten Erkältung am 1. Februar 1705 im Alter von nur 37 Jahren. Ihre letzte Ruhe fand sie im Berliner Dom; ein vergoldeter Prunksarkophag von Andreas Schlüter erinnert dort an die „philosophische Königin" und Namenspatronin Charlottenburgs.

Schloss Charlottenburg. Blick auf das Alte Schloss mit dem Denkmal des Großen Kurfürsten Friedrich Wilhelm von Brandenburg im Ehrenhof.

Schlossgarten Charlottenburg: Blick auf das 2001 neugestaltete barocke Gartenparterre.

Schloss Charlottenburg (1699)
VON RUDOLF G. SCHARMANN

Johann von Besser (1654-1729), Oberzeremonienmeister König Friedrichs I. (1657-1713) in Preußen, schrieb 1705 im Hofjournal: „Den 1. April fuhren Seine Majestät nach Lützenburg und veränderten diesen Namen in den Namen Charlottenburg zum ewigen Andenken der vorigen Besitzerin dieses Ortes, der unvergleichlichen Sophie Charlotte, unserer höchstseligsten Königin."

Charlottenburg ist – neben Sanssouci – die bedeutendste Schlossanlage der Stiftung Preußische Schlösser und Gärten Berlin-Brandenburg. Als größte ehemalige Hohenzollernresidenz in der deutschen Hauptstadt bietet das Museumsschloss von Weltrang vielfältige Einblicke in über 200 Jahre höfische Kunst- und Kulturgeschichte Preußens.

Zugleich ist das im Verhältnis zu dem im Zweiten Weltkrieg ausgebrannten und aus ideologischen Gründen 1950 abgerissenen Berliner Schloss sehr viel stärker kriegsbeschädigte, aber unter schwierigen Bedingungen trotzdem wieder aufgebaute Charlottenburger Schloss heute auch ein beliebter und gesuchter Veranstaltungsort für staatspolitische und gesellschaftliche Ereignisse.

Jährlich erleben über 450.000 Besucher aus aller Welt auf einer „kulturhistorischen Zeitreise" ein herausragendes Ensemble von beeindruckenden Gebäuden, prachtvollen Innenräumen, kunsthistorischen Meisterwerken und weitläufigen Gartenpartien, die zu Bildungsgenuss und geruhsamer Erholung einladen.

Der Ursprungsbau Charlottenburgs, das kleine Schloss Lietzenburg oder Lützenburg, wurde 1695 – 1699 unweit des Dorfes Lietzow, 1 Meile (ca. 7,5 km) westlich vom Berliner Stadtzentrum errichtet.

Die junge Kurfürstin Sophie Charlotte von Brandenburg 1668 – 17005 war die Bauherrin. In seinen bescheidenen, an niederländischen Vorbildern orientierten Ausmaßen nach Plänen Johann Arnold Nerings ausgeführt, entsprach das Lustschlösschen ihren Wünschen nach einem ländlichen Refugium.

Die Wohnräume der Kurfürstin waren mit mehrfarbigen Damast- und Brokatbespannungen ausgestattet, Porzellanfülle und kostbare Lackmöbel entsprachen der damaligen Chinamode. Einem strengen Zeremoniell war die kleine Hofgesellschaft nicht unterworfen; den Tagesablauf bestimmten häufig kulturelle Veranstaltungen und Feste, sogenannte „Wirtschaften".

Seit der 1701 erfolgten Rangerhöhung Sophie Charlottes zur ersten Königin in Preußen genügte das kleine Sommerschlösschen jedoch nicht mehr ihren gestiegenen Repräsentationsanforderungen. Umfangreiche Erweiterungen gipfelten in der großartigen barocken Dreiflügelanlage des schwedischen Baumeisters Johann Friedrich Eosander. Französischen Vorbildern folgend, wurde der Ursprungsbau ab 1701 – 1702 nach Osten und Westen ausgedehnt und auf der Gartenseite mit einer majestätischen Schaufassade versehen. Bei der Umgestaltung der Innenräume entstanden prachtvolle königliche Paradeappartements, zu denen neben der eichenholzvertäfelten Ahnengalerie als Höhepunkt das von Eosander entworfene Porzellankabinett zählt, in dem über

2.600 ostasiatische Porzellane in architektonisch-geometrischer Aufstellung angeordnet sind. Die für das preußische Herrschaftsverständnis charakteristische enge Verbindung von Thron und Altar wird in der Ausstattung der prunkvollen Schlosskapelle, in der heute auch stimmungsvolle Konzerte zu hören sind, deutlich.

Als die „philosophische Königin" am 1. Februar 1705 unerwartet starb, befahl Friedrich I., ihr zu Ehren das Schloss in Charlottenburg umzubenennen und den noch unvollendeten Gebäudekomplex zu seiner bevorzugten Nebenresidenz auszubauen. Die Ansiedlung unmittelbar davor erhob er zur Stadt Charlottenburg und setzte sich selbst zum ersten Bürgermeister ein.

„Lützenburg wird nun Charlottenburg genennet und wird so scharf darüber gehalten, daß alle diejenigen, die den ersten Namen nun nennen, sofort 16 Groschen zur Strafe erlegen müssen", vermeldete der kurhannoversche Kriegssekretär und politische Agent in Berlin, Johann Wilhelm Heusch, am 4. April 1705.

stand, aufgestellt. Seit 1712 beherrscht den Kernbau des Alten Schlosses von Charlottenburg der ca. 50 Meter hohe Kuppelturm mit Laterne, dessen Abschluss eine Wetterfahne in Gestalt der vergoldeten Glücksgöttin Fortuna darstellt.

Der weiträumige Schlossgarten, ab 1697 nach Plänen Simon Godeaus ausgeführt, zählte in seinen Anfängen zu den ältesten rein französisch gestalteten Barockanlagen Deutschlands.
Im schlossnahen Bereich flankieren von üppigem Blumenschmuck eingefasste

Schloss Charlottenburg. Altes Schloss, Porzellankabinett.

Den Ehrenhof umschlossen jetzt zwei Kavalierflügel, Schilderhäuschen und ein vergoldetes Gitter mit den Sternen des Schwarzen Adlerordens, der höchsten Auszeichnung des Hauses Hohenzollern. 1951 wurde hier Andreas Schlüters im Zweiten Weltkrieg verlagertes Reiterdenkmal des „Großen Kurfürsten" Friedrich Wilhelm von Brandenburg (1620 – 1688), das ursprünglich auf der Langen Brücke am Berliner Schloss

Broderieparterres aus ornamental gepflanztem Buchsbaum mit eingestreutem mehrfarbigem Kies die Hauptachse. Nördlich schließt sich ein mit der Spree verbundenes Bassin – der Karpfenteich – als Hafenbecken an. Westlich des Parterres erstrecken sich die geometrisch gepflanzten und geschnittenen Hainbuchen-Heckenquartiere. Friedrich I. und seine Nachfolger nutzten den Garten für glanzvolle Hoffeste bei Musik, Tanz und Feuerwerk.

Der Überwinterung wertvoller Zitrusbäume, deren betörender Duft während der Sommermonate das Parterre erfüllte, sollten zwei Orangerien dienen. Nur die westliche, an das Alte Schloss grenzende Pflanzenhalle wurde 1712 fertiggestellt.

Heute ist die Große Orangerie als gefragter Ausstellungs- und Veranstaltungsort hergerichtet und für unterschiedliche

Zwecke zu mieten. Bis 1786 wurde die barocke Gartenanlage regelmäßig gepflegt und zeitgemäß überarbeitet, aber nicht grundlegend verändert.

Schon mit Regierungsantritt 1740 hatte der Enkel Friedrichs I., Friedrich II. der Große (1712 – 1786), zeitweilig in Charlottenburg residiert. Nach Plänen seines Architekten Georg Wenzeslaus von Knobelsdorff ließ er sich 1746 östlich an das Alte Schloss den Neuen Flügel, einen langgestreckten zweigeschossigen Baukörper, dessen Mittelrisalit durch Doppelsäulenpaare, Balkons und Vasenbekrönungen hervorgehoben ist, anbauen. Bei der Raumaufteilung wurde wie im Alten Schloss das barocke Prinzip der Zimmerflucht verwirklicht und die Innenausstattung mit großem finanziellem und künstlerischem Aufwand betrieben.

Neben den prachtvollen Festsälen –, dem als Speisesaal genutzten Weißen Saal und der mit grünem Stuckmarmor sowie filigranen Rokoko Wand- und Deckendekorationen verzierten Goldenen Galerie – sind die Erste und die Zweite Wohnung Friedrichs des Großen nach Kriegszerstörungen weitgehend originalgetreu wiederhergestellt worden. Meisterwerke französischer Malerei von Antoine Watteau, darunter die „Einschiffung nach Cythera" und das „Ladenschild des Kunsthändlers Gersaint", sind neben weiteren Gemälden von Nicolas Lancret und Jean Siméon Chardin, erlesenem Mobiliar und den kostbaren Schnupftabatièren des Königs hier zu bewundern.

Schloss Charlottenburg. Neuer Flügel, Goldene Galerie.

Seit Vollendung des Schlosses Sanssouci 1747 besuchte Friedrich der Große Charlottenburg nur noch gelegentlich bei Festveranstaltungen und großen Familienfeiern wie Hochzeiten und Geburtstagen.

Zu den bereits im Auftrag seines Neffen und Nachfolgers Friedrich Wilhelms II. (1744 – 1797) ausgeführten letzten Veränderungen am Schlossbau gehörte das 1788 – 1791 nach Entwurf von Carl Gotthard Langhans als Verlängerung des westlichen Orangerietrakts errichtete Schlosstheater. Es beherbergt, nach Beseitigung der Kriegsschäden, das von den Staatlichen Museen zu Berlin – Preußischer Kulturbesitz betriebene Museum für Vor- und Frühgeschichte. In der 1790 erbauten Kleinen Orangerie gegenüber befanden sich ursprünglich Gärtnerwohnungen; heute wird sie unter anderem als Restaurant und für Wechselausstellungen genutzt. Im Neuen Flügel ließ sich der König 1788 eine Sommerwohnung im chinesisch-etruskischen Stil und 1796 – 1797 die frühklassizistischen Winterkammern einrichten. Nach dem Tod Friedrich Wilhelms II. bewohnte die letztgenannte Zimmerflucht seine Schwiegertochter Königin Luise (1776 – 1810), für die Karl Friedrich Schinkel 1810 ein elegantes Schlafzimmer mit Mobiliar aus Birnbaumholz entwarf.

Schloss Charlottenburg. Neuer Flügel, Schlafzimmer der Königin Luise von Preußen.

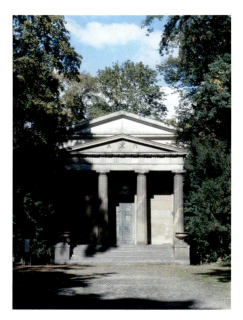

Das Mausoleum im Schlossgarten Charlottenburg.

Das von bürgerlichen Wertmaßstäben geprägte Familienleben der anmutig-schönen Monarchin und ihres Gemahls Friedrich Wilhelms III. (1770 – 1840) war vorbildhaft, sieben Kinder bereicherten im Laufe der Jahre ihr privates Glück. Neben Paretz hatte Luise Charlottenburg zu ihrem Lieblingsort erwählt. Der König bezog im Neuen Flügel einige Räume des Erdgeschosses, die ehemals zum Appartement Elisabeth Christines (1715 – 1797), der ungeliebten Gattin Friedrichs des Großen, gehörten. Aus dem Besitz Friedrich Wilhelms III. werden dort heute bedeutende Kunstwerke des frühen 19. Jahrhunderts, Gemälde unter anderem von Jaques Louis David und Carl Blechen sowie Ereignisbilder aus den Befreiungskriegen gezeigt.

Der Schlossgarten hatte seit 1786 eine grundlegende Umgestaltung im Sinne des englischen Landschaftsideals unter Einfluss von Johann August Eyserbeck, Johann Georg Steiner und Peter Joseph Lenné erfahren. 1788 wurde das stilistisch zwischen Barock und Klassizismus angesiedelte Belvedere unweit der Spree im abgeschiedenen nördlichen Gartenbereich nach Entwurf von Carl Gotthard Langhans, dem Baumeister des Brandenburger Tores, errichtet. Es diente Friedrich Wilhelm II. als Aussichtspavillon und Teehaus; hier fanden auch die mystischen Geisterbeschwörungen der Rosenkreuzer, einem Geheimorden, dem der König angehörte, statt. In dem kriegszerstörten und 1958 – 1960 wiederhergestellten Gebäude ist heute die sehenswerte Porzellansammlung des Landes Berlin – einzigartige Erzeugnisse der Königlichen Porzellan-Manufaktur (KPM) – ausgestellt.

1810, unmittelbar nach dem frühen Tod der beliebten und im Volk hochverehrten Königin Luise, wurde im Schlossgarten am Ende einer dunklen Tannenallee ihr tempelartiges Mausoleum nach Vorstellungen Friedrich Wilhelms III. unter Mitwirkung Karl Friedrich Schinkels von Heinrich Gentz ausgeführt. Im Inneren fand zunächst nur der 1813 vollendete Marmorsarkophag der Königin, ein von Christian Daniel Rauch geschaffenes Meisterwerk deutscher Bildhauerkunst des 19. Jahrhunderts, seine Aufstellung. Als Friedrich Wilhelm III. 1840 starb und ebenfalls in einem Sarkophag von Rauch verewigt wurde, ist das Mausoleum unter Einfluss Schinkels von Ludwig Ferdinand Hesse erstmals erweitert worden. Nach dem Tod Kaiser Wilhelms I. (1797 – 1888) und seiner Gemahlin Augusta (1811 – 1890) wurde der Bau durch Albert Geyer noch einmal vergrößert, um die beiden von Erdmann Encke geschaffenen Marmorsarkophage des ersten deutschen Kaiserpaares aufzunehmen. In der für die Öffentlichkeit nicht zugänglichen Gruft wurden auch Auguste Fürstin von Liegnitz (1800 – 1873) und Prinz Albrecht (1809 – 1872) – die zweite Gemahlin und der jüngste Sohn Friedrich Wilhelms III. – sowie das Herz des in der Potsdamer Friedenskirche beigesetzten Friedrich Wilhelms IV. bestattet.

1824 ließ sich Friedrich Wilhelm III. östlich des Neuen Flügels, in unmittelbarer Nähe zur Spree, den Neuen Pavillon, ein zweigeschossiges, im Grundriss fast quadratisches Sommerhaus nach

Christian Daniel Rauch, Grabmonument der Königin Luise von Preußen im Mausoleum des Charlottenburger Schlossgartens, Marmor, 1811 – 1814.

Plänen Schinkels errichten. Als Vorbild bestimmte er die neapolitanische Villa Reale Chiatamone, die er auf seiner Italienreise 1822 bewohnt hatte. Anlass zur Entstehung des Baus dürfte seine zweite 1824 morganatisch geschlossene Ehe mit der jungen zur Fürstin von Liegnitz erhobenen österreichischen Gräfin Auguste von Harrach gewesen sein, die jedoch nicht im Pavillon, sondern in der ehemaligen Zweiten Wohnung Friedrichs des Großen im Neuen Flügel wohnte.

Zu Sophie Charlottes Lebzeiten gab es nur eine kleine Wohnsiedlung in der Nähe des Schlosses. Vor allem Hofbedienstete bauten sich in der heutigen Schloßstraße Häuser.
Zu ihnen gehörten neben Oberstallmeister d'Ausson de Villarnoux die beiden Kammertürken Aly und Hassan. Sie waren als Beute der hannoveranischen und preußischen Truppen während der Schlachten um Wien, Neuhäusel, Ofen und Belgrad gefangen genommen und verschleppt worden und taten als exotische Lakaien bei Sophie Charlotte Dienst. Beide lernten die deutsche Sprache und traten, – mehr oder weniger freiwillig – mit „den Wahrheiten der evangelischen Lehre" vertraut gemacht, zum Protestantismus über. Nach Unterlagen ihrer Nachfahren war ihr Dienst nicht besonders aufreibend. Sie waren für die kleinen, plötzlich auftretenden Bedürfnisse der Königin zuständig, mussten sie zwischen den Mahlzeiten mit Getränken versorgen, kleine Besorgungen erledigen, Briefe wegbringen und die Gäste zur Königin führen. Sophie Charlotte hat ihre Kammertürken offenbar sehr geschätzt. In ihrer Sterbestunde hat sie sich eigens von ihnen verabschiedet.

Neuer Pavillon im Schlossgarten Charlottenburg, Gartensaal.

Das königliche Sommerhaus mit seiner bürgerlich einfachen Ausstattung wurde während des Zweiten Weltkrieges fast völlig vernichtet. Seit 1970 werden in den rekonstruierten Innenräumen Meisterwerke der Schinkelzeit, unter anderem bedeutende Gemälde von Caspar David Friedrich, Blechen, Schinkel und Eduard Gaertner sowie Mobiliar, Skulpturen, Berliner Porzellan und Eisenkunstguss gezeigt.

Ab 1840 ließ Friedrich Wilhelm IV. (1795 – 1861) für sich und seine Gemahlin Königin Elisabeth (1801 – 1873), eine Prinzessin aus dem Hause Wittelsbach, wieder im Obergeschoss des Alten Schlosses Appartements einrichten, in denen heute Gemälde, Mobiliar und Skulpturen aus ihren nicht mehr erhaltenen Wohnungen in Berliner und Potsdamer Schlössern zu sehen sind. Im Anschluss daran werden in der Hoftafel- und Silberkammer wertvolle Tafelaufsätze, Kandelaber, Vasen, Silberbestände und Teile umfangreicher Porzellanservice aus der Berliner und Meißener Manufaktur präsentiert. Besondere Aufmerksamkeit verdient das 50 Gedecke umfassende „Kronprinzensilber", das 1904 anlässlich der bevorstehenden Hochzeit des letzten deutschen Kronprinzenpaares Wilhelm (1882 – 1951) und Cecilie (1886 – 1954) von zahlreichen Städten und Gemeinden in Auftrag gegeben wurde. Im Kronkabinett werden die traditionsreichen preußischen Kroninsignien von 1701 aufbewahrt.

In der Kaiserzeit wurde Charlottenburg nur während der kurzen Regierung des bereits todkranken Friedrichs III. (1831 – 1888), der mit seiner englischen Gemahlin Victoria (1840 – 1901) im Frühjahr 1888 das Schloss bewohnte, als Residenz genutzt. Später diente es dem Empfang und der Unterkunft fürstlicher Gäste. Nach dem Ende der Monarchie 1918 und dem Übergang in staatliche Verwaltung, wurde das Schloss ab 1927 als Museum zur Besichtigung geöffnet. 1943 – 1945 weitgehend kriegszerstört, ist es in den folgenden Jahren unter tatkräftiger Leitung der damaligen Schlösserdirektorin Margarete Kühn wieder aufgebaut und neben gerettetem Originalinventar mit Beständen aus den untergegangenen Berliner und Potsdamer Schlössern sowie umfangreichen Dauerleihgaben des Hauses Hohenzollern ausgestattet worden. Im kriegsverwüsteten, heute ca. 55 Hektar großen Garten wurde ab 1950 das Parterre zwischen Schloss und Karpfenteich in Anlehnung an den barocken Zustand neu gestaltet. 2001 ist es zur 300. Wiederkehr der Selbstkrönung Friedrichs I. zum König in Preußen überarbeitet und mit einer Bepflanzung nach historischen Vorbildern sowie vier Prunkvasen aus marmoriertem Eisenkunstguss prachtvoll ausgestattet worden.

Nach der deutschen Wiedervereinigung wurde 1995 die Charlottenburger Schlossanlage, ebenso wie die West-Berliner Liegenschaften Grunewald, Pfaueninsel und Glienicke, mit den Potsdamer und märkischen Schlössern in der neugegründeten Stiftung Preußische Schlösser und Gärten Berlin-Brandenburg (SPSG) zusammengeführt. Inmitten eines weltstädtischen Berliner Bezirks gehört Charlottenburg in seiner großartigen Ensemblewirkung von Schloss, Nebengebäuden und Garten zu den bedeutendsten Residenzanlagen Europas.

Museum für Vor- und Frühgeschichte

VON WILFRIED MENGHIN

Seit nunmehr 45 Jahren hat das Museum für Vor- und Frühgeschichte sein Domizil im ehemaligen, von Langhans erbauten Theater des Schlosses Charlottenburg. Die Geschichte des Museums reicht bis 1829 zurück, wo es mit königlichem Erlass im Monbijou Schlösschen gegenüber der Museumsinsel eingerichtet wurde. Später siedelte es in das Neue Museum um, und ab 1886 war es dann im neu erbauten Völkerkundemuseum an der Stresemannstraße untergebracht. Dort entwickelte es sich zu einem der weltweit bedeutendsten Museen seiner Art. Von großbürgerlichen Mäzenen und dem Preußischen König und Deutschen Kaiser gefördert, wuchs der Bestand an archäologischen Funden aus ganz Europa und Asien beständig. Ab 1922 in 21 Sälen des Martin-Gropius-Bau ausgestellt, waren die Sammlungen des Museums für Vor- und Frühgeschichte ein Zentrum der Forschungen zur Archäologie Europas und zugleich das Medium zur öffentlichen Darstellung der Vorgeschichte unseres Kontinents.

Der Zweite Weltkrieg und seine Folgen bedeuteten einen Bruch in der Entwicklung des Museums. Der Martin-Gropius-Bau wurde im Februar 1945 zerstört, was vorher an Funden an vermeintlich sichere Orte ausgelagert gewesen ist, wurde von den Alliierten beschlagnahmt und kehrte erst 1956 und 1958 wieder nach West- bzw. Ost-Berlin zurück.

Mit den in Berlin verbliebenen und aus Westdeutschland zurückgekehrten Fundbeständen wurde 1960 das Museum im Langhansbau des Schlosses Charlottenburg installiert. Durch die Insellage Westberlins bedingt, entwickelte es sich zu einer Art großem Heimatmuseum, dessen Aktivitäten in Form von Ausgrabungen, Ausstellungen und Vorträgen von der Bevölkerung mit Begeisterung wahrgenommen wurden. Besonders ist dabei die pädagogische Arbeit hervor zu heben – Generationen von Berliner Schulkindern ist das Mu-

Langhansbau mit dem Museum für Vor-und Frühgeschichte

seum für Vor- und Frühgeschichte in Charlottenburg ein Begriff. Daneben kamen auch die internationalen Kontakte, trotz der durch den Viermächte Status bedingten Schwierigkeiten, nicht zu kurz. Das Museum wurde zu einem Zentrum der Slawen- und Dorfkernforschung.

Die Wiedervereinigung Deutschlands brachte auch die Vereinigung der Staatlichen Museen mit sich, und bis 1992 war der Umzug des Museums für Ur- und Frühgeschichte an den Standort Charlottenburg abgeschlossen. Bis auf die bei Kriegsende vernichteten und die immer noch in Russland zurückgehaltenen wertvollsten Funde aus dem Altbestand, glänzt das Museum heute wieder mit seinen einmaligen Sammlungen aus der Vor- und Frühgeschichte Europas. Dies umso mehr, als mit der Grundsanierung des Langhansbaues die Neukonzeption der Schausammlung architektonisch und didaktisch umgesetzt wurde. Im 175. Jahr seines Bestehens zeigt sich das Museum der interessierten Öffentlichkeit als wissenschaftliche Einrichtung mit Schausammlung, Fundmagazin, Archiv, Bibliothek und didaktischen Bereichen nach modernstem Standard.

Gründung und Frühzeit: Die Ackerbürgerstadt

Die Gründung einer Stadt war nach dem Mittelalter in den deutschen Landen ein seltener Vorgang. So nimmt denn auch Charlottenburg unter den Berliner Städten eine einzigartige Stellung ein. Während Spandau (1232), Berlin/Cölln (1237), und Köpenick (1325) mittelalterliche Stadtgründungen sind, erhielten Schöneberg (1898), Rixdorf/Neukölln (1899), Wilmersdorf (1906), und Lichtenberg (1908) erst um 1900 Stadtrechte und durften diese nur wenige Jahre genießen, bis sie 1920 in Groß-Berlin eingemeindet wurden. Lediglich Charlottenburg entstand im frühen 18. Jahrhundert und kann jetzt auf ein mittleres Alter von 300 Jahren zurückblicken.

Mit einer gewissen Berechtigung wird manchmal behauptet, dass Sophie Charlottes Kammertürke Aly der erste Charlottenburger war. Denn als König Friedrich I am 5. April 1705 den berühmten Brief schrieb, in dem er befahl, der Ansammlung von Häusern südlich des Schlosses Stadtrechte und den Namen Charlottenburg zu verleihen, da wohnten tatsächlich nur einige Hofbedienstete in einigen Häusern entlang der heutigen Schloßstraße.

Die vom König in Auftrag gegebene Stadtrechtsurkunde wurde nie ausgefertigt. Ein erster Entwurf, der unmittelbar nach der königlichen Anordnung im Mai oder Juni 1705 erstellt wurde und viele Privilegien für die künftigen Bürger der neuen Stadt vorsah, wurde von einem hohen Beamten kritisiert: Eine Bevorzugung Charlottenburgs würde den Ausbau weiterer Residenzen gefährden, und andere Städte in der Umgebung – vor allem Berlin und Spandau – würden benachteiligt.

Aber es war unverkennbar, dass Friedrich I seine Anordnung ernst meinte. Er ließ ihr unmittelbar Taten folgen, die keinen Zweifel daran ließen, dass die neue Stadt nicht nur auf dem Papier stehen, sondern leben und wachsen sollte. Der Gebrauch des alten Namens wurde verboten und mit einer Strafe von 16 Groschen belegt.

Noch im April 1705 bestellte der König einen Magistrat und setzte sich selbst als Ehrenbürgermeister ein. Mitglieder des Magistrats waren Kronprinz Friedrich Wilhelm und drei hohe Würdenträger des Hofes. Weitere Hof- und Staatsbeamte wurden als Ratsherren eingesetzt.

Charlottenburg, Gemälde von J.G. Glume, 1762

Viel wichtiger als diese frühe Einsetzung einer Verwaltungsspitze war die Anordnung, dass alle Hofbeamten sich in der neuen Stadt anzusiedeln hatten. Der Hofarchitekt Eosander von Göthe wurde vom König beauftragt, einen Stadtplan aufzustellen, einen Straßengrundriss und ein Modellhaus zu entwerfen. Nur nach Eosanders Plan wurden Bauplätze vergeben, die mit einem entsprechenden Haus bebaut werden durften. Das älteste Haus Charlottenburgs an der heutigen Schustehrusstraße vermittelt heute noch einen ungefähren Eindruck von dem Eosanderschen Modellhaus. Der Altstadtpfad vom Rathaus bis zum

Das erste Rathaus in der Schloßstraße

Schloss Charlottenburg vermittelt mit seinen Informationstafeln dem interessierten Flaneur einen Eindruck von der Entwicklung dieser barocken Stadt bis heute.

Das barocke Charlottenburg entstand südlich und südöstlich von Schloss Charlottenburg zwischen Schloßstraße und Berliner Straße (heute Otto-Suhr-Allee). 1705 gab es neben der Schloßstraße noch die Orangen-, Jäger- und Scharrenstraße und als Verbindung nach Berlin die Berliner Straße. Mindestens ebenso wichtig als Verkehrsverbindung nach Berlin war allerdings die Spree als viel genutzter Wasserweg.

Eosander von Göthes Stadtplan sah rund um die spätere Luisenkirche einen rechtwinkligen Straßengrundriss vor. Im Osten wurde er zunächst von der Spreestraße begrenzt, der heutigen Richard-Wagner- und Wintersteinstraße.

Charlottenburg wurde nie mit einer Mauer oder Umzäunung umgeben, obwohl 1708 die in preußischen Städten übliche Verbrauchssteuer, die Akzise, für Güter eingeführt wurde, die in die Stadt gelangten.

Als die Bürger Charlottenburgs 1711 vereidigt wurden, zählte man 87 „wirklich angebaut habende und seßhaft gemachte Personen", 57 eingemietete Bewohner und 6 königliche Beamte.

Die barocke Stadt Charlottenburg blieb trotz aller königlichen Fördermaßnahmen noch lange eine Kleinstadt und so musste der frühe Chronist Johann Christian Gottfried Dressel (1751-1824) betonen „Charlottenburg ist wirklich eine Stadt".

Die Entwicklung Charlottenburgs war zunächst abhängig von den jeweils residierenden Königen, und diese behandelten die Stadt höchst unterschiedlich. Der Gründer Friedrich I. nutzte Charlottenburg nach dem Tod von Sophie Charlottenburg 1705 bis zu seinem Tod 1713 als Sommerresidenz und hielt sich hier überwiegend vom Frühjahr bis zum Herbst auf. Sein Sohn Friedrich Wilhelm I. nutzte das Schloss, das er im Grunde wohl für überflüssig hielt, nur sporadisch für familiäre Feierlichkeiten, für repräsentative Zeremonien und für die Unterbringung von Gästen. Friedrich der Große veranlasste zwar wichtige Erweiterungsbauten, zeigte aber nur fünf Jahre lang von 1740 bis 1745 Interesse an Charlottenburg. Danach hielt er sich nur noch selten für wenige Tage hier auf. Die königlichen Nachfolger suchten das Schloss zwar wieder häufiger auf, aber zu einer kontinuierlichen Nutzung kam es nicht mehr. In den letzten Jahrzehnten der Hohenzollernmonarchie lebten Verwandte und Gäste der kaiserlichen Familie im Schloss.

Die kleine Stadt Charlottenburg lebte zunächst im wesentlichen vom König und seinem Hofstaat. Deshalb war die Frage seiner Anwesenheit für die Charlottenburger von existenzieller Bedeutung. Weil die Anwesenheit des Königs höchst ungewiss war, versuchten die Bürger, sich durch landwirtschaftliche Tätigkeit eine unabhängige Existenzgrundlage zu verschaffen. Bereits 1708 richteten sie das erste Gesuch an den König, ihnen Äcker und Wiesen zu überlassen. In einem Bericht an Friedrich Wilhelm I. wurde der „elende und recht bejammernswerte Zustand der armen Charlottenburger Einwohner" konstatiert und auf die Abhängigkeit der Bewohner von den Aufenthalten des königlichen Hofes hingewiesen. Schließlich kam es 1717 zur ersten Verteilung von Wald-, Wiesen- und Heideflächen, die in mühsamer Arbeit landwirtschaftlich nutzbar gemacht werden mussten. Charlottenburg wurde Ackerbürgerstadt. Die Eingemeindung des Dörfchens Lietzow 1720 war die logische Folge.

Allerdings war die Lage für die Bürger der jungen Stadt alles andere als rosig. Ihr erster Chronist, Johann Christian Gottfried Dressel, Pfarrer von 1778 bis 1824, beschreibt Charlottenburg bis 1740 als einen „erbärmlichen Ort". Der Einfall, zwischen Berlin und Spandau eine dritte Stadt zu gründen, sei sehr sonderbar gewesen, und die neue Stadt war aus eigener Kraft nicht überlebensfähig.

Johann Christian Gottfried Dressel

Friedrich Wilhelm I. hatte sogar angeordnet, einen Teil der Einwohner nach Berlin umzusiedeln und Charlottenburg in ein Dorf zu verwandeln. Nur die Nachlässigkeit seiner Verwaltung und sein Tod 1740 verhinderten die Durchführung dieser Maßnahme.

In der zweiten Hälfte des 18. Jahrhunderts wurde Charlottenburg Ziel von Ausflüglern und Erholungssuchenden aus Berlin. Der Chronist Dressel staunte über diese unerwartete Entwicklung:

„Wer konnte damals vorhersehen, dass die Berliner an Sonn- und vielen Wochentagen Berlin verlassen, Meilen weit umher schwärmen und ihr in der Woche verdientes Geld in Bier und Coffee Häusern daselbst verzehren würden? Wer vorher sehen, dass die Berlinischen Aerzte es als das sicherste Mittel, sich von Krankheit zu heilen oder ihnen vorzubeugen, den Genuss der Landluft, und das Trinken der Gesundbrunnen ausserhalb der Residenz auf dem Lande empfehlen würden ... Wer vermuthen, daß der Luxus so hoch steigen könnte, daß man das Auswandern im Sommer aus Berlin, und das Häuser bewohnen in Charlottenburg fast für unumgänglich nöthig halten würde, wenn man sich vom Pöbel unterscheiden wollte, der seine Verschwendungssucht höchstens bis auf sonntags Lustwandeln nach nah gelegenen Dörfern oder Städten ausdähnen könnte? War vorherbestimmt, daß die Juden soviel Freiheit gewinnen würden, daß sie sich im Sommer wohnhaft in Charlottenburg niederlassen könnten."

Gasthöfe und Schankwirtschaften entstanden, der Personentransport zwischen Berlin und Charlottenburg wurde zum einträglichen Geschäft, und immer mehr Adelige und reiche Bürger bauten sich Landhäuser und Paläste als Sommerresidenzen in Charlottenburg. Eine der größten war die der Gräfin Lichtenau, einer Mätresse von Friedrich Wilhelm II. Sie kaufte 19 Bürgergrundstücke an der Spree und verwandelte sie in ein ansehnliches Landgut. Aus manchen Äckern von Charlottenburger Bürgern wurden prächtige Gärten und vornehme Parks. Zeitweise stiegen die Haus- und Gründstückspreise. Das bescheidene Wachstum sorgte für den allmählichen Wandel Charlottenburgs von der Ackerbürgerstadt zur Sommerfrische, die von den vornehmen Klassen Berlins besonders bevorzugt wurde. Georg Hermann erzählt in seinem Roman Jettchen Gebert, wie sich Jettchens Tante Riekchen um 1840 in Schöneberg eine Sommerfrische mietete, weil sie sich Charlottenburg nicht leisten konnte.

Zum wichtigsten Wirtschaftsfaktor wurde das Gastwirtsgewerbe. Vor allem entlang der Berliner Straße (heute Otto-Suhr-Allee) siedelten sich zahlreiche Gaststätten an. Das wohl eindrucksvollste Etablissement war die „Flora" am Luisenplatz mit einem großer Glaspalast und Vergnügungspark am Spreeufer. Das Gebäude wurde 1904 gesprengt.

Zwischen 1824 und 1861 entstanden zahlreiche Mühlen, meist im Süden der Stadt an der Mühlenstraße (heutige Bismarckstraße). Der Zuschlag zur Mahlsteuer war in Charlottenburg um die Hälfte niedriger als in Berlin. Allmählich stieg die Einwohnerzahl an, von etwa 1.500 im Jahr 1722 auf 2.400 im Jahr 1780, 3.400 im Jahr 1800 bis auf 10.000 im Jahr 1855.

Das älteste Bürgerhaus Charlottenburgs in der Schustehrusstraße 13

Das Keramik-Museum Berlin im ältesten Bürgerhaus (1712)
VON HEINZ-J. THEIS

Nach den Plänen des Hofarchitekten Friedrich I., Eosander von Göthe entstand 1712 das älteste noch erhaltene Bürgerhaus Charlottenburgs in der Schustehrusstraße 13, und es befindet sich in der Obhut des Heimatmuseums. Der niedrige – zwischen der Bebauung des 19. Jahrhunderts auffallende – grün angestrichene Bau mit seiner nun klassizistischen Fassade birgt eine sehr wechselvolle Geschichte.

Ein verträumter Ort – unwirklich und geheimnisvoll anmutend –, ein außerordentlicher Glücksfall für die heutigen Mieter. Die gesamte Anlage mit den begrünten Höfen scheint in eine andere, vergangene Welt zu führen: „Stille und Verträumtheit atmet der enge Hof. Zugeschüttet ist der Brunnen, bei welchem – nach mündlicher Überlieferung – die Königin Luise dem Strümpfestricken junger Mädchen für Bedürftige zusah." (Hans Hartmann in „Der Telegraph" vom 05.06.1955)

Eine malerische Arkadenmauer aus gebrannten Ziegeln im zweiten Hof lässt viele Besucher zuerst an die Ruine eines Sakralbaus denken – jedoch ist sie Zeuge eines ganz profanen lebensfrohen Treibens des ausgehenden 19. Jahrhunderts: Anstelle eines kleinen, aus einem Schauer des 18. Jahrhunderts umgebauten Wohnhauses, wurde 1877 ein Tanzsaal für 500 Personen errichtet („Eckmann's Festsäle"). Ende 1943 wurde der Saal durch Kriegseinwirkung zerstört. Eine später angelegte Rasenfläche erinnert in ihren Ausmaßen an die Tanzfläche.

Die Natur hat inzwischen – mit und ohne Zutun der Nutzer des Geländes – den Ort idyllisch verwandelt – man fühlt sich fernab großstädtischer Hektik und kann zahlreichen Singvögeln lauschen, die die „Oase" auch für sich als Lebens-

Schustehrusstraße 13, Gartenansicht

Luisenkirche (1716)
VON PFARRER KLAUS KURT RASCHKOWSKI

Am 13.Juli 1712 wird in Anwesenheit des Hofes und vieler Berliner der Grundstein gelegt. Der Kronprinz, mit Maurerschürze, legt die erste Kelle Kalk darauf. Der Entwurf stammt von Oberbaudirektor Gerlach; ein Zentralbau mit vier gleich großen Kreuzarmen. Der neue König Friedrich Wilhelm I. will das hochverschuldete Preußen durch eisernen Sparkurs sanieren.
Die Baukosten werden von 10.000 auf 6.073 Taler 14 Groschen gesenkt. 1716 fand schließlich die Kirchweihe der Parochial- oder Pfarrkirche Charlottenburg statt; angelegt als Simultankirche für lutherische und reformierte Christen.

Erst Friedrich II. lässt schließlich die Charlottenburger auch das Recht der Pfarrstellenbesetzung selbst ausüben. Nach dem Siebenjährigen Krieg konnte sich die Gemeinde nicht einigen, so dass der König angerufen werden musste. Der bestimmte kurzerhand den umstrittenen Kandidaten Eberhard zum Prediger und meinte: „In Rom bei der Papstwahl kann solch Spektakel nicht sein wie bei der Wahl dieses Predigers."

Eberhard wird als Professor der Philosophie nach Halle berufen und an seine Stelle tritt Johann Christian Gottfried Dressel. Vier Jahrzehnte von 1778 bis 1824 wirkt er segensreich für Gemeinde und Stadt. Ein außergewöhnlicher Mann, vielseitig gebildet und interessiert, begabter Prediger und Pädagoge, tüchtiger Stadtverordneter und sogar Stadtverordnetenvorsteher.

1820 entsteht ein „Verein zur Beförderung des Thurmbaues", nachdem der Dachreiter baufällig wurde, Gestühl und Fußboden vermodert waren. Der Geheime Oberbaurat Schinkel wird vom König um ein Gutachten gebeten. Es kommt zum Umbau, und am 11. Juni 1826 erhält die Stadt- und Parochialkirche Charlottenburg mit der Einweihung den Namen „LouisenKirche". Durch ihre klare, mutige Haltung gegenüber Napoleon im ostpreußischen Exil galt Königin Luise als eine zentrale moralische Instanz in den Befreiungskriegen.

raum entdeckt haben. An allen Ecken sprießen und gedeihen Blumen, Sträucher und Bäume und geben dem Ort – jeweils der Jahreszeit entsprechend – einen einzigartigen Charme. Eine besondere Ausstrahlung hat die über zwanzig Meter hohe Mauer des Nachbarhauses, hier ist über Jahrzehnte wilder Wein bis in weite Höhe gewachsen. Das Laub, das im Sommer in Gelb-, Rosa- und zahlreichen Grüntönen leuchtet, wird sich im Herbst in ein beeindruckendes rot glühendes Flammenmeer verwandeln.

Seit 1990, dem Gründungsjahr des Keramik-Museums Berlin, residiert der Förderverein Keramik Museum Berlin KMB in Charlottenburg. In zahlreichen Sonderausstellungen in befreundeten Instituten konnte seither der gemeinnützige Verein auf die ständig wachsenden Sammlungen (Objekte, Literatur und Dokumente) und seine Aufbauarbeit aufmerksam machen.

Das in Charlottenburg geborene Gründungs- und Ehrenmitglied Karlheinz Fetzer (1925-1998) schenkte Anfang der 1990er Jahre dem Land Berlin seine umfangreiche Keramiksammlung als Grundstock für das Keramikmuseum. Zu den über 4000 Objekten der Fetzer'schen Sammlung sind inzwischen fast noch einmal so viele dazugekommen, auch hiervon der überwiegende Teil als Schenkung.

Im Januar 2004 fand die „hauslose" Zeit des KMB ein gutes Ende: Charlottenburg, Schustehrusstraße 13 – unter dieser Adresse residiert nun das KMB auf dem geschichtsträchtigen Grundstück zwischen Wilmersdorfer Straße und Luisenkirche.

Der gemeinnützige Förderverein Keramik-Museum Berlin e.V. hat das älteste Bürgerhaus Charlottenburgs ohne jegliche öffentliche finanzielle Zuwendung angemietet, eingerichtet und als Museum wieder öffentlich zugänglich gemacht. Ehrenamtliche Arbeit und Bürgerengagement ermöglichen diese Präsentation und den weiteren Ausbau der umfangreichen Keramiksammlung für Berlin. In wechselnden Ausstellungen kann hier zumindest ein kleiner Teil der umfangreichen Sammlungen gezeigt werden, zu denen beispielsweise das Werk des wohl bedeutendsten deutschen Keramikers des 20. Jahrhunderts gehört – Jan Bontjes van Beek, der von 1933 bis 1943 seine Werkstatt am Tegeler Weg hatte und von 1953 bis 1958 die Meisterschule für das Kunsthandwerk leitete – beides in Charlottenburg.

Luisenkirche vor 1905

In den 70er Jahren des 19. Jahrhunderts steigt die Einwohnerzahl auf 26.000 und nach dem Bau der Kaiser-Wilhelm-Gedächtnis-Kirche wirken bereits 5 Pfarrer an der Luisenkirche. Weitere neue Tochtergemeinden werden gegründet. In der Zeit verzichtet auch der Magistrat auf sein Patronatsrecht.

Die historische Verbindung der Kirche Alt-Lietzow mit der Luisenkirche blieb bestehen, in den 50er Jahren des 20. Jahrhunderts wurde vergeblich der Versuch unternommen, beide Gemeinden zu trennen.

Nach 41 Dienstjahren ging Oberpfarrer Dr. Riemann in den Ruhestand und nach mehreren Einsprüchen gegen gewählte Kadidaten setzte die Kirchenbehörde 1919 den Militäroberpfarrer und Hofprediger an der Potsdamer Garnisonskirche Richter (Richter-Reichhelm) ein. Der machte zum Leidwesen der enttäuschten und verbitterten liberalen Fraktion der Gemeindevertretung keinen Hehl aus seiner monarchischen und konservativ-positiven Haltung; jeden Geburtstag des Kaisers feierte er als sein persönlicher Freund. 1951 ging er mit 77 Jahren in den Ruhestand, behielt aber Sitz und Stimme im Gemeindekirchenrat.

Bei den Kirchenwahlen 1933 wurden die Deutschen Christen zweitstärkste Fraktion. Mit allen Stimmen wurde Pfarrer Klingenberg gewählt (Hauptmann, Eisernes Kreuz). Gleich nach der Sportpalastkundgebung trat er aber aus der Pfarrerschaft der Deutschen Christen aus, schloss sich der Bekennenden Kirche an und wurde 1935 von ihrem Bruderrat zum Bekenntnissuperintendenten gewählt.

Der Kirchenkampf kam auch durch die Einberufung Klingenbergs in die Armee nicht zum Erliegen. Sein Nachfolger hieß Richard Sudrow, der 1950 Superintendent des neugegründeten Kirchenkreises Charlottenburg wurde. Die Einweihung der wieder aufgebauten Luisenkirche am 4. Advent 1953 war ein Markstein. 1989 erhielt sie durch Architekt Langeheinecke ihre aktuelle Innenfassung. Nach dem plötzlichen Tode des Jugendpfarrers Bernd-Jürgen Hamann, der durch seine Rocker- und Motorradfahrerarbeit und den Rockmessen deutliche Spuren hinterlassen hat, arbeiten zwei Pfarrer in der Evangelischen Luisen-Kirchengemeinde.

Luisenkirche, Innenansicht

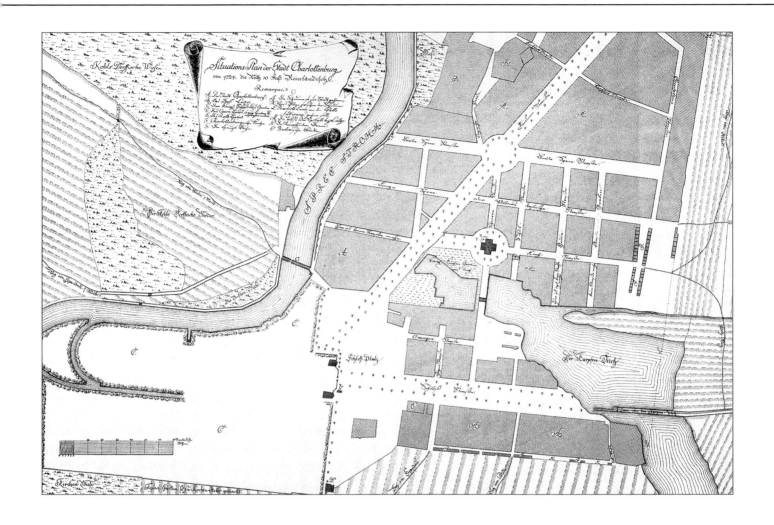

Situationsplan der Stadt Charlottenburg 1724

Der Plan ist geostet.

1722 standen in der Stadt Charlottenburg
220 Häuser mit Ziegeldach
97 Häuser mit Strohdach und 86 Scheuen.

Die Zivilbevölkerung setzte sich zusammen aus
323 Männern, 322 Söhnen, 347 Töchtern,
27 Gesellen, 23 Knechten, 30 Jungen
und 60 Mägden.

Die Frauen – mit Ausnahme der Mägde –
wurden nicht gezählt.

Beschriftung oben links:
Situations-Plan der Stadt Charlottenburgvon 1724
die Ruth 10 Fuß Rheinländische
*[1 Rheinländische Rute sind 10 Rheinländische Fuß,
d. h. 2,5 Meter]*

Remarque
A. Die Stadt Charlottenburg
B. Das Dorf Lüzo
C. Der königl. Schloss Lust Garten
D. Das Opern Haus so zum Hirten H.tausl arplogirt worden
E. Das Rath Haus
F Charlottenburgische Kirche
G. Die Haupt Wache
L. Die Scheunen so zur Stadt gehören
K. Weiß Plätze zwischen den Scheunen
L. Punktierte Linie wie die Palle Sadirung gehen soll
M. Die Trifft oder Upstall bey Lüzo
N. Die Treckschuiten Damm
0. Berlinische Brücke

Beschriftung unten links:
[Maßstab]

Industrialisierung und Stadtwerdung

Auch um 1850 hatte Charlottenburg noch den Charakter einer Sommerfrische. Das Stadtgebiet war nicht wesentlich erweitert worden, und kleine Häuser dominierten das Straßenbild. Noch immer waren viele Charlottenburger Einwohner Ackerbürger, die ihr Einkommen durch die Vermietung an Berliner Sommergäste aufbesserten. Allerdings wurde seit Erscheinen des sogenannten „Hobrecht-Planes" 1862 das bisherige Ackerland schnell in Bauland verwandelt, und eine entsprechende Bauspekulation setzte ein.

Die ersten Industriebetriebe waren in Charlottenburg bereits vor 1850 eröffnet worden: 1833 die chemische Fabrik Heyl, 1836 die Töpferei March und um 1840 die Freundsche Maschinenfabrik. Aus einer Kattunbleicherei wurde 1862 die Maschinenfabrik Gebauer entwickelt, und der größte Teil der Königlichen Porzellan-Manufaktur KPM wurde in den 1860er Jahren auf Charlottenburger Gebiet verlagert.

Die Industriebetriebe siedelten sich überwiegend in unmittelbarer Nachbarschaft herrschaftlicher Villen im Norden und Osten Charlottenburgs an Landwehrkanal und Spree an.

Das erste Charlottenburger Gaswerk am Landwehrkanal (heutiges Einsteinufer) wurde 1861 auf Druck des Berliner Polizeipräsidenten gebaut. Er hatte auf die Einrichtung einer Straßenbeleuchtung gedrängt.

Berliner Kalksandsteinwerke (Salzufer 23) um 1900, einer der vielen Industriebetriebe in diesem Gebiet

Von der Mitte des 19. Jahrhunderts wurde die Gegend an der Berliner Straße (Otto-Suhr-Allee), beim Knie (Ernst-Reuter-Platz) als Wohngebiet für besonders begüterte Berliner attraktiv. Deren Villen waren einer Verfügung des Kaisers entsprechend nur zweigeschossig, da er, wenn er daran vorbeifuhr, nicht von über die Straßenbäume herausschauenden Gebäudeteilen belästigt zu werden wünschte. Hier siedelte sich unter anderen Kommerzienrat Gerson Bleichröder an, der der Reichsregierung wichtige Dienste im deutsch-französischen Krieg bei den Kontributionszahlungen der Stadt Paris geleistet hatte, Robert Warschauer, dessen Privat-Bankhaus 1905 von der Darmstädter Bank für Handel und Industrie übernommen wurde, und seit 1861 auch Werner Siemens, damals Besitzer einer Telegraphen-Bauanstalt. Am 1. März 1879 konnte Siemens bei einem von ihm veranstalteten Ball seinen Gästen seinen Tanzsaal mit elektrischem Licht – vier Kerzen in vier Milchglocken – vorführen. In seiner Villa wurde damit zum ersten Mal in Berlin elektrischer Strom für private Beleuchtung verwendet. Später wurde so auch der Garten erleuchtet.

GSG
Gewerbesiedlungs-Gesellschaft: Über 40 Jahre Raum für unternehmerische Ideen

Der GSG-HOF Helmholtzstraße 2-9 war bereits vor mehr als 100 Jahren Produktions- und Arbeitsstätte.

Es waren schwierige Zeiten – die 60er Jahre in Berlin: Überall mangelte es an preiswerten und nutzbaren Gewerbeflächen. Viele kleine Gewerbetreibende gaben ihren angestammten Standort auf oder kehrten der Stadt gar den Rücken. Die Folge: Arbeitsplätze gingen verloren. Gewerbe braucht bezahlbaren Raum – diese Erkenntnis bewog 1965 den Berliner Senat, die Industrie- und Handelskammer zu Berlin und die Handwerkskammer Berlin zu einem zukunftsweisenden Schritt: Sie gründeten die Gewerbesiedlungs-Gesellschaft mbH (GSG). Deren Aufgabe sollte es sein, kleine und mittelständische Unternehmen zu fördern: insbesondere als Sanierungsträger bei der Stadtentwicklung, aber auch durch Sanierung und Recycling von Industriebrachen, durch Aufbau und Entwicklung neuer Standorte sowie die Bereitstellung innerstädtischer Flächen zu günstigen und stabilen Mietkonditionen. Partner des Gewerbes sein und hochwertige Flächen bieten – diesem Grundsatz folgt die GSG konsequent, gestern wie heute.

Bauherr, Vermieter und Dienstleister für 1.200 Unternehmen

Ihren Sitz hat die GSG im nördlichen Teil der Spreestadt Charlottenburg, in der Franklinstraße 27. Von hier aus bewirtschaftet sie 50 Standorte in ganz Berlin mit insgesamt 750.000 Quadratmetern Gewerberaum – eine Fläche so groß wie 100 Fußballfelder. Sie ist der führende Anbieter von multifunktionalem Gewerberaum in der Stadt. Dank günstiger und vor allem langfristig stabiler Mieten ermöglicht sie ihren 1.200 Mietern, Kapital in qualifizierte Mitarbeiter, neue Ideen, innovative Technologien und hochwertiges Material zu investieren. Nur so sind die Firmen langfristig wettbewerbsfähig, schaffen sie sichere und zusätzliche Arbeitsplätze in der Stadt.

An ihren Charlottenburger Standorten – genauso wie überall in der Stadt – legt die GSG Wert darauf, Historisches möglichst zu erhalten und an heutige Anforderungen anzupassen:

GSG-HOF Helmholtzstraße 2-9

Die Produktionsstätte, 1883 bis 1901 als Glühlampenwerk von Siemens&Halske erbaut, wurde 1919, als die Siemens AG ihre Glühlampenfertigung in diesem Tochterunternehmen konzentrierte, von der Osram AG übernommen. Seit Juni 1969 gehört der unter Denkmalschutz stehende Gebäudekomplex der GSG. Nach erfolgreicher Sanierung entstand der erste große GSG-HOF; kleine und mittelständische Unternehmen aller Branchen fanden auf über 32.000 Quadratmetern Fläche Gewerberaum zu günstigen Mieten.

Nach der Wende rückte der industriell geprägte Standort in der nördlichen Spreestadt Charlottenburg ins Zentrum des vereinten Berlins. Seine Nähe zum Campus der Technischen Universität und zu wichtigen IT-Unternehmen sowie seine verkehrsgünstige Lage waren ausschlaggebend dafür, hier im Jahr 2003 bis 2004 einen Erweiterungsbau für die European TelematicsFactory zu errichten.

In diesem Kompetenzzentrum für den Bereich Mobilität und der Mobilität dienenden IT sind moderne Büronutzflächen für Unternehmen entstanden. Der Bezirk Charlottenburg, wie auch der gesamte Technologiestandort Berlin-Brandenburg, wurde so um einen Nukleus für die Entwicklung, Produktion und Anwendung mobiler und der Mobilität dienender IT-Lösungen bereichert.

GSG-HOF Sophie-Charlotten-Straße 92

Ein süßlicher Maische-Geruch im Klausenerplatzkietz verriet es: Hier, auf dem Grundstück Sophie-Charlotten-Straße 92, war seit 1884 und für fast 100 Jahre die Engelhardt-Brauerei zuhause. Nachdem der Betrieb Anfang der 80er Jahre endgültig stillgelegt und die Produktion nach Kreuzberg verlagert wurde, verkaufte die Eigentümergemeinschaft Grund und Gebäude an das Land Berlin, das wiederum 1987 einen Erbbaurechtsvertrag über das Grundstück mit der GSG abschloss.

Bewährtes bewahren – Neues wagen: die historischen Bauten der Königlichen Porzellan-Manufaktur Berlin.

Nach dem Abriss des speziell auf die Bierherstellung zugeschnittenen Gebäudekomplexes errichtete die GSG von 1988 bis 1990 zwei- bis viergeschossige Neubauten mit modernen Flächen für kleine und mittelständische Betriebe.

KPM-Quartier

Die Vielfalt der Tätigkeitsfelder der GSG verdeutlicht die im Jahr 2003 abgeschlossene Rekonstruktion der historischen Bauten am Standort der Königlichen Porzellan-Manufaktur Berlin. Mit hohem finanziellen und technischen Aufwand, vor allem aber dank ihrer Erfahrung im Denkmalschutz und im Umgang mit historischer Bausubstanz, gelang es der GSG, die maroden und von der Voreigentümerin vernachlässigten Gebäude wiederherzustellen. Der geschichtlichen Bedeutung und zeitlosen Architektur verpflichtet, konnte ihr Zeugnis bewahrt und gleichzeitig den Erfordernissen der Gegenwart angepasst werden. Heute erstrahlt das beeindruckende Ensemble nördlich der Straße des 17. Juni wieder im alten Glanz. Nach Fertigstellung der Sanierungsarbeiten bezeichnete der Tagesspiegel den Ort als einen der schönsten Plätze Berlins.

Grabwand Hildebrandt

Die Friedhöfe (1815)

VON BIRGIT JOCHENS,
LEITERIN DES HEIMATMUSEUMS

Ab Mitte des 18. Jahrhunderts wurde die bisher übliche Nutzung der Kirchhöfe als innerörtliche Begräbnisstätten aus hygienischen Gründen aufgegeben. Dies führte zur Schließung der beiden innerstädtischen Friedhöfe in Charlottenburg und ab 1815 zur Anlage des ersten Luisenfriedhofes östlich von Lützow nach den Plänen des Kgl. Hofgärtners George Steiner, der landschaftliche und geometrische Formen miteinander verband.

Inzwischen geben drei historische Luisenfriedhöfe und der Friedhof der Kaiser-Wilhelm-Gedächtnis-Kirchengemeinde sowie ihre monumentalen Grabmale, Mausoleen oder Marmorskulpturen darüber Auskunft, wie man früher, so gegen 1850 oder um 1900 in Charlottenburg gelebt hat, was das für Menschen waren, die sich am Knie (Ernst-Reuter-Platz), im noblen Westend oder in den Straßen um den Kurfürstendamm herum angesiedelt haben.

Der landeseigene Friedhof Heerstraße, sicherlich einer der landschaftlich schönsten Friedhöfe Berlins, führt mit seiner reichen Grabmalkultur noch einmal nachhaltig vor Augen, welche Künstler und Intellektuelle es waren, die in den zwanziger Jahren das besondere Flair Berlins geprägt haben. Dagegen sind es auf dem einzigen jüdischen Friedhof im Westberliner Bereich, der am Scholzplatz gelegen ist, auf dem Britischen Militärfriedhof oder auf dem Friedhof Ruhleben nur noch schlichte Steine mit den Namen der Bestatteten, die Erinnerung wecken.

Der Luisenfriedhof III

Wer sich ein Bild machen möchte von den Charlottenburgern der Gründerzeit, der sollte einmal die Westmauer vom Luisenfriedhof III abschreiten. Sie ist weit hinter der Kapelle, parallel zum Fürstenbrunner Weg gelegen und weist eine Vielzahl alter Erbbegräbnisse auf. Für die Dauer von 60 Jahren hatte man ursprünglich solche Familiengrabstätten erworben, die alle mit großen Grabarchitekturen oder Skulpturen ausgestattet sind.

Die Grabstätte der Familie Heyl, ganz rechts beim Eingang zum Wirtschaftshof gelegen, führt gleich vor Augen, in welchen Dimensionen man denken muss, wenn man vor solchen alten Grabmalen steht. 728.000 RM hat 1923 nur die hohe steinerne Einfassung in der Art einer Tempelfassade gekostet. Soviel hat man damals auch für den Bau eines anständigen Miethauses ausgeben müssen. Freilich ist diese Stelle auch für 20 „große Leichen", wie es in alten Verträgen heißt, angelegt und erstreckt sich in der Breite über 17 Meter. Vor der Wand steht noch eine Christus-Figur, eine Nachbildung der Skulptur, die in der Kaiser-Wilhelm-Gedächtnis-Kirche aufgestellt ist.

Die Familie Heyl hat sich ein solches Monument wahrscheinlich mühelos leisten können. Sie gehörte zu denen, die Charlottenburg, einst die reichste Stadt im Deutschen Reich, durch ihre Unternehmungen entscheidend geprägt haben. Ein Chemiewerk hat sie besessen, in dem ungiftige Farben hergestellt wurden, wie man schon damals betont hat.

Dieses war am Salzufer angesiedelt (heute: TU-Gelände), wo die Heyls auch gewohnt haben wie ihre Nachbarn, die Tonwarenfabrikanten March, die von Helmholtzens oder Beringers. Wendet man sich nach links und schreitet die Mauer ab, dann beeindrucken nach schlichten Grabmalen aus den zwanziger Jahren über 7 m hohe Grabwände aus Basalt oder Sandstein, vor denen oft eine Marmorskulptur aufgestellt ist. Meistens haben diese auch die auf den Inschriftentafeln genannten „Fabrikbe-

Grabmal Grisebach

sitzer", Gelehrte, Schriftsteller oder wohlhabende Ingenieure bei namhaften Architekten und Bildhauern in Auftrag gegeben. Manchmal liegen die Grabstellen einstiger Charlottenburger ebenso nahe beieinander wie zu Lebzeiten ihre Wohnhäuser.

Solche Nachbarn im Leben wie im Tode sind beispielsweise die Familien des Architekten Hans Grisebach und des Korvettenkapitäns Hildebrandt. Das ehemalige Wohnhaus des Architekten ist allen Berlinerinnen und Berlinern gut bekannt; heute befindet sich in der Fasanenstraße 25 das gleichnamige Auktionshaus.

Korvettenkapitän Hildebrandt hat gleich daneben gewohnt, in dem Haus, in dem sich heute das Literaturhaus befindet. Die Hildebrandts haben sich 1904 eine Grabwand errichten lassen, in die ein großes Marmorrelief eingelassen ist. Es stellt ein Abschied nehmendes Paar dar und nimmt Bezug auf den Tod der Gattin des Korvettenkapitäns. Gefertigt hat es Fritz Klimsch, ein damals weit

ebenso besondere Gestalt wie deren Villa in der Fasanenstraße. Schmal und asymmetrisch angelegt, hebt sie sich deutlich ab von den umgebenden pompösen Mietshäusern. Nur 3,5 m hoch und mit einem von der Firma Puhl und Wagner gefertigten Mosaik ausgestattet, unterscheidet sich auch das Grabmal deutlich von den umgebenden.

Es wurde kurz nach der Jahrhundertwende von den namhaften Architekten Reimarus und Hetzel gebaut und von dem Mosaizisten Hermann Schaper ausgestattet, der auch viele der Mosaike in der Kaiser-Wilhelm-Gedächtnis-Kirche geschaffen hat.

Wem der kühle, exzentrische Hans Grisebach vertraut ist, der zu den großen Berliner Baumeistern zählt, den mag die herzanrührende Darstellung des Mosaiks verwundern. Gezeigt ist ein Knabe, der von Engeln aus dem Sarg gehoben wird. Sie ist begründet in dem Drama, von dem das Leben der Grisebachs überschattet wurde. Gerade 11jährig ist deren Sohn

Pagode vom Grab Victor de Kowa und Michiko Tanaka

Friedhof Heerstraße

Künden die großen alten Grabarchitekturen auf den historischen Friedhöfen Charlottenburgs vom Selbstbewusstsein seiner reichen Bewohner, so geben viele der wesentlich schlichteren Grabmale vom landeseigenen Friedhof Heerstraße an der Trakehner Allee Zeugnis von den individuellen Persönlichkeiten der dort Bestatteten. Manchem wird der große, mit Hieroglyphen versehene Stein am Sausuhlensee aufgefallen sein, der nicht etwa, wie man vermuten könnte, die Grabstelle eines Ägyptologen schmückt. Er erinnert vielmehr an die leidenschaftliche Liebe zu allem Ägyptischen des Wilhelm Siegert, eines Fachmannes für Luftfahrt und Fluglinien.

Mit der kleinen Buddha-Statue am Grabe des berühmten Schauspielers Paul Wegener, ganz in der Nähe der Anhöhe platziert, hat man nicht nur ein Kunstwerk ausgewählt, das dieser einst in seinem Garten in der Binger Straße aufgestellt hatte, sondern es verweist auch auf den gelehrten Kenner asiatischer Kunst, als der Wegener ebenfalls hervorgetreten ist. Und dass Victor de Kowa, darin von seiner Frau Michiko Tanaka beeinflusst, fasziniert von fernöstlicher Kunst, Religion und Lebenshaltung war, davon kündet nicht nur die kleine Pagode an ihrer beider Grabe, sondern auch die zwei ineinander verschlungenen Mandelkirschbäume.

Westmauer vom Luisenfriedhof III

über die Grenzen Deutschlands hinaus bekannter Bildhauer.

Ist das Grabmal Hildebrandt in Größe und Aufwand typisch für Male der reichen Charlottenburger um 1900, so hat die Grabwand der Grisebachs eine

Edward auf dem Weg zum Zoologischen Garten durch einen unglücklichen Sturz verstorben, als er seiner Schwester mit einem Spielzeugdolch demonstrieren wollte, was er zuvor gelesen hatte, wie sich der Held einer Geschichte selbst tötete.

300 Jahre Charlottenburg – 175 Jahre Grieneisen

Die Erfolgsgeschichte Grieneisen…

beginnt im Jahr 1830, als der Berliner Tischler Julius Grieneisen eine Sargfabrik gründet. Ursprünglich in der Schützenstraße im heutigen Bezirk Mitte angesiedelt, eröffnete das Unternehmen dann im Westen Berlins, in der Schillstraße, eine weitere Filiale.

Bald füllen Namen des Kaiserlichen Hofes und vieler angesehener Persönlichkeiten das Referenzbuch von Grieneisen. Unter Führung der Brüder Andreas und Johannes Bolle wächst das Unternehmen zum größten und renommiertesten Bestattungsinstitut Berlins heran. Die nach 1871 immer stärker ansteigende Bevölkerung und die damit verbundene Ausdehnung Berlins als Reichshauptstadt veranlasste die neuen Besitzer sich zu vergrößern – im neuen Westen der Stadt, in der Potsdamer Straße.

Nach 1945 steigt Grieneisen zu einem der führenden Branchenunternehmen Deutschlands auf, 1960 fusioniert das Unternehmen mit einem neuen Partner zur Grieneisen/GBG-Gruppe.

Charlottenburger Filialen befinden sich seit langem in der Bismarck- und in der Kantstraße, am heutigen Spandauer Damm und seit Januar 2004 mit der neuen Zentrale des bundesweit vertretenen Unternehmens am Fürstenbrunner Weg. Zahlreiche Persönlichkeiten wurden von Grieneisen auf Charlottenburger Friedhöfen bestattet:

So zum Beispiel die Tänzerin Valeska Gert (Friedhof Ruhleben), der Bildhauer Georg Kolbe und die Schauspielerin Grethe Weiser-Schwerin auf dem Friedhof Heerstraße sowie der „Pinselheinrich" Heinrich Zille auf dem zu Charlottenburg gehörigen Südwestfriedhof Stahnsdorf.

Mit dem Bezirk eng verbunden ist das Unternehmen auch durch das Haus Hohenzollern und deren Schloss Charlottenburg: Viele Mitglieder des Hauses wurden durch Grieneisen beigesetzt. 1991 erfolgte die Umbettung der Preußen-Könige von der Burg Hohenzollern nach Sanssouci, 1994 wurden die Trauerfeierlichkeiten für Prinz Louis Ferdinand ausgerichtet.

1998 folgt der Zusammenschluss mit der Münchener Ahorn AG zur heutigen Ahorn-Grieneisen AG, die eine 100-prozentige Tochter der IDEAL Lebensversicherung a.G. ist.

Die neue Unternehmenszentrale in Charlottenburg sowie die ersten „Häuser der Begegnung" markieren im Jahr 2003 weitere Höhepunkte der Unternehmensentwicklung.

Im Herbst 2003 beschließen Ahorn-Grieneisen und das Münchener Traditions-Unternehmen TrauerHilfe DENK, die Zukunft gemeinsam zu gestalten.

Was zeichnet Grieneisen aus: Kompetenz – Erfolg – Tradition – Innovation

Praktizierte Individualität – das sind unsere „Häuser der Begegnung".

Die bewusste Auseinandersetzung mit dem Tod löst bei vielen Menschen den Wunsch nach einem ganz persönlichen, einzigartigen Abschied aus. Unsere Antwort liegt im Konzept der „Häuser der Begegnung", die gegenüber konventionellen Feierstätten neue Möglichkeiten bieten. Verschiedenartige Leistungen und Nutzungsformen verbinden sich in den Häusern der Begegnung zu „offenen" Treffpunkten mit kulturellem Charakter. Raum für Ausstellungen, Veranstaltungen und Gedankenaustausch unter einem Dach mit Informations- und Beratungsstellen. Im Zentrum des Konzepts stehen helle, freundliche Räume für Abschied und Trauerfeiern. Für alle Glaubensrichtungen und Lebensbilder – Raum für Gefühl.

Die zunehmende Mobilität in der Gesellschaft und der daraus entstehende Wunsch nach einem gleich bleibend hochwertigen Angebot an Bestattungsdienstleistungen – wo immer man lebt – kennzeichnen das Leitmotiv: Rund 230 eigenständige Unternehmen (Stand: 2004) sind in Kooperationspartnerschaften in das Dienstleistungsnetzwerk eingebunden; Unternehmen, die unsere hohen Ansprüche an Kompetenz, Qualität und Leistung teilen.

Unser einmaliger Erfahrungsschatz und unsere vielfältigen Kompetenzen liegen in über 2,5 Millionen Bestattungen begründet, die alle Unternehmensteile in den letzten 175 Jahren insgesamt durchgeführt haben (Stand: 2004). Wir ermöglichen allen gesellschaftlichen Gruppen einen würdevollen und persönlichen Abschied und bewahren zugleich die religiösen Traditionen unserer Bestattungskultur, beschreiten aber auch extravagante und futuristische Wege.

Grieneisen am Beginn des 21. Jahrhunderts

Qualität und Effizienz von Grieneisen sind seit 2003 gemäß DIN EN ISO 9001:2000 zertifiziert. Die DIN 77300 für Bestattungsdienstleistungen ist für uns verbindlich. Wir bieten unseren Mitarbeitern Qualifizierungsmaßnahmen bei Handwerkskammern und den Industrie- und Handelskammern als wesentliche Standbeine der Qualitätssicherung im Unternehmen an.

Wir suchen den Dialog mit den Menschen. So erfahren wir, was sie bewegt, können aufklären und konkrete Hilfestellung geben. Unter anderem unterstützen wir Hospize, damit gerade in diesen Sterbeeinrichtungen ein würdiges Lebensende mit menschlicher Begleitung gestaltet werden kann.

Mit Aufklärung will Ahorn-Grieneisen zur gesellschaftlichen Enttabuisierung der Themenbereiche Tod, Trauer, Sterben und Abschied beitragen. Unser Ziel ist ein unbefangener Umgang damit. Wir erreichen ihn mit Information und offensiver Präsenz im öffentlichen Leben.

Die persönliche Betroffenheit von einem Todesfall führt oft zu Hilflosigkeit. Unter anderem deshalb, weil das Thema stets verdrängt wird und oftmals notwendige Informationen fehlen. Mit aufklärenden Kampagnen versuchen wir das Thema „Tod" auf eine rationale Basis zu stellen, sowohl durch die Gestaltung als auch durch Form und Inhalt der Ansprache: sympathisch und aufrichtig, aber nicht verletzend – und zeitgemäß. Nur so ist zu erreichen, dass der natürliche Umgang mit dem Thema als selbstverständlicher Teil des Lebens angenommen wird. Wir nutzen alle modernen Kommunikationswege mit Erfolg, denn immer mehr Menschen möchten sich schnell, unverbindlich und ohne Umwege informieren.

Sport in Charlottenburg (1858)

VON GÜNTER KUNDE, PRÄSIDENT DES
SPORTVERBANDES CITY-WEST

Der erste und älteste Verein unseres Bezirks ist der Charlottenburger Turn und Sport-Verein, gegründet 1858. Es folgen der Radsportclub Charlottenburg, 1883 entstanden, er nannte sich damals Berliner Bicycle Club Germania. Und dann die Schwimmer und Angler. 1887 der Charlottenburger Schwimmverein sowie der Anglerclub Charlottenburg. Die Schwimmerinnen wurden 1893 unter dem Namen Nixe aktiv. Es folgen danach viele bekannte, jetzt schon über 100 Jahre alte Sportvereine. Stellvertretend seien hier Tennis-Borussia und der Sportclub Charlottenburg genannt, besser als SCC in aller Welt ein Begriff als Ausrichter des BERLIN-Marathons.

Insgesamt treiben in Charlottenburg-Wilmersdorf ca. 70.000 Bürgerinnen und Bürger Sport. Dieser wird in etwa 180 Vereinen, von denen 24 älter sind als 100 Jahre, mit den verschiedensten Sportarten organisiert von Ehrenamtlichen. Sei es im Vorstand, als Übungsleiter, Trainer, Betreuer oder Jugendwart arbeiten etwa 4.000 Frauen, Jugendliche und Männer unentgeltlich.

Sport kann man in etwa 160 Sportstätten im Bezirk betreiben. Die älteste ist wohl die 1860 entstandene Sporthalle Schloßstr.1 im Hof hinter dem Bröhan-Museum Von 1884 bis 1894 entstand die Hindernisrennbahn östlich vom Ruhwaldpark, die später nach Karlshorst verlegt wurde, 1889 wurde die Trabrennbahn Fürstenplatz, Baden-, Bayern-, Westendallee angelegt, die 1908 wegen der Besiedlung Neuwestends nach Ruhleben verlegt und dort bis 1954 betrieben wurde.

1894 bis 1945 gab es den nach Homburg zweitältesten Golfplatz am Ruhwaldpark, 1897 bis 1910 die Radrennbahn nördlich des Kurfürstendamms. 1898 entstand nach englischem Vorbild das inzwischen aufwändig sanierte Hallenbad an der Krummen Straße. Es ist das älteste noch genutzte Bad Berlins. Daneben wurde 1970 ein Neubau mit 50m-Bahn errichtet.

Carl Schuhmann (li.) (12. 5. 1869 – 24. 3. 1946) Turnwart der 5. Männerabteilung, Erster Goldmedaillengewinner Charlottenburgs im Pferdsprung (Olympische Spiele in Athen 1896)

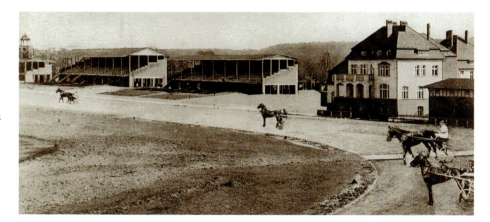

Trabrennbahn in Ruhleben/Westend 1909

Seit 1909 werden die Sportplätze Westend für Fußball, Hockey und Tennis genutzt. Das Mommsenstadion ist seit 1930 bis heute Trainingsstätte von TeBe und SCC. Von 1921 bis 1997 war die AVUS (Automobil Verkehrs- und Übungsstraße) eine der bekanntesten deutschen Auto-Rennstrecken. Schon beim ersten Autorennen fanden sich 300.000 Zuschauer ein.

Von 1926 bis 1955 nutzte Bürger und Sportler das Freibad Westend intensiv. 1927 wurden schon 164000 Besucher gezählt. Daneben war es die Trainingsstätte der Vereine Nixe und CSV.

Seit 1926 dient das Freibad Jungfernheide als beliebte Badestädte im Volkspark. Die 1935 gebaute Deutschlandhalle diente als Mehrzweckhalle für unzählige spektakuläre Veranstaltungen, heute nur noch für den Eissport.

Die Geschichte des 1936 gebauten Olympia-Stadions beginnt bereits 1909 und wird in einem eigenen Kapitel erzählt.

Das Museum Berggruen und die Stülerbauten (1859)

Friedrich August Stüler baute 1851-59 gegenüber dem Schloss Charlottenburg an der Schloßstraße 1 und 70 nach Entwürfen des Königs Friedrich Wilhelm IV die beiden Offiziers-Kasernen der Gardes du Corps. Nach erheblichen Kriegsschäden wurden sie ab 1950 wieder hergestellt.

Der westliche Bau wurde seit 1960 als Antikenmuseum genutzt, seit 1995 für die Sammlung Berggruen, der östliche seit 1967 bis 2005 als Ägyptisches Museum mit der berühmten Nofretete als einem der Hauptanziehungspunkte für Touristen in West-Berlin. Wenn sie 2005 wieder zurück in ihre alte Heimat im Neuen Museum auf der Museumsinsel in Berlin-Mitte gezogen ist, wird im östlichen Stülerbau als Pendant zur Sammlung von Heinz Berggruen die Kunstsammlung Dieter Scharf / Otto Gerstenberg mit Werken von Piranesi, Goya, Klee, Marx Ernst, Dali, Dubuffet und anderen eröffnet.

Am 6. September 1996 wurde im westlichen Stülerbau eine der weltweit bedeutendsten Privatsammlungen mit Werken der Klassischen Moderne eröffnet: die „Sammlung Berggruen – Picasso und seine Zeit", seither eine der größten kulturellen Attraktionen Charlottenburgs. Neben den über hundert Werken von Picasso werden Werke insbesondere große Werkkomplexe von Matisse, seinen großen Vorläufern Cézanne und van Gogh, Bilder von Braque und Klee, sowie Skulpturen von Giacometti gezeigt.

Der 1914 in Wilmersdorf geborene Heinz Berggruen arbeitete zunächst als Journalist, emigrierte 1936 in die USA, kam am Ende des Zweiten Weltkrieges als amerikanischer Sergeant nach Europa zurück, gründete in Paris eine kleine Galerie, lernte Picasso kennen und wurde einer der bedeutendsten Kunsthändler und Kunstsammler. Seine Rückkehr nach Berlin 1996 erschien ihm selbst „als glückliche Fügung. Ich verstehe diesen Schritt aber auch als Zeichen der Versöhnung." Ende 2000 ging die Sammlung Berggruen in den Besitz Berlins über.

In seinen Lebenserinnerungen schreibt Berggruen: „Um die Bedeutung eines Kunstwerks zu ermessen, benötigen wir den Moment der Einkehr. Deshalb bin ich glücklich, dass meine Sammlung jetzt in Charlottenburg Einzug gehalten hat...

Es erfüllt mich mit großer Freude, dass meine Sammlung klassischer Moderne im westlichen Stülerbau gegenüber dem Charlottenburger Schloss einen schöpferischen Beitrag leisten kann, den Ruf Berlins auch als Kulturmetropole zu rechtfertigen..."

„Als man in Charlottenburg in der Nähe des Stülerbaus hörte, ein Fremder, Unbekannter käme, um mit seinen Bildern in die Antikensammlung einzuziehen, die auf die Museumsinsel verlegt werden sollte, war man zunächst skeptisch und misstrauisch. Was würden das für Bilder sein, die da kommen sollten? Wie würde man mit dieser unbekannten Sammlung leben können? Und wer, im übrigen, war Heinz Berggruen?

Aber schon im Vorfeld der Ausstellung haben sich die Wogen der Skepsis geglättet. Man spürte, dass die Sammlung der Klassischen Moderne, mit der ich einziehen sollte, eine Bereicherung der Berliner Kunstszene bedeuten würde. Als dann Anfang September 1996 der Stülerbau mit meiner Sammlung eröffnet wurde, stan-

Die Stülerbauten um 1903

> Die in den Stülerbauten ansässigen Museen waren nicht die ersten, die Charlottenburg aufzuweisen hatte. Bereits 1930 präsentierte Max Frhr. v. Oppenheim im ehemaligen Direktionsgebäude und in der großen Maschinenhalle der stillgelegten Maschinenfabrik Julius Freund in der Franklinstraße seine Sammlung vorderasiatischer Altertümer, die er bei Grabungen auf dem Ruinenhügel von Tell Halaf zusammengetragen hatte. Im schlichten Ziegelbau waren riesige Basaltbildwerke von Göttern, Löwen und Sphingen ausgestellt. Sie wurden später in die Vorderasiatische Abteilung der Staatlichen Museen aufgenommen. 1930, zur Hundert-Jahr-Feier der Berliner Museen wurde auch das Rauch-Museum mit dem künstlerischen Nachlass des Bildhauers Christian Daniel Rauch (1777-1857) in der Orangerie des Charlottenburger Schlosses eröffnet. Auch dieser Nachlass befindet sich heute in der Obhut der Staatlichen Museen.

Villa Kogge mit Standesamt

Zum jungen Fabrikantenbürgertum Charlottenburgs gehörte auch die Familie March. Mit dem Tagebuch der Sophie March (1808-1889) verfügt das Charlottenburger Heimatmuseum über ein ungewöhnliches Zeugnis, Berichten nämlich über die Arbeit einer Unternehmerin aus den Anfängen der Industrialisierung. Nach dem frühen Tod ihres Gatten übernahm die Mutter von 8 Kindern gezwungenermaßen die Leitung der 1836 gegründeten Tonwarenfabrik. Vom Aufräumen der schweren Formen vor den heißen Brennöfen bis zur Akquise und Buchhaltung übernahm sie jede Arbeit. Unter ihrem Einfluss wurde die Produktion von Gebrauchs- auf die Herstellung von Baukeramik umgestellt. So gelang es ihr auch, die Fabrik durch die politisch und wirtschaftlich angespannten Jahre 1848 bis 1852 zu führen, bis sie sie ihren Söhnen Paul und Emil übergeben konnte. Aber der Rat der Seniorchefin war selbst dann noch gefragt, als sich die Marchsche Tonwarenfabrik längst zu einem der wichtigsten industriellen Unternehmen Charlottenburgs gemausert hatte. Von den 1860er Jahren an waren fast alle größeren repräsentativen Bauten Berlins wie das Rote Rathaus und der Martin-Gropius-Bau mit den Terrakotten der Marchs geschmückt.

den in den ersten Monaten die Menschen Schlange, oft in Regen und Schnee, um teilzuhaben an dem Erlebnis einer Sammlung, die vieles ausdrückte, was ihnen jahrelang vorenthalten worden war."

„Für mich war das mehr als eine Genugtuung. Ich genoss mit Freude, dass das, was ich geplant hatte, im Vollen seine Verwirklichung erfuhr. Ich schwebte wie auf einer Wolke. So möchte ich auch ganz offen bekennen: Glücklich macht es mich schon, dass meine Sammlung so gut „angekommen" ist – bei über 200.000 Besuchern in den ersten zwölf Monaten seit der Eröffnung...

Mit zweiundzwanzig Jahren bin ich aus Berlin fortgegangen, in eine ungewisse Zukunft. Als Zweiundachtzigjähriger bin ich zurückgekommen. Und das ist gut so."

Heinz Berggruen wohnt – wenn er sich in Berlin aufhält – bei „seinen" Bildern, genauer gesagt: über seinen Bildern in einer Wohnung die für ihn im Stülerbau eingerichtet wurde, und nicht selten können die Besucher der Ausstellung dem Sammler selbst begegnen, wenn er sich an den Kunstwerken erfreut, die er einst erworben hat. Übrigens hat er die Sammlung auch in den letzten Jahren weiter durch bedeutende Neuerwerbungen ergänzt – vor allem durch Werke von Picasso und Klee.

Standesamt in der Villa Kogge (1864)

Die prunkvolle spätklassizistische Villa Kogge gehört zu den schönsten Standesämtern Berlins. Immerhin ist der „Palazzo" in unmittelbarer Rathausnähe am Ortskern von Lietzow eines der ältesten Patrizierhäuser Charlottenburgs.

Im Jahre 1864 für den Holzhändler Carl Kogge erbaut, erwarb der Bankier Volkmar 1891 das Haus. Erst 1910 ging es mit dem dazugehörigen Grundstück in den Besitz der Stadt Charlottenburg über; seit 1954 steht das Gebäude unter Denkmalschutz. Baumeister soll ein gewisser Maurermeister Louis Mertens gewesen sein.

Das Haus ist ein gutes Beispiel für den Typus einer Stadtvilla des jungen Fabrikantenbürgertums. Bemerkenswert ist der reiche Skulpturenschmuck, der die auf die Antike gerichtete Bildungsatmosphäre der damaligen Zeit widerspiegelt. Neben den mit hellenistischen Figuren geschmückten Wandnischen befindet sich an der Rückfront zum Rathaus hin der Abguss eines dreiteiligen Reliefs für das Denkmal Friedrichs des Großen.

Seit 1959 befindet sich das Standesamt in der Villa, die zuerst zu der Abteilung Sozialwesen gehörte. Für viele Paare und ihre Gäste ist die Villa Kogge seitdem als Standesamt mit schönen Erinnerungen verbunden.

300 Jahre Charlottenburg und 140 Jahre Tradition auf Rädern – Gebr. Hertling GmbH & Co. KG

Die Familie des Gründers (1888) mit zwei Söhnen als spätere Nachfolger

In Westend lebt die Familie Hertling seit 140 Jahren – nun bereits in fünfter Generation. Emil Hertling gründete im Jahr 1865 in Charlottenburg das älteste Berliner Speditions- und Möbeltransportunternehmen. Als die beiden Söhne Friedrich und Albert Hertling 1898 die Firmenleitung übernahmen, zog das Unternehmen von der Berliner Straße auf die wesentlich größeren Grundstücke in der Sophie-Charlotten-Straße am Spandauer Damm. Berlin wurde nach der Krönung Kaiser Wilhelm I. im Jahre 1871 Hauptstadt des Kaiserreichs. Das Unternehmen wurde 1910 als Hofspediteur seiner Majestät des Kaisers und Königs von Preußen ausgezeichnet. Der Hauptbetrieb befand sich am Güterbahnhof Charlottenburg, also in unmittelbarer Nähe von Westend. Hertling war bahnamtlicher Rollfuhrunternehmer mit 80 Pferden, Rollwagen und gepolsterten Möbelwagen. Man arbeitete seit 1901 auch für die U-Bahn-Ausschachtungen in Berlin – täglich mussten bis zu 200 Pferdefuhrwerke an den Baustellen für den Abtransport des Aushubs bereitgestellt werden.

Beim Ausbruch des ersten Weltkrieges 1914 besaß das Unternehmen mehr als 150 Pferde. Wegen Futtermangels mussten in der Kriegszeit 50 Pferde notgeschlachtet werden. Nach dieser schweren Zeit folgte bereits 1919 die Ernennung zum offiziellen Bahnspediteur der Deutschen Reichsbahn. Es folgten die Inflation im Jahr 1923 und die Weltwirtschaftskrise 1929. Erst danach ging es wieder aufwärts. Neben den Pferden setzte sich der LKW durch. 1939 waren im Charlottenburger Betrieb 45 Lastkraftwagen eingesetzt. Etwa 60 Möbelwagen wurden per Eisenbahn in alle Länder Europas verschickt.

Ein neues Unheil kündigte sich aber jetzt schon an. Der zweite Weltkrieg mit Luftangriffen auf die Zentrale in Charlottenburg führte im September 1943 zur Totalzerstörung der Gebäude und sonstigen Betriebsanlagen. Erst 1947 wurden wieder neue Lastkraftwagen angeschafft, und 1955 begann man mit dem

Neuanfang 1947: Mit Holzgas betriebenner Lkw zieht einen eisenbereiften Pferdemöbelwagen

1998 – der Bundespräsident zieht ins Schloss Bellevue

Wiederaufbau der Gebäude. Bei der 100-Jahr-Feier im Jahre 1965 stand wieder ein schlagkräftiges Unternehmen in der Mitte Charlottenburgs.

Hertling hat heute im Familienbesitz eigene Häuser in Berlin, Frankfurt/Main, Hamburg und Eberswalde. Erstklassig ausgebildete Mitarbeiter sind national und international im Umzugsgeschäft tätig. Weltweite Kooperationen sichern Qualität, Leistungsfähigkeit und wettbewerbsfähiges Preisniveau. Etwa 150 Mitarbeiter und 80 Fahrzeugeinheiten werden in den Hertling-Häusern eingesetzt. Die Zentrale ist weiterhin in Charlottenburg. 40.000 Quadratmeter eigene Grundstücke und ca. 15.000 Quadratmeter Lagerflächen stehen für das Unternehmen bereit, dessen Entwicklung der Spiegel des Geschehens in der zweiten Hälfte der 300-jährigen Geschichte von Charlottenburg ist. Hertling ist nicht nur in Berlin, sondern auch weltweit wegen seiner großen Erfahrung bei der Durchführung von Privat- und Firmenumzügen mit einer weitgefächerten Dienstleistungspalette für Lagerung, Versicherungen, Verzollungen, Handwerkerleistungen und moderner Logistik im Großkundengeschäft bekannt. Natürlich gratuliert auch dieses Unternehmen seinem Heimatbezirk zu seiner langen und erfolgreichen Geschichte. Mehr zum Unternehmen und der heutigen Leistungspalette unter www.hertling.com.

25 Jahre goldschmiede asendorf

Dass die Eröffnung von Susanne Asendorfs Werkstatt am 8. März 1980 auch zeitgleich der Frauentag war, ist reiner Zufall. Alles andere überlässt sie aber nicht demselbigen. Von Anfang an hat Susanne Asendorf darauf Wert gelegt, dass sich ihr Schmuck von blankpoliertem Juwelierschmuck abhebt. Bis heute ist sie ihrem Stil treu geblieben, glänzende Oberflächen sind tabu.

In den 25 Jahren ihres Schaffens hat natürlich auch Veränderung stattgefunden, denn dadurch lebt die Kunst. Daher gewinnt man in der laufenden Ausstellung immer wieder neue Eindrücke. Das ist es auch, was ihre anspruchsvollen Kunden an Susanne Asendorfs Arbeiten so schätzen und ihr über viele Jahre treu geblieben sind.

Sie kreiert jungen, modernen Schmuck, der auch durchaus klassisch ist, und fertigt ausschließlich Einzelstücke in Gold, Silber, aber auch Platin an. Sie legt großen Wert auf excellente Materialien und verwendet möglichst nur qualitativ gute Steine. Am liebsten verarbeitet Susanne Asendorf schöne Farbsteine.
Seinem Stil treu bleiben, das Neue wagen und Beständigkeit in der Qualität – das ist ihre Devise.

**goldschmiede
susanne asendorf**
reichsstraße 104 · 14052 berlin
telefon & fax (030) 302 31 23

Villa in der Ahornallee 47

Westend (1866)

VON BIRGIT JOCHENS
LEITERIN DES HEIMATMUSEUMS

Vor 139 Jahren ist einer der kultur- und architekturgeschichtlich interessantesten Wohnbereiche Charlottenburgs, das Villenviertel Westend, vor den Toren der Stadt, zwischen Teltowrand und Grunewald entstanden.

Angelegt war er als eine Siedlung, die wohlhabenden, stress- und lärmgeplagten Großstädtern aus Berlins Mitte Ruhe und Erholung bieten sollte.

Eine Reihe von unternehmungslustigen jungen Männern gehörte zu den Gründern der „Kommandit-Gesellschaft auf Aktien Westend". Darunter Albert Werkmeister, der bereits mit der Aufstellung von Litfaßsäulen, Beteiligungen an der Erbauung von Straßenbahnen, vor allem aber – zusammen mit seinem Bruder Emil – mit einem Kunstverlag zu Geld gekommen war, für eine kurze Zeit auch der Baumeister Martin Gropius und der Kaufmann Heinrich Quistorp, der nach der fieberhaften Gründung zahlreicher Fabriken, Bauvereine,

Heinrich Quistorp (1836 – 1902)

Fuhrgesellschaften, Eisenbahnunternehmungen und Brauereien einen spekulationsbedingten Bankrott erleben sollte.

Ausgesprochen ideenreich sind diese „Gründerväter" bei der Planung ihrer Villenkolonie vorgegangen.
Dabei haben sie sich in vielem vom Londoner Vorbild leiten lassen. Mit der Einrichtung des Branitzer Platzes, der ursprünglich die Form eines Ovals hatte und auch einem „Tempel für Protestanten und Katholiken, Juden und Mohammedanern" Raum bieten sollte.

*Villa Ibrox, Ahornallee 6, um 1870.
Diese Villa wurde für den Unternehmer Heinrich Quistorp erbaut.*

sowie mit „Clubhäusern" in der Ahorn- und später in der Kastanienallee war für Treffpunkte gesorgt, an denen man sich geistig erbauen, vergnügen – und manches Geschäft abschließen konnte.

Komfortabel beispielsweise war auch die Wasserversorgung mit einem Wasserwerk am Teufelssee und dem Wasserturm in der Eschenallee. Sie belieferten bald nicht nur Westend, sondern auch Charlottenburg und die südlichen Vororte. Und all das zu einer Zeit (etwa 1870 – 1878), als den bescheidenen Charlottenburger Ackerbürgern selbst der Verbrauch von drei Eimern Wasser pro Tag und Familie eigentlich zu hoch erschien.

Alfred Schrobsdorff, Bauunternehmer aus Westend

Kultureller Mittelpunkt in Westend

Seit Anfang der 50er Jahre ist die Buchhandlung DER DIVAN in der Reichsstraße in Westend ansässig und wird bis heute im traditionellen Stil geführt. Ursula Kiesling, Buchhändlerin und graduierte Betriebswirtin, ist seit 1982 die alleinige Inhaberin. Durch ihren äußerst professionellen Mitarbeiterstab wurde der DIVAN zum kulturellen Mittelpunkt in Westend. Das breite Sortiment, von der anspruchsvollen Literatur bis zum Reiseführer, ist für alle stöbernden Westender immer wieder ein Erlebnis. Selbstverständlich sind auch die Klassiker wie Goethe, Schiller, Thomas Mann, Proust, etc. ein Muss und prägen somit auch den Geist des DIVAN. In der

außerordentlich gemütlichen und mit einem besonderen Flair ausgestatteten Buchhandlung werden Lesungen und Buchpräsentationen veranstaltet.
Da Stillstand für Ursula Kiesling immer Rückschritt bedeutet, wurde 1999 der Kinder- und Jugend- Divan drei Häuser weiter eröffnet – ein Paradies für alle Heranwachsenden. Auch der Kiez in Westend ist ihr besonders wichtig. Die IG Reichsstraße wurde durch Ursula Kiesling 1999 gegründet – eine starke Gemeinschaft von Geschäftsleuten aus ganz Westend. Dadurch wurde für das Gemeinwohl viel erreicht, zum Beispiel die jährliche Weihnachtsbeleuchtung in der Reichsstraße.
In jeder Beziehung Visionen durchsetzen – Ursula Kiesling scheut keine Konfrontationen.

Buchhandlung

Reichsstraße 104
D-14052 Berlin-Westend
Tel.: 030 - 302 20 57
und 301 52 48
Fax: 030 - 302 82 53

Sicherheitstechnik seit 4 Generationen

In der Friedrichstraße (Berlin Mitte) spezialisierte sich Schlossermeister Emil Rehbein seit 1890 auf die Fabrikation und Montage von Schlössern und Türschließern. Er erhielt bereits 1899 den Gebrauchsmusterschutz für einen pneumatischen Türöffner, 1902 für eine elektrische Türsicherung, die mit der Klingelanlage verbunden war.

Nach dem Ersten Weltkrieg führten die Söhne des Firmengründers den Betrieb weiter und vertrieben die ersten Zeiss-Ikon-Zylinder, damals noch unter dem Namen „Hahn".

Das Geschäft in der Friedrichstraße fiel im Zweiten Weltkrieg dem Bombenhagel zum Opfer. Nach mehreren Umzügen eröffnete Horst Rehbein, der Enkel des Firmengründers, 1950 in Friedenau „An der Kaisereiche" sein Ladengeschäft.

Die Urenkelin Sabrina Rehbein, die jetzige Inhaberin, trat 1981 nach abgeschlossenem Betriebswirtschaftsstudium und Schlosserlehre in die Firma ein. 1999 eröffnete sie eine Filiale in der Reichsstaße 21 in Westend und seit 2004 findet man auch den Rehbein-Shop im Internet.

Die Firmenziele, die Sicherheit der Kunden zu gewährleisten und kompetenten, freundlichen und zuverlässigen Service zu bieten, haben sich seit der Gründung nicht geändert. Die Produkte jedoch passen sich ständig der neusten technischen Entwicklung an. Diese

Kombination aus Vertrauenswürdigkeit, Tradition und Innovationsfreude schätzen alle Kunden, u.a. auch das Bundeskriminalamt und der Verfassungsschutz.

Reichsstraße 21 · 14052 Berlin
Telefon 308 111 31 · Fax 308 111 32
www.rehbeinkg.de

Bahnhof Westend

Die ersten Bewohner des Viertels, die sich in und um die Ahornallee ansiedelten, waren Kaufleute wie der Bilderbogenhersteller Kühn aus Neuruppin und Militärs (von der Goltz, von Lobenthal, von Heineccius). Ihnen folgten zahlreiche Gelehrte (Robert Koch, der „Bazillen-Koch", der Altphilologe Wilamowitz-Moellendorf und der Astronom Wilhelm Foerster), Künstler wie das Malerehepaar Sabine und Reinhold Lepsius, aber auch ausgesprochen wohlhabende Unternehmer.

Sie haben sich im freien Rekurs auf fast jede der damals beliebten Stilrichtungen sehr unterschiedliche Häuser bauen lassen. Für den Kernbereich Westends waren relativ bescheidene Landhäuser vorgesehen, wie das in der Lindenallee 7 gelegene. Dazwischen und besonders auf den großflächigeren Grundstücken, etwa in der Platanenallee, waren ausgesprochen pompöse Villen gelegen. Mehr als 400 Quadratmeter Wohnfläche bot allein das Erdgeschoss der ehemaligen Villa des Bauunternehmers Alfred Schrobsdorff (Ahornallee/Ecke Klaus-Groth-Straße). Auch gehörten zu vielen Anlagen – wie der des Grundstücks Ahornallee 48 – Kutscherhäuser, Gewächshäuser oder Pavillons für sommerliche Vergnügen.

1878 wurde die bevorzugte Wohngegend nach Charlottenburg eingemeindet, 1880 der Bahnhof Westend eröffnet. Bis 1900 war die Besiedlung weitgehend abgeschlossen.

Seit 1913 entstand südwestlich, im Anschluss an Westend rund um die Reichsstraße, die Siedlung Neu-Westend. Ihre Bebauung ist mit derjenigen der Villenkolonie nicht zu vergleichen: Es handelt sich größtenteils um gut ausgestattete Miets-, Reihen- und Einfamilienhäuser, ab 1930 und nach dem Krieg um 1954 entstanden Mietshausblöcke und Siedlungen, zumeist von Wohnbaugesellschaften errichtet.

Das besondere Flair Westends hat sich dennoch bis heute erhalten. Nach wie vor wohnt eine Reihe namhafter Persönlichkeiten aus dem Kultur- und Wirtschaftsbereich in dieser Gegend. Auch ist die architektonische Vielfalt erkennbar geblieben, trotz aller Einschnitte, die Restaurierungen und Sanierungen mit sich gebracht haben – diese Mischung aus Bauformen der Romanik, der Gotik, des Barock und gar des Expressionismus. Und dennoch hat es einen beklagenswerten Bruch in der Geschichte Westends gegeben. Er ist bis heute nur wenigen bewusst. In den 1930er Jahren hat manche der alten Straßen Westends – wie die Ahornallee

Eichenallee 11: Diese Villa mit dem üppigen, aber doch zierlichen Schmuck wurde vom Maurer- und Baumeister Uterwedde 1889 – 1891 erbaut.

– rund ein Drittel ihrer einstigen Bewohner deren jüdischer Religionszugehörigkeit wegen verloren.

Im Herbst 2000 wurde Westend durch das Bezirksamt Charlottenburg zum Erhaltungsgebiet erklärt. Die Bezirksverordnetenversammlung von Charlottenburg-Wilmersdorf hat im Herbst des Jahres 2004 beschlossen, Westend den Status eines Ortsteils innerhalb des Bezirks zu geben.

Als eine typische Vertreterin der vielen Künstler, die gegen Ende des 19. Jahrhunderts das besondere Flair Westends prägten, kann die Malerin Sabine Lepsius (1864-1942) gelten, die mit ihrem Mann, dem Maler und Fotografen Reinhold Lepsius und drei Kindern in einem von August Endell entworfenen Haus in der Ahornallee 31 gelebt hat.

Gäste ihres Salons waren dort unter anderem Außenminister Walther Rathenau, der Direktor der Nationalgalerie, Hugo von Tschudi, Lou Andreas-Salomé, Rainer Maria Rilke und Stefan George.

Von ihrem Nachbarn, dem Botaniker Karl Foerster, der auf seinem Grundstück mit dem Staudengarten gartenarchitektonisch Neues entwickelte, lernte sie herkömmliche Blumenbeete in leuchtende Blütenmeere zu verwandeln.

In beiden Gärten blühten die ersten Rittersporne Berlins.

Familie Lepsius im Garten

Wohnen im Westend

Herrschaftliche Altbauten

Schon seit 13 Jahren werden Immobilienverkäufe und Vermietungen speziell in Westend von Reinhard Furgber betreut. Als Geschäftsführer der hier ansässigen Maklerfirma, Furgber Immobilien GmbH, kennt er sich sehr gut in diesem ehemaligen Villenvorort aus und weiß um die besonderen Vorzüge in diesem Viertel.

Aufgrund der sehr guten Infrastruktur und der nahezu perfekten Verkehrsanbindung ist Westend zunehmend mehr, auch bei jungen Familien, ein sehr gefragter Wohnort. Die Reichsstraße bietet mit ihrem excellenten Branchenmix und Dienstleistern eine hochgeschätzte, bequeme Nahversorgung in diesem Viertel – ein Kaufhaus vermisst hier keiner! Deshalb gilt es besonders im Westend zwischen den neuen, modernen Wohnansprüchen und der vorhandenen, größtenteils erhaltenswerten, Immobiliensubstanz, eine Brücke zu schlagen.

FURGBER IMMOBILIEN

Platanenallee 33 in 14050 Berlin-Westend
Tel.: (030) 30 09 87 0
Fax: (030) 30 09 87 15
Info@furgber-immobilien.de
www.immobilien-westend.de

Dies ist nur durch Fachkompetenz, Marktkenntnis und die Anwendung von neuester Technik möglich. Aus diesem Grund wendet die Furgber Immobilien GmbH unter anderem schon heute eine der modernsten Techniken, die Darstellung von Räumen mittels 360° Bildern im Internet, für eine zeitgemäße Vermarktung an. Viele Angebote und vor allem nützliche Hinweise über Westend, erhalten Sie auf der Homepage: www.immobilien-westend.de.

Als geprüfter Sachverständiger und Mitglied des Immobilien Verbands Deutschland, steht Ihnen Reinhard Furgber in Immobilienfragen gerne zur Verfügung.

360° Darstellung (modernes Bad)

Bismarckzeit: Die Großstadt

In den zwei Jahrzehnten von 1870 bis 1890 entwickelte Charlottenburg sich in einem rasanten Tempo zur Großstadt. Diese Entwicklung war nicht überraschend. Seit der Hobrecht-Planung von 1862 hatten die Stadtplaner und Terrainspekulanten die Westausdehnung Berlins vorausgesagt. Johann Anton von Carstenn ging sogar von einer Verschmelzung Berlins und Potsdams aus und wollte aus dem Grunewald einen Park machen.

Die Gründung des Deutschen Kaiserreichs 1871, mit der Berlin zur Reichshauptstadt wurde, war das Startsignal. Charlottenburg wurde von einer mittleren, ländlich wirkenden Stadt in der Umgebung Berlins zu einer Großstadt und schließlich zu einer der reichsten und größten Städte Preußens und des Deutschen Reiches. 1877 schied Charlottenburg aus dem Landkreis Teltow aus und bildete einen eigenen „Stadtkreis Charlottenburg". Um 1880 begann der Mietskasernenbau mit einer Geschwindigkeit, die dem ländlichen Aussehen Charlottenburgs ein schnelles Ende setzte.

Wasserturm Westend

Seine Glanzzeit erlebte die selbständige Großstadt Charlottenburg unter den Bürgermeistern Hans Fritsche (1877-1898) und Kurt Schustehrus (1898-1913). Die Einwohnerzahl wuchs von 10.000 im Jahr 1855 auf 25.000 im Jahr 1875 bis 100.000 im Jahr 1893.

Einen besonderen Schwerpunkt der kommunalen Arbeit bildete der Ausbau des Schulwesens. Bis in die 1870er Jahre hatte es in Charlottenburg nicht viel mehr als die „Bürgerschule" gegeben. Jetzt entstand innerhalb weniger Jahre ein städtisches Schul- und Bildungswesen mit einem breiten Angebotsspektrum von Hilfsschulen, Gemeinde- und Realschulen über verschiedene Typen von Gymnasien bis zu Fortbildungs- und Fachschulen. Die Stadtverwaltung investierte 30% ihres Haushaltes in das Schul- und Bildungswesen. Die Eröffnung der Technischen Hochschule im Jahr 1884 und der Hochschule für Bildende Künste und für Musik ergänzten das kommunale Bildungsangebot.

Aus heutiger Sicht erscheint das Zusammenspiel kommunaler und privater Institutionen für die Versorgungseinrichtungen, Verkehrsverbindungen und insbesondere in der Sozial-, Bildungs- und Kulturpolitik erstaunlich effektiv und weitsichtig. Die Maßnahmen der Stadtgemeinde für die kommunale Daseinsvorsorge wurden vielfältig ergänzt durch eine große Zahl von privaten Unternehmen, Vereinen und Stiftungen, die sich verschiedenen Bereichen der Kommunalpolitik widmeten. Bildungs-, Kultur-, Gesundheits- und Sozialpolitik wurden dabei als Einheit verstanden.

1871/72 entstand am Teufelssee ein Wasserwerk und in der Villenkolonie Westend ein Wasserturm, die darauf berechnet waren, weite Gebiete zu versorgen. Die privat gegründeten „Charlottenburger Wasserwerke" gingen 1903 in städtischen Besitz über. Schwieriger war die Abwassersituation. Eine Reihe von unzureichend überdeckten Abwässerkanälen konnten die vermehrt anfallenden Fäkalien oft nicht mehr aufnehmen, und so bildeten sich an vielen Stellen in der Stadt entsprechende Teiche, oder die Abwässer flossen die Straßen hinab. Charlottenburg, vor wenigen Jahren noch begehrte Sommerfrische, stank. Gegner des geplanten Baus der Technischen Hochschule wiesen darauf hin, dass in Charlottenburg Wasser und Luft ungesund seien. Bürgermeister Fritsche trat dem zwar 1877 mit einem positiven Gutachten entgegen, aber das reichte auf Dauer nicht aus. Erst zwischen 1885 und 1890 wurden die Abwasserprobleme gelöst. 1888 kaufte die Stadt für die Anlage von Rieselfeldern das Rittergut Carolinenhöhe bei Gatow.

Die Industrieansiedlung im Norden und Osten Charlottenburgs an Spree und Landwehrkanal wurde intensiviert. Die Firma Siemens & Halske verlagerte zwischen 1872 und 1889 wesentliche Teile ihrer Produktion von Berlin nach Charlottenburg und beschäftigte hier 1895 mehr als 2.600 Arbeiter. 1881 siedelte sich die chemische Fabrik Schering am Bahnhof Jungfernheide an.

Der Wirtschaftswissenschaftler Paul Voigt nannte die Eröffnung der Stadtbahn im Jahr 1882 „das wichtigste Ereignis in der Geschichte Charlottenburgs". Und der Charlottenburger Magistrat prognostizierte für Charlottenburg und Berlin die „vollständige Verschmelzung der beiderseitigen Einwohnerschaften". Die Stadtbahn verband Berlin und Charlottenburg mit einem direkten, schnellen und bequemen Verkehrsmittel. Sie brachte einen Schub für die Bautätigkeit und für das Bevölkerungswachstum. Die Bahnhöfe der Stadtbahn wurden zu Ausgangspunkten für den Bau neuer Wohnviertel. Deshalb wuchs Charlottenburg nicht aus seinem alten Stadtkern heraus, sondern rund um verschiedene Zentren. Noch heute unterscheiden sich die verschiedenen Kieze deutlich voneinander.

Herzlichen Glückwunsch zum 300. Jubiläum Charlottenburgs!

Unsere Verbundenheit mit dem Bezirk

Die Berliner Volksbank ist durch ihr wirtschaftliches und soziales Engagement eng mit dem Bezirk und der Region verbunden. Dies spiegelt sich nicht nur in den zahlreichen Partnerschaften und Arbeitsgemeinschaften wider, auch die Wurzeln der Berliner Volksbank liegen in unserem Bezirk.

So war nicht nur in der Nachkriegszeit die Geschäftszentrale in der Mommsenstraße Ecke Wilmersdorfer Straße zu finden – auch der Kaiserdamm beheimatete diese nahezu 40 Jahre.

Doch woher kommt diese Verbundenheit?

Ein wesentlicher Aspekt ist sicherlich in der Geschichte zu finden.

Zentrale der Berliner Volksbank in der Mommsenstraße von 1954 bis 1958

Funktionen einer Genossenschaft

Genossenschaften gibt es bereits seit dem Mittelalter. Sie bestanden jedoch immer, wie es auch heute noch ist, im Zusammenschluss vieler Menschen zur Durchsetzung und Wahrung ihrer gemeinsamen Interessen.

Diese Selbsthilfe wurde mit der fortschreitenden Industrialisierung notwendig, als die industrielle Massenproduktion die Existenz der mittelständischen

Stadtzentrale der Berliner Volksbank am Kaiserdamm von 1958 bis 1998

Produzenten bedrohte. Wenn der Mittelstand nicht untergehen wollte, musste er sich selbst helfen.

In dieser Situation fanden drei Männer, teilweise unabhängig voneinander, mit der Weiterentwicklung und breiten Umsetzung der genossenschaftlichen Idee einen Ausweg: Victor Aimé Huber, Hermann Schulze-Delitzsch und Friedrich Wilhelm Raiffeisen.

Die Erkenntnis Raiffeisens, „Was dem Einzelnen nicht möglich ist, das vermögen Viele...." entsprach dem genossenschaftlichen Gedanken des Zusammenschlusses Betroffener. Und das von Schulze-Delitzsch formulierte Prinzip, die Existenz des gewerblichen Mittelstandes mittels Selbsthilfe, Selbstverantwortung und Selbstverwaltung zu sichern, wurde zum noch heute gültigen genossenschaftlichen Grundsatz.

Genossenschaften gibt es neben dem Finanzsektor auch in der Landwirtschaft, im Handel, im Wohnungsbau und im Dienstleistungsbereich. Allen gemeinsam sind diese drei Prinzipien:

Förderauftrag: Die Genossenschaft dient der wirtschaftlichen Förderung ihrer Mitglieder.

Identität: Die Mitglieder sind zugleich die Kunden der Genossenschaft.

Demokratie: Anders als in anderen Unternehmensformen hängt das Mitbestimmungsrecht nicht von der Höhe der Beteiligung ab. Es gilt: ein Mitglied – eine Stimme.

Gründung der Berliner Volksbank

Mitte des 19. Jahrhunderts wurden die ersten genossenschaftlichen Darlehenskassenvereine gegründet. Auf der Basis des genossenschaftlichen Prinzips von Selbsthilfe, Selbstverantwortung und Selbstverwaltung entstanden im weiteren Verlauf überall im Land Darlehenskassen. Damit begann auch die Geschichte der Berliner Volksbank.

Seit 2003 Zentrale der Berliner Volksbank Budapester Straße

Mit der Besetzung Berlins durch die Rote Armee verfügte der Stadtkommandant Generaloberst Bersarin am 28. April 1945 die Schließung sämtlicher Banken. Ernst Furche (Verwalter der ruhenden Zentralkasse Norddeutscher Volksbanken und späterer Vorstandsvorsitzender der Berliner Volksbank) vereinte die verschiedenen Volksbanken und kämpfte mit ungebrochener Beharrlichkeit um deren Wiedereröffnung. Nach zähen Verhandlungen wurde die Wiedereröffnung nur einer einzigen Volksbank gestattet.

Deshalb wurde am 16. Januar 1946 eine Bank gegründet – die Berliner Volksbank – mit den bestehenden Genossenschaftsbanken Berlins als Filialen. Im Verlauf späterer Jahre fusionierte die Berliner Volksbank mit den ruhenden Volksbanken.

Die aufgezeigten genossenschaftlichen Instrumente wurden von der Berliner Volksbank bis in die Neuzeit beibehalten und finden sich in zahlreichen Veranstaltungen in Kooperation mit dem Bezirksamt Charlottenburg-Wilmersdorf wieder. Genannt seien hier die „Mittelstandsgespräche Charlottenburg-Wilmersdorf" und „Erfolgreich selbständig".

Die Berliner Volksbank unterstützt die Region mit Programmen, wie der OFFENSIVE: ZUKUNFT, der Initiative StartPartner oder dem Bonuspunktsystem.

Die breite Annahme durch Mittelstand und Kunden unterstreicht deren Wichtigkeit. Ausgezeichnet mit dem „Banken-OSKAR für den Mittelstand 2004", sehen sich die Mitarbeiterinnen und Mitarbeiter an Ihrer Seite auf dem richtigen Weg.

Wir denken mit und sind für Sie da

Frei nach dem Motto: „Aus der Region – für die Region" steht die Bank Ihnen auch im neuen

Filiale am Kurfürstendamm 46

Bezirk Charlottenburg-Wilmersdorf mit einer Vielzahl von Filialen und Beratungscentern zur Seite.

Andreas Lenski, Regionalleiter Privat- und Geschäftskunden der Region City-West, gratuliert Charlottenburg stellvertretend für die Berliner Volksbank zu 300 Jahren und wünscht Ihnen viel Spaß bei der Veranstaltungsreihe rund um den Geburtstag.

Andreas Lenski, Regionalleiter Privat- und Geschäftskunden der Region City-West

Außerdem erhielt Charlottenburg zwei Fernbahnhöfe, den Bahnhof Charlottenburg und den Bahnhof Zoologischer Garten, der 1878-82 von Ernst Dircksen gebaut und 1884 auch für den Fernverkehr geöffnet wurde.

Die unbebauten Gebiete entlang der S-Bahn wurden überwiegend von Terraingesellschaften erschlossen, und diese nutzten die tiefen Grundstücke in dem relativ weitmaschigen Straßennetz maximal aus. So entstanden in weitgehend geschlossener Bebauung die für ganz Berlin typischen Massenmiethäuser. Die Hinterhöfe waren nicht ganz so eng und zahlreich wie im Berliner Norden und Osten, aber die Bebauung wurde schnell so dicht, dass der Charlottenburger Magistrat schon 1894 vom Ministerium für öffentliche Arbeiten aufgefordert wurde, die tiefen Baublöcke durch die Anlage neuer Straßen aufzuteilen. Das geschah aber nur für Bereiche, die für gehobene Wohnbedürfnisse vorgesehen waren.

1883 und 1884 wurde vor allem das Gebiet um den Bahnhof Zoologischer Garten bebaut. Hier entstanden vornehme Wohnstraßen rund um die Hardenbergstraße und den Kurfürstendamm. Am Bahnhof Charlottenburg bildete zunächst der berüchtigte Schwarze Graben ein übelriechendes Hindernis für die Bebauung. Er kam von Wilmersdorf, unterquerte die Stadtbahn, führte die Schöneberger und Wilmersdorfer Abwässer mit sich und mündete in den Lietzenseeabfluss. 1889 wurde er von der Wilmersdorfer Grenze an der Lietzenburger Straße bis zur Scharrenstraße (heutige Schustehrusstraße) kanalisiert. Unmittelbar danach entstanden der Stuttgarter Platz und die Kaiser-Friedrich-Straße, und das Gebiet zwischen der Stadtbahn und dem Schloss Charlottenburg wurde zügig bebaut. Im Gegensatz zu den kurz zuvor entstandenen vornehmen Vierteln am Bahnhof Zoo wurden hier Massenmietshäuser für die mittleren Klassen errichtet.
1896 wurde der neue S-Bahnhof Savignyplatz eröffnet, und auch hier wurde der Bahnhof zum Ausgangspunkt für eine starke Bautätigkeit.

Käthe-Kollwitz-Museum, Literaturhaus und Villa Grisebach im Wintergarten-Ensemble (1871)

Das gesamte seit 1871 entstandene Wintergarten-Ensemble unweit des Kurfürstendamms in der Fasanenstraße mit drei durch einen kleinen Skulpturengarten verbundenen Gründerzeitvillen steht unter Denkmalschutz; namensgebend ist der repräsentative Wintergarten des Literaturhauses. Dazu kommen die Villa Grisebach und das Käthe-Kollwitz-Museum Berlin.

Vor der Jahrhundertwende zwischen 1870 und 1895 waren am Kurfürstendamm noch repräsentative Villen mit zum Teil großen Parkanlagen entstanden. Die meisten von ihnen wurden im Zuge der Kurfürstendammbebauung seit 1895 wieder abgerissen und mussten den hochherrschaftlichen Mietshäusern Platz machen, die unmittelbar am Kurfürstendamm entstanden. Manche allerdings konnten auch hinter der Mietshauszeile bestehen bleiben. Zu ihnen gehören die Villen des Wintergarten-Ensembles. In den 80er Jahren wurde das gesamte Ensemble von Uli Böhme wiederhergestellt beziehungsweise restauriert und 1986 mit neuer Nutzung eröffnet.

Käthe-Kollwitz-Museum Berlin
VON GUDRUN FRITSCH

Das private Käthe-Kollwitz-Museum wurde 1986 in einer Villa von 1871 eröffnet. Sein Bestand von etwa 200 druckgrafischen Werken, Handzeichnungen sowie dem gesamten plastischen Werk der Künstlerin beruht auf der Sammlung des Künstlers und Galeristen Hans Pels-Leusden, erweitert durch Ankäufe und Dauerleihgaben Berliner Bürger. Ein Katalog bietet den Überblick und die Kommentierung jedes Exponats.

Das 1871 vom geheimen Kommerzienrat Schirmer erbaute erste Wohnhaus in der Fasanenstraße wurde 1897 zu einem spätklassizistischen Palais umgestaltet. Nach massiven Zerstörungen im Zweiten Weltkrieg verfiel das Gebäude mehr und mehr, bis es zusammen mit dem Literaturhaus und der Villa Grisebach, 1985 von der Stadt durch die Deutsche Bank erworben und nach Originalplänen unter Denkmalschutzauflagen wiederaufgebaut werden konnte.

Bedingung war, es nach der Wiederherstellung einer kulturellen Institution zur Nutzung zu überlassen. Hier konnte nun endlich der Plan verwirklicht werden, der großen Berliner Künstlerin ein Denkmal in ihrer Stadt zu setzen und dauernde Räume für die Ausstellung ihrer Werke zu schaffen.

Eine geradezu ideale Verbindung scheinen die Räumlichkeiten, der persönliche, fast intime Charakter des Gebäudes, mit dem Werk von Käthe Kollwitz eingegangen zu sein. Ruhe und Besinnlichkeit werden von Besuchern immer wieder als wohltuende Qualitäten des Museums genannt, und diese Atmosphäre dankt sich natürlich nicht allein der Örtlichkeit, sondern vor allem der ausgestellten Arbeit einer Künstlerin, die mit großer Beharrlichkeit ein Werk schuf, das von eigenwilligem Können ebenso geprägt ist wie von sozialer Verantwortung.

Der Bestand bietet neben großartigen Zeichnungen auch seltene druckgrafische Blätter. Unter der herausragenden Sammlung von Selbstbildern – ein Schwerpunkt der Sammlung – befindet sich auch das jugendlich heitere Werk Selbstbildnis en face, lachend, eine frühe Tuschfederzeichnung, die einzige bekannte Selbstdarstellung, in der sich Käthe Kollwitz dem Betrachter voll unbekümmerter Lebensfreude präsentiert.

Einen weiteren Schwerpunkt bilden die Arbeiten, die aus der Auseinandersetzung der Künstlerin mit dem Thema Krieg entstanden sind. Das Museum kann in diesem Zusammenhang zwei außergewöhnlich ausdrucksstarke Zeichnungen von 1920 zeigen, in denen Käthe Kollwitz die Tradition der Totentanz-Darstellungen durch eigenständige Bildfindung zu neuem Leben erweckt hat: Die Freiwilligen. Ein starkes Gewicht wird im Museum auch dem künstlerisch interessanten Komplex von Arbeiten zum Gedenkblatt für Karl Liebknecht aus den Jahren 1919/20 beigemessen. Hervorzuheben sind weiterhin markante, größtenteils malerisch überarbeitete Zustandsdrucke, die nicht selten unmittelbar aus dem Nachlass der Künstlerin stammen.

Literaturhaus Berlin
VON ERNEST WICHNER

Die Stadtvilla in der Fasanenstraße wurde 1889 für den zum Korvettenkapitän ernannten Teilnehmer an der ersten und zweiten deutschen Nordpolfahrt, den späteren Charlottenburger Abgeordneten Richard Hildebrand und seine Ehefrau Louise (geb. Gruson) errichtet. Sie führten ein Haus, in dem Schauspieler und Forscher verkehrten, Max Bruch hat hier musiziert. Später erlebte das Haus verschiedene Nutzungen: es war Reservelazarett nach dem Ersten Weltkrieg, Volksküche und gegen Ende der Weimarer Republik ein Haus der Alexander von Humboldt-Gesellschaft für ausländische Studierende (Emil Cioran gehörte zu ihnen); Vladimir Nabokov (damals noch V.I. Sirin) hat hier für einen russischen Kulturverein aus einem seiner Berlin-Romane gelesen. Nach dem Zweiten Weltkrieg war es zeitweilig Rotkreuz-Lazarett, dann Café, Bordell etc.

Im Jahre 1986 wurde es nach längerem Leerstand und Renovierung als Literaturhaus Berlin mit Buchhandlung und Café wiedereröffnet. Seitdem finden regelmäßig Lesungen, Tagungen, Diskussionsveranstaltungen und literarische Ausstellungen darin statt. Eine der ersten, im Hause selbst erarbeiteten Ausstellungen „Industriegebiet der Intelligenz. Literatur im Neuen Berliner Westen der 20er und 30er Jahre" hat – ausgehend von einem literaturtopographischen Befund – das rege literarische Leben, die Präsenz der markanten literarischen Themen und Stoffe der Zeit in dem Gebiet zwischen Nollendorfplatz, Halensee und Reichskanzlerplatz (heute Theodor Heuss-Platz) dokumentiert. Die Zensur der DDR-Literatur, deutschsprachige Literatur aus Czernowitz-Bukowina, die Prager deutsche Literatur, sowie Ausstellungen über den Berliner Flaneur Franz Hessel und das Jahr 1929 als Epochenjahr für die deutsche Literatur folgten. Beinahe täglich werden öffentliche Literaturveranstaltungen angeboten; Buchhandlung und Café bieten alles, was der literarisch interessierte Berliner und die Besucher der Stadt wenige Gehminuten vom Kurfürstendamm entfernt an einem der schönsten Orte Berlins erwarten können.

Villa Grisebach

Die Villa Grisebach in der Fasanenstraße 25 wurde 1891/92 von Hans Grisebach für sich selbst erbaut. Sie beherbergt heute die Galerie Pels-Leusden und das Auktionshaus Villa Grisebach, das 1986 von fünf Kunsthändlern gegründet wurde. Es ist heute eines der weltweit führenden Auktionshäuser für deutsche Kunst des 19. und 20. Jahrhunderts, seit 1998 auch für Fotografie. Zweimal jährlich gibt es Versteigerungen. Das Haus hat zwölf Repräsentanzen unter anderem in den USA, Südamerika, der Schweiz, Italien, Österreich, Großbritannien und Israel. Neben den Auktionen gibt es Betreuung von Sammlungen, Schätzung von Kunstwerken, Beratung bei Nachlässen, Vermittlung von Restaurierungen und Bilderrahmung.

KPM – Die Klassiker in Porzellan

**242 Jahre königliches Porzellan:
Die bewegte Geschichte des ältesten Berliner Gewerbebetriebs**

Die Königliche Porzellan-Manufaktur Berlin blickt auf eine mittlerweile 242-jährige Tradition zurück, die eng mit der wechselvollen Geschichte der Stadt verbunden ist. Ihren Namen und ihr Zeichen, das königsblaue Zepter Kurbrandenburgs, erhielt die KPM im Jahr 1763, als Friedrich der Große die Manufaktur von einem Berliner Kaufmann für 225.000 Taler erwarb. Friedrich wollte die Berliner Wirtschaft fördern, die nach dem Siebenjährigen Krieg darniederlag, und nicht zuletzt seiner Leidenschaft fürs Porzellan frönen: Als sein eigener bester Kunde bestellte er unter anderem 21 Service für seine Schlösser, nebst zahlreichen Geschirren, die als diplomatische Gaben, Gast- und Hochzeitspräsente den Weg auf die prächtigen Tafeln der europäischen Herrscherhäuser fanden.

Streng überwachte das königliche Auge die Qualität seines Porzellans, und die KPM wurde zum preußischen Vorzeigebetrieb. Das blieb sie auch nach dem Tod Friedrichs II.: Schon 1797 wurde die KPM als erstes Unternehmen in Preußen mit einer Dampfmaschine ausgestattet – die immerhin zehn PS leistete –

und läutete damit das industrielle Zeitalter ein.
Zum Musterbetrieb machte die KPM auch der Umgang mit ihren Beschäftigten: Zu ei-

ner Zeit, als in Preußen auf dem Land noch die Leibeigenschaft herrschte, gab es dort geregelte Arbeitszeiten, überdurchschnittliche Einkommen, gesicherte Renten, eine Betriebskrankenkasse und Versorgung für Witwen und Waisen. Die in der Frühindustrialisierung übliche Kinderarbeit hingegen gab es nicht – wofür Friedrich der Große nicht so sehr menschliche, sondern vor allem in der Natur der Porzellanherstellung liegende Gründe hatte: Nur kundige Fachkräfte konnten das hohe Niveau halten, das er sich für seine Manufaktur vorstellte.

Rund 100 Jahre nach ihrer Gründung musste die Porzellan-Manufaktur dem Neubau des provisorischen Reichstags – des gerade gegründeten Deutschen Reiches – weichen und zog 1873 nach Charlottenburg an den Rand des Tiergartens, auf das Gelände der alten Gesundheitsgeschirr-Fabrik, wo Teller und Tassen für das Volk ohne die schädliche bleihaltige Glasur hergestellt worden waren. Der neue Standort bot den unschätzbaren Vorteil des direkten Zugangs zur Spree, was den Transport von Rohstoffen und Fertigprodukten erheblich erleichterte. Hier, an der Wegelystraße, die benannt ist nach dem Gründer der ersten Porzellan-Manufaktur Berlins, sind die Produktionsanlagen der KPM noch immer beheimatet.

Auch im 20. Jahrhundert teilte die KPM, die mit der Revolution 1918 das Prädikat „Königliche" zugunsten des demokratischeren „Staatliche" einbüßte, das bewegte Schicksal Berlins und seiner Bürger. In der Nacht vom 22. auf den 23. November 1943 zerstörte ein Bombenangriff der Alliierten die Betriebsstätte am Tiergarten. Die Produktion musste ins fränkische Selb ausgelagert werden. Erst 1957 wurde die Manufaktur in die inzwischen wieder aufgebauten Charlottenburger Anlagen zurück verlagert.

Mittlerweile wurden die geschichtsträchtigen Produktionsstätten der Porzellan-Manufaktur, die seit 1988 wieder „Königlich" ist, zwischen Salzufer und S-Bahnhof Tiergarten unter Berücksichtigung des Denkmalschutzes aufwändig renoviert. In der 1870 erbauten Ofenhalle, wo noch bis 1960 das Porzellan gebrannt wurde, finden nun exklusive Veranstaltungen und Ausstellungen statt.

„Traditionen bewahren – Neues wagen"

Seinen nahezu ein Vierteljahrtausend zurück reichenden kunsthandwerklichen Traditionen fühlt sich der älteste Gewerbebetrieb der Stadt bis heute verpflichtet. Die KPM ist eine der wenigen Fertigungsstätten für Porzellan auf der Welt, die sich den strengen Richtlinien unterworfen hat, die für eine „Manufaktur" – also die Herstellung von Hand – gelten. Diese Handarbeit von der Formgebung bis zur Freihandmalerei ohne Schablone macht aus jedem Stück Porzellan ein Unikat, dessen Einzigartigkeit man sehen und fühlen kann.

Traditionen bewahren heißt aber auch, sie weiterzuentwickeln. Unabhängig von kurzlebigen Moden und Trends kreiert die KPM seit 1763 zeitlose Meisterstücke: Ob die feinen Service der Rokokozeit, der Früchtekorb nach Originalentwürfen des großen Architekten Karl Friedrich Schinkel, ob der Designklassiker „Stambul" oder die frechen Buddy-Bären, für jede Epoche machten die Künstler der KPM es sich zur Aufgabe, auch die entsprechenden, stilbildenden Porzellanschöpfungen zu präsentieren.

Allen, die diese Geschichte und die kunsthandwerklichen Traditionen der KPM näher kennen lernen möchten, öffnet die KPM ihre Türen zu Manufakturbesichtigungen. Freunde des „Weißen Goldes" können dort die einzelnen Arbeitsschritte wie Formenherstellung, Gießen, Drehen, Garnieren, Glasieren und Dekormalerei mit eigenen Augen erleben.

Einen Einblick in die Produkt- und Design-Vielfalt der KPM bieten die Galerien am Kurfürstendamm, Straße des 17. Juni, Unter den Linden oder im Internet unter www.kpm-berlin.de.

Gedenkstätte Plötzensee

Plötzensee (1879)
VON JOHANNES TUCHEL

Die Strafanstalt Plötzensee wurde von 1868 bis 1879 als Gefängnis vor den Toren Berlins errichtet. Auf einem Areal von über 25 Hektar entstand ein Gebäudekomplex mit vielen Freiflächen für 1200 Gefangene. Neben Gefängnishäusern wurden Verwaltungsbauten, Betriebsgebäude, zahlreiche Arbeitsbaracken, ein Haftkrankenhaus, eine Kirche und Beamtenwohnungen als rote Ziegelbauten errichtet. In dem „Strafpalast" wurden auch Jugendliche ab 12 Jahren und August Bebel „beherbergt".

Bald nach der nationalsozialistischen Machtübernahme 1933 verschärften sich auch in Plötzensee die Haftbedingungen. Ziele des Strafvollzugs waren nun Vergeltung, Abschreckung und die „Ausmerzung" angeblich „Minderwertiger". Plötzensee diente jetzt auch als Untersuchungsgefängnis für politische Strafverfahren. Diese wurden von den 1933 gebildeten Sondergerichten, von den politischen Strafsenaten des Kammergerichts und vom 1934 errichteten „Volksgerichtshof" in immer größerer Zahl durchgeführt.

Zwischen 1890 und 1932 wurden hier insgesamt 36 wegen Mordes zum Tode verurteilte Menschen auf einem Gefängnishof durch das Handbeil hingerichtet. In den 12 Jahren des nationalsozialistischen Terrors zwischen 1933 und 1945 fielen dagegen in Plötzensee 2891 Menschen justizförmigen Tötungen zum Opfer. Die zum Tode Verurteilten wurden im großen Zellenbau (Haus III) untergebracht, das direkt an den Hinrichtungsschuppen angrenzte. Die letzten Stunden verbrachten sie gefesselt in besonderen Zellen im Erdgeschoss, dem von den Gefangenen so genannten „Totenhaus". Ihr letzter Weg führte über einen kleinen Hof zum Hinrichtungsraum mit dem Fallbeil. Ende 1942 wurde im Hinrichtungsraum ein Stahlträger eingezogen, an dem acht Eisenhaken befestigt sind. An diesem Galgen wurden Erhängungen vorgenommen, zuerst an den Angehörigen der Widerstandsorganisation Rote Kapelle, später an den am Umsturzversuch vom 20. Juli 1944 beteiligten Widerstandskämpfern.

In Plötzensee wurden etwa 1500 Todesurteile des „Volksgerichtshofes" und rund 1000 Todesurteile der Sondergerichte vollstreckt. Die übrigen 400 Opfer sind vom Reichskriegsgericht, von anderen Militärgerichten, aber auch vom Reichsgericht, vom Kammergericht oder von Landgerichten zum Tode verurteilt worden. Rund die Hälfte der Hingerichteten waren Deutsche, von denen die meisten wegen Widerstandshandlungen gegen den nationalsozialistischen Unrechtsstaat zum Tode verurteilt worden sind. Vor allem nach 1939 wurden viele Menschen wegen geringfügiger Delikte unverhältnismäßig hart mit dem Tode bestraft. Noch härter war die Rechtsprechung gegen ausländische Angehörige von Widerstandsorganisationen oder von Menschen, die zur Zwangsarbeit nach Deutschland verschleppt worden waren. Plötzensee war nach 1939 ein Ort des Todes für Menschen aus allen Teilen des deutsch besetzten Europa.

Nach 1939 wurden mehr und mehr Ausländer inhaftiert, die als Zwangsarbeiter nach Deutschland verschleppt worden waren. Sie bildeten neben den deutschen Gefangenen mit zumeist kürzeren Freiheitsstrafen, den politischen Untersuchungshäftlingen und den zum Tode verurteilten Häftlingen eine vierte Häftlingsgruppe in Plötzensee. Durch Überbelegung, unzureichende Ernährung sowie verzögerte oder nicht gewährte medizinische Hilfe verschlechterten sich die Lebensbedingungen der Gefangenen in der zweiten Kriegshälfte permanent. Als die Rote Armee die Anstalt am 25. April 1945 einnahm, waren die meisten Gefangenen kurz zuvor entlassen worden.

1945 bestimmten die Alliierten, dass Plötzensee künftig als Jugendgefängnis dienen sollte. Das Haus III wurde abgerissen. Stattdessen entstanden Neubauten für jugendliche Strafgefangene und den offenen Strafvollzug. In Plötzensee befindet sich auch weiterhin ein Haftkrankenhaus. 1951 beschloss der Senat von Berlin, in Plötzensee eine Gedenkstätte zu errichten. Mit der Gestaltung wurde der Architekt Bruno Grimmek betraut. Teile des Hinrichtungsschuppens wurden abgerissen, davor wurde eine Gedenkwand errichtet. Am 9. September 1951 wurde der Grundstein für die Gedenkstätte gelegt; die feierliche Einweihung war am 14. September 1952. Der Text der Grundsteinlegung lautet:

„An dieser Stelle sind in den Jahren der Hitler-Diktatur von 1933 bis 1945 Hunderte von Menschen wegen ihres Kampfes gegen die Diktatur, für Menschenrechte und politische Freiheit durch Justizmord ums Leben gekommen. Unter diesen befanden sich Angehörige aller Gesellschaftsschichten und fast aller Nationen. – Berlin ehrt durch diese Gedenkstätte die Millionen Opfer des Dritten Reiches, die wegen ihrer politischen Überzeugung, ihres religiösen Bekenntnisses oder ihrer rassischen Abstammung diffamiert, misshandelt, ihrer Freiheit beraubt oder ermordet worden sind."

Seither ist Plötzensee ein Ort der Erinnerung und des stillen Gedenkens an alle Opfer der nationalsozialistischen Diktatur.

Blick auf die Technische Universität

Technische Universität Berlin (1879)

VON KRISTINA R. ZERGES UND STEFANIE TERP

Obwohl erst nach dem Zweiten Weltkrieg im Jahr 1946 neu gegründet, kann die TU Berlin auf eine über 200-jährige Geschichte zurückblicken, davon 120 Jahre in Charlottenburg. Zu den ältesten Vorgängereinrichtungen zählt die 1770 gegründete und 1916 eingegliederte Bergakademie. 1879 verschmolzen die 1799 gegründete Bauakademie und die 1821 eröffnete Gewerbeakademie zur Königlichen Technischen Hochschule, für die in Charlottenburg ein Hochschulviertel entstand, das bald für die Hochschule der Künste erweitert wurde. Bis 1884 bauten Richard Lucae, Friedrich Hitzig und Julius Raschdorff das monumentale Hauptgebäude im Stil der italienischen Hochrenaissance mit fünf Innenhöfen. Von dem im Zweiten Weltkrieg stark zerstörten Komplex sind nur die Seitenflügel und der rückwärtige Teil erhalten geblieben. Das neue Hauptgebäude wurde 1963-1968 als aluminiumverkleideter zehngeschossiger Hochhausbau nach Plänen von Kurt Dübbers und Karl-Heinz Schwennicke errichtet.

Die Gründung von technischen Hochschulen im Laufe des 19. Jahrhunderts war Ausdruck der wachsenden Bedeutung von Technik und Ingenieurwissenschaften im Zuge der Industrialisierung: Der Bedarf an qualifizierten Ingenieuren nahm zu, gleichzeitig forderten die Ingenieure gesellschaftliche und wissenschaftliche Anerkennung. Mit der Verleihung des Promotionsrechtes 1899 im Rahmen der Feierlichkeiten an der TH Berlin zum 100. Gründungstag der Bauakademie wurden die technischen Hochschulen den Universitäten schließlich gleichgestellt.

Zu dieser Zeit war die TH Berlin, wie der Verein deutscher Ingenieure 1906 schrieb, nicht nur für Preußen und Deutschland, sondern für alle Kulturländer „ein geistiger Mittelpunkt geworden, ein viel beneidetes Vorbild, ein Brennpunkt des technischen Fortschritts". Namhafte Wissenschaftler prägten das Profil der Hochschule, darunter Adolf Slaby (1849-1913), einer der Wegbereiter der drahtlosen Telegrafie, und Ernst Ruska (1906-1988), der für die Erfindung des Elektronenmikroskops mit dem Physik-Nobelpreis ausgezeichnet wurde, oder Hans Geiger (1882-1945), der den Geiger-Zähler entwickelte. Eng mit der Hochschule verbunden ist auch der Name von Konrad Zuse (1910-1995), der die erste prozessgesteuerte Rechenmaschine entwickelte. Viele Architekten, Stadtplaner und Ingenieure prägen seither das öffentliche Bild von Berlin. Jüngstes Beispiel ist das Bundeskanzleramt, dass von den TU-Absolventen und Architekten Axel Schultes und Charlotte Frank entworfen wurde.

Während der NS-Diktatur hielt nationalsozialistisches Gedankengut auch Einzug in die Technische Hochschule Berlin. Jüdische und politisch missliebige Wissenschaftler sowie Studierende wurden diskriminiert und vertrieben, darunter namhafte Forscher wie zum Beispiel der Physik-Nobelpreisträger Gustav Hertz (1887-1975) oder Georg Schlesinger (1874-1949), der Pionier des Fabrikbetriebs. Um den Bruch mit der Vergangenheit deutlich zu machen, wurde die Hochschule 1946 als „Technische Universität" neugegründet. Der neue Name drückte das Bekenntnis zur „universitas humanitatis" aus, die Selbstverpflichtung zur Humanität.

Heute zählt die TU mit rund 30.000 Studierenden und mehr als 300 Professuren zu den größten technischen Universitäten in Deutschland. Neben den Schwerpunkten in den Ingenieur- und Naturwissenschaften bietet sie auch Planungs-, Geistes-, Wirtschafts- und Sozialwissenschaften an. In Berlin ist sie die Universität mit dem breitesten Angebot in den Ingenieurwissenschaften und wird durch eine enge Kooperation mit außeruniversitärer Forschung und der Wirtschaft geprägt.

Die TU Berlin hat sich als eine Ideen- und Nachwuchsschmiede in den wichtigsten Forschungsfeldern des 21. Jahrhunderts positioniert und versteht sich als Zukunftswerkstatt der Berliner Innovations- und Technologiepolitik. Mit ihren zahlreichen Spin-offs und Entwicklungen in der Forschung ist sie ein bedeutender Wirtschaftsmotor für die Region Berlin-Brandenburg. Gleichzeitig besitzt sie ein Höchstmaß an Internationalität. Auf dem Charlottenburger Campus studieren mehr als 6000 junge Menschen aus der ganzen Welt. Die meisten kommen aus der Türkei, aus China und Polen. Darüber hinaus bündeln fast 130 offizielle Kooperationsverträge der TU Berlin mit Hochschulen und Forschungseinrichtungen in mehr als 30 Ländern die internationale wissenschaftliche Zusammenarbeit.

In den vergangenen Jahren bekamen die Hochschulen Berlins immer stärker die Finanzknappheit der öffentlichen Haushalte zu spüren, so auch die TU Berlin. Um Handlungsspielraum zurückzugewinnen, hat sie einen umfassenden Reformkurs eingeschlagen, der neue Chancen eröffnet. Dazu gehört ein neuer Strukturplan für die acht Fakultäten.

Villa Oppenheim heute

Damit schärft die TU Berlin ihr Profil als technische Universität der Hauptstadt.

Villa Oppenheim (1882)

Die Villa Oppenheim ist benannt nach ihrem Bauherrn, dem Obertribunalrat Otto Georg Oppenheim (1817-1909), einem Schwiegersohn des Bankiers Alexander Mendelssohn (1798-1871), der bereits 1845 das riesige Anwesen von dem Kammerherrn und Legationssekretär Graf von Kameke erworben hatte und es mit der „Villa Sorgenfrei" und einigen Nebengebäuden bebaut hatte. Alexander Mendelssohn war Besitzer des renommierten Berliner Privatbankhauses Mendelssohn Et Co. und gleichzeitig Ehrenbürger der Stadt Charlottenburg.

Oppenheim ließ die „Villa Sorgenfrei" abreißen und 1881-82 von Christian Heidecke an ihrer Stelle das heutige zweigeschossige Haus im Neorenaissancestil mit Remisengebäuden und großzügiger Gartenanlage errichten.

Zu dem weitläufigen Villengrundstück gehörte auch die Fläche der heutigen Oppenheim-Oberschule. Auf diesem 28.000 Quadratmeter großen Grundstück entstanden eine Kegelbahn, ein Tennisplatz, Gartensaal und Treibhäuser. Das Leben trug hier wahrhaft großbürgerliche Züge – nur einen Steinwurf entfernt vom „roten Kiez" westlich der Schloßstraße.

Nach dem Tod Otto Georg Oppenheims wurde 1910 dessen Sohn Hugo Oppenheim Besitzer des Anwesens. Der Multimillionär war Teilhaber des Berliner Privatbankhauses Robert Warschauer & Co. Schon damals war die Villa Oppenheim ein Anachronismus. Das Grundstück war zwar riesig, aber es war umstellt von hohen Mietshäusern, aus deren oberen Stockwerken man auf die Gar-

Villa Oppenheim, innen um 1900

Blick auf den Kurfürstendamm im Jahre 1908

tenanlage herab sehen konnte. Damit war die Intimität des großbürgerlichen Wohnens verloren gegangen.

1911 kaufte die Stadt Charlottenburg den gesamten Oppenheimschen Grundstückskomplex für 1,5 Millionen Mark, das entsprach einem äußerst günstigen Quadratmeterpreis von ungefähr 53 Mark. Die Einrichtung eines öffentlichen Parks auf dem Gartengelände der Villa war der eigentliche Grund für das städtische Kaufinteresse an dem Grundstück. Die Kommune sah angesichts des Mangels an Grünflächen im Inneren der Stadt die Gefahr, „dass der schöne große Park zu Baustellen für Mietskasernen ausgenutzt wird."

Den nicht benötigten Rest des Grundstücks, immerhin fast 1,36 Hektar, verkaufte die Stadt spekulationsträchtig für durchschnittlich 85 Mark pro Quadratmeter an verschiedene Interessenten – ein gutes Geschäft, durch das sich die städtischen Erwerbungskosten letztlich auf knapp 350.000 Mark verringerten.

Die 37.000 Mark teure Einrichtung des öffentlichen Parks, die den etwa hundertjährigen Baumbestand mit einem streng rechtwinkligen Wegesystem verband, lag in der Verantwortung des Charlottenburger Stadtgartendirektors Erwin Barth. Die neue Parkanlage erhielt mit der Straße „Am Parkplatz", dem heutigen Otto-Grüneberg-Weg, einen Zugang von der Schloßstraße, so dass sie auch für die Bewohner des dicht besiedelten Arbeiterviertels westlich der Schloßstraße leicht zugänglich wurde.

1985/86 wurde der nach Karl Schustehrus benannte Park für 1,8 Millionen Mark aus Sondermitteln zur 750-Jahr-Feier Berlins nach gartendenkmalpflegerischen Gesichtspunkten wiederhergestellt. Auch die kriegsbeschädigte und zunächst nur notdürftig wiederhergestellte Villa Oppenheim wurde 1986 restauriert, wobei das Dachgeschoss originalgetreu wiederaufgebaut worden ist. Heute sind in der Villa eine Kindertagesstätte, eine kommunale Galerie und die Schulverwaltung untergebracht.

Kurfürstendamm (1886)

Die Geschichte des Kurfürstendamms ist eine Erfolgsgeschichte. Der Boulevard ist nicht nur die meistbesuchte, sondern auch die meistdiskutierte Straße Deutschlands.

Jahrhunderte hindurch führte er als Damm für die kurfürstlichen Reiter vom Berliner Stadtschloss zum Jagdschloss Grunewald, das Kurfürst Joachim II 1542 mitten im Grunewald hatte bauen

Fotostudio Urbschat – ein Begriff, der für 35 Jahre Erfolgsgeschichte steht.

Horst Urbschat übernahm 1969, damals ein bekannter Presse- und Industriefotograf, das seit 1886 bestehende Fotostudio am Kurfürstendamm.

Er gründet damit nicht nur ein schnell über Berlin hinaus bekanntes Portraitstudio, sondern auch ein dynamisches Familienunternehmen.

Ab 1975 prägt Tochter Daniela einen innovativen Stil in dem noch jungen Studio, 1984 kommt ihre jüngere Schwester Nicole hinzu, die künstlerische Aspekte mit einfließen lässt. Zusammen portraitieren

Nicole und Daniela Urbschat

die Schwestern zahlreiche Prominente und schaffen mit dem Imphotismus einen eigenen Kunststil. Der wird nicht nur in Berlin, Wien und New York ausgestellt, er trägt den „Urbschat-Schwestern" auch zahlreiche Preise ein, darunter der „Photo-Oskar" und der „Agfa-Award".

Seit Mai 2004 blicken Daniela und Nicole Urbschat nun als Alleingesellschafterinnen stolz auf das modernste Fotostudio. Und den Schritt vom traditionellen Handwerk in die High-Tech-Welt der digitalen Fotografie begleitet bereits die dritte Urbschat-Generation.

Urbschat
ART & PHOTO

Kurfürstendamm 170   10707 Berlin
Fon 030 880 97 40   Fax 030 881 43 81
info@urbschat.de   www.urbschat.de

Lunapark und Terrassen am Halensee 1913

lassen. Auf einer Karte von 1685 ist der „Churfürstendamm" erstmals eingezeichnet.

Noch heute erinnern die Namen der Seitenstraßen am westlichen Ende des Kurfürstendammes in Halensee an die preußischen Kurfürsten: Markgraf Albrecht I der Bär (1100-1170), Friedrich II „Eisenzahn" (1413-1471), Albrecht III Achilles (1414-1486), Johann Cicero (1455-1499), Joachim I Nestor (1484-1535), Johann Georg (1525-1598), Joachim Friedrich (1546-1608), Johann Sigismund (1572-1619) und Georg Wilhelm (1595-1640).

Auf Initiative Otto von Bismarcks wurde der Kurfürstendamm nach dem Vorbild der Pariser Champs Elysées seit 1883 zum Boulevard ausgebaut. Die „Kurfürstendamm-Gesellschaft", die den Ausbau privat finanzierte, erhielt als Gegenleistung ein Vorkaufsrecht auf 234 ha Grunewaldgelände zur Anlage einer Villenkolonie. Damit bekam das Konsortium nicht nur eine finanzielle Gegenleistung mit hohen Gewinnaussichten, sondern auch die Gewissheit, dass der neue Boulevard nicht im Wald endete, sondern in ein Siedlungsgebiet führte, und zwar in die Berliner Millionärskolonie.

Die Eröffnung der Dampfstraßenbahn vom Zoologischen Garten nach Halensee am 5. Mai 1886 kann als Geburtsstunde des Boulevards angesehen werden.

Danach verlief die weitere Entwicklung in einem überaus rasanten Tempo. Zunächst wurde der östliche Teil des Kurfürstendammes, die heutige Budapester Straße zwischen Landwehrkanal und Zoo, mit prächtigen fünfgeschossigen Miethäusern bebaut, dann in schneller Folge der westliche Teil zwischen Zoo und Halensee. Auch die Tauentzienstraße gehörte von Anfang an dazu. Einzelne Villen, die in den Jahren zuvor entstanden waren, wurden meist abgerissen, oder sie erhielten noch eine Schonfrist hinter den neuen Häuserzeilen.

Bis 1905 war der größte Teil des Kurfürstendammes bebaut, und unter Architekturkritikern bürgerte sich der Begriff „Kurfürstendammarchitektur" ein. Er war keineswegs schmeichelhaft gemeint, sondern stand für eine pompöse, überladene, protzende und geschmacklose Architektur, „die nur nach außen wirkte". In den Häusern entstanden hochherrschaftliche Wohnungen mit oft 15 und mehr Zimmern für großbürgerliche und häufig auch prominente Bewohner. Noch in den 50er Jahren wurde über die „Gemütsarmut dieser Behausungen" geklagt. Heute sind die Altbauwohnungen wohl die gefragtesten am Kurfürstendamm, und die restaurierten Stuckfassaden gelten als Schmuckstücke.

Der kaiserlichen Repräsentation rund um die Kaiser-Wilhelm-Gedächtnis-Kirche trat respektlos die intellektuelle und künstlerische Avantgarde entgegen. An der Stelle der heutigen Kranzlerecke eröffnete in einem 1895 gebauten Haus am Kurfürstendamm 18-19 Ecke Joachimstaler Straße ein „Kleines Café", das seit 1898 als „Café des Westens" firmierte. Hier trafen sich Künstler, Schriftsteller, Schauspieler, Kabarettisten und ihre Mäzene. Konservative Kritiker nannten es „Café Größenwahn", aber die Besucher machten sich den als Schimpfwort gemeinten Namen zu eigen, und es wurde eine internationale Berühmtheit. Stammgäste waren Richard Strauss, Alfred Kerr, Maximilian Harden, Christian Morgenstern, Frank Wedekind, Carl Sternheim, George Grosz, John Heartfield, Else Lasker-Schüler und viele andere. Hier wurden Kabaretts und Zeitschriften gegründet, Autorenverträge geschlossen, Pamphlete verfasst und Künstlerportraits gemalt. Im Ersten Weltkrieg trafen sich hier die Kriegsgegner und Pazifisten um Wieland Herzfelde, der seinen Malik-Verlag hier gründete und in seiner Dachatelier-Wohnung am Kurfürstendamm 76 ansiedelte.

Um die Jahrhundertwende entstanden unzählige Cafés, Vergnügungslokale, Kabaretts, Theater, Kinos und Geschäfte, von denen die Menschen aus allen Teilen Berlins aber auch Touristen aus aller Welt angezogen wurden. Bereits am Ende des 19. Jahrhunderts wurde der Kurfürstendamm schlagartig zur City-Filiale und machte der alten Mitte Berlins Konkurrenz. Hier verbanden sich Kommerz und Kultur, Witz und Unterhaltung, Turbulenz und Internationalität, Sensation und Avantgarde zu einer unwiderstehlichen Mischung.

Am westlichen Ende in Halensee eröffneten der Gastronom August Aschinger und der ehemalige Küchenchef bei Kempinski, Bernhard Hoffmann, 1904 die „Terrassen am Halensee", die 1909 in „Lunapark" umbenannt wurden und bereits 1910 den millionsten Besucher zählten. Nach dem Vorbild von Coney Island in New York war ein Vergnügungspark entstanden, der Sensationen, Abenteuer, Gefahr, die Illusion der großen weiten Welt und das Erlebnis der scheinbar grenzenlosen Möglichkeiten der Technik anbot. Völkerschauen, die erste Rolltreppe, jede Nacht ein großes Feuerwerk, Theater, Revuen, Jazzmusik, Kabarett und vieles mehr wurden hier in konzentrierter Form geboten.

Im Lunapark und in den unzähligen Tanzcafés und Hotels wechselten jedes Jahr die jeweils aktuellen Modetänze: Cake Walk, Ragtime und Tango waren vor dem Ersten Weltkrieg beliebt. Die Reiseführer betonten, dass die meisten Cafés am Kurfürstendamm auf Nachtbetrieb eingestellt waren.

Von seinem östlichen Ende her, nämlich vom Wittenbergplatz und Tauentzien entwickelte sich der Kurfürstendamm – ebenfalls noch im Kaiserreich – auch als Shoppingmeile. Die Initialzündung dafür gab Adolf Jandorf, der am 21.3.1907

Tanzbar – Kabarett Barberina

sein Kaufhaus des Westens eröffnete. Acht große, pompöse Miethäuser mussten dafür abgerissen werden, obwohl sie erst 12 Jahre zuvor gebaut worden waren. Die Kaiser-Wilhelm-Gedächtnis-Kirche wurde jetzt spöttisch zum „Taufhaus des Westens" degradiert. Viele zweifelten an dem Mut Jandorfs, ausgerechnet in dem noch immer relativ ruhigen Vorort im Westen Berlins ein riesiges Kaufhaus zu errichten, aber der Erfolg war überwältigend, machte Tauentzien und Kurfürstendamm nun auch zur Geschäftsstraße und damit endgültig zur City-Filiale. Dieser Begriff bürgerte sich schnell in den Zeitungen ein, und er traf zu, denn viele Traditionsbetriebe des alten Berliner Zentrums eröffneten jetzt Filialen im Westen, und präsentierten sich hier in moderner, offener und oft internationaler Form. Die City-West war endgültig geboren, oder wie es damals hieß: Berlin W war jetzt kein Geheimtipp mehr.

Wenn irgendwo die Rede von den goldenen Zwanziger Jahren zutrifft, dann am Kurfürstendamm. Alle Grundlagen waren im wilhelminischen Kaiserreich gelegt worden, und nach der Zwangspause im Ersten Weltkrieg konnte der Boulevard nahtlos da anschließen, wo er vor dem Krieg aufgehört hatte. Das Tempo beschleunigte sich, aber mit jeder Umdrehung wurde auch der Streit heftiger. Was die einen als modern, international und sensationell bejubelten, beschimpften die anderen als dekadent, undeutsch und unmoralisch. Und es blieb nicht bei verbalen Angriffen. Die zunehmende Aggressivität der Rechtsextremisten mündete am Ende der Zwanziger Jahre in antisemitische Pogrome auf dem Kurfürstendamm.

Der Berliner Journalist Hardy Worm schrieb 1921: „Der Kurfürstendamm ist das, was der Berlin „feine Jejend" nennt. Wo Regierungsräte, Hochstapler, Bankdirektoren, Schieber, Schauspielerinnen und Kokotten wohnen; derjenige, der am Kurfürstendamm haust, und sei es auch nur im Gartenhaus vier Treppen hoch, gilt als feiner Mensch, als gut-situierter Mensch. Und wenn er einen telefonischen Nebenanschluss hat, ist er ein kreditfähiger Mensch. Für Leute, die vorwärtskommen wollen, ist es also notwendig, am Kurfürstendamm zu wohnen. Zumindest aber in Berlin W."

Am Kurfürstendamm war man up to date, wie es damals hieß. Gegen die moderne City-Filiale wirkte die alte Berliner Mitte etwas antiquiert. Das heißt natürlich nicht, dass sie keine Bedeutung mehr hatte. Regierung und Verwaltung, Pressezentrum, Universität, Museen, Oper, Theater, das Konfektionsgewerbe, die großen Kaufhäuser blieben natürlich im Bereich der alten Mitte, aber in der City-West eröffneten sie vielfach Filialen, und die waren moderner und glamouröser als die Stammhäuser.

Gloriapalast von der Tauentzienstraße aus gesehen, Juni 1942

Die Konkurrenz der Zentren war das, was Berlin für den internationalen Tourismus so attraktiv machte, und der Vergnügungsbetrieb war am Kurfürstendamm immer einen Schritt voraus. Die Tanzdielen, Cafés, Kabaretts, Revuen und Theater waren origineller, avantgardistischer, erotischer, geistvoller und anzüglicher. Das Publikum war prominenter, die Künstler verrückter, die Autos schneller. In den großen Premierenkinos gaben sich die Stummfilmstars persönlich die Ehre, und nach der Einführung des Tonfilms 1927 zeigten die Kinos am Kurfürstendamm die amerikanischen Filme zuerst und im Original, bevor sie in synchronisierter Fassung in der Friedrichstraße liefen.

Die Erdgeschosse der vornehmen Mietshäuser waren jetzt fast vollständig mit Cafés, Restaurants, Geschäften, Kinos und Theatern gefüllt. Manche der reich verzierten Fassaden wurden entstuckt, um mehr Platz für Werbung zu erhalten. In der einzigen verbliebenen Baulücke am Kurfürstendamm 153-156 entstand als imposantes Beispiel moderner Architektur der 1928 eröffnete Komplex des Universum-Kinos und des Kabaretts der Komiker von Erich Mendelsohn. Heute ist in dem rekonstruierten Bau die Schaubühne am Lehniner Platz untergebracht.

Aber auch dieser Neubaukomplex war verbunden mit Wohnungen. Der Kurfürstendamm blieb bei allen City-Funktionen, die hier angesiedelt wurden, eine Wohnstraße des reichen Bürgertums. Hier paarten sich auf eine wohl einzigartige Weise hochelitäre Lebenskultur und öffentliche Präsentation für ein Massenpublikum. Die City-Filiale war vornehm, teuer und exquisit, aber doch auch populär. Dienstboten und ihre Herrschaften saßen hier nebeneinander im Gloria-Palast, in der Nelson-Revue oder im Zigeunerkeller und besuchten gemeinsam die neuesten Sensationen im Lunapark. Klassenschranken schienen hier keine Bedeutung zu haben.

Der Film wurde zum wichtigsten Medium der Unterhaltungsindustrie. Am 11.9.1922 wurde im gerade eröffneten Alhambra-Kino am Kurfürstendamm 68 (heute Hotel Kurfürstendamm) der erste Tonfilm der Welt gezeigt. Die Erfindergemeinschaft Tri Ergon, Jo Engl, Joseph Massolle und Hans Vogt hatte mit ihrem Lichttonverfahren die technischen Grundlagen für den Tonfilm geschaffen und demonstrierte dies mit einem Experimentalfilm. Die neue Erfindung stieß zunächst auf heftigen Widerstand. Kritiker befürchteten einen Niedergang der Schauspielkunst und die Künstlergewerkschaften einen Verlust von Arbeitsplätzen, vor allem für die Orchestermusiker, die in den großen Kinos zu den Aufführungen spielten. Auf Plakaten stand zu lesen: „Der Tonfilm verdirbt Gehör und Augen" oder „Der Tonfilm ohne Beiprogramm mit lebenden Künstlern wirkt nervenzerrüttend!" Wie so häufig kam die deutsche Erfindung erst über den Umweg Amerika als durchschlagendes Erfolgsmodell zurück. Nach der Premiere von „The singing fool" am 10. Juni 1929 im Gloria-Palast gab es kein Halten mehr. Innerhalb kürzester Zeit verschwanden die Stummfilme von den Programmen und viele neue Filme spielten als Musikfilme die neuen technischen Möglichkeiten aus. Die Ufa schloss sich dem Trend an: Am 1. April 1930 wurde – ebenfalls im Gloria-Palast – „Der blaue Engel" uraufgeführt und mit Marlene Dietrich ein Weltstar für das Kino geboren.

Der Gloria-Palast war am 26.1.1926 als wohl luxuriösestes Kino seiner Zeit im völlig umgebauten Ersten Romanischen Haus westlich der Gedächtniskirche eröffnet worden. Da man die romanische Fassade nicht umgestalten konnte, wurden die Fenster genutzt, um mit großen, hell leuchtenden Buchstaben für das neue Kino zu werben.

Der Gloria-Palast hatte die Adresse Kurfürstendamm 10, und mit der Hausnummer 10 beginnt der Kurfürstendamm seit dem 22.4.1925. Denn an diesem Tag wurde der Teil zwischen Landwehrkanal (Corneliusbrücke) und Auguste-Viktoria-Platz (heute Breitscheidplatz) in Budapester Straße umbenannt. Die frühere Budapester Straße war nach dem Tod des Reichspräsidenten Friedrich Ebert nach ihm benannt worden, und die Ungarn wurden nun am Kurfürstendamm entschädigt.

Im Januar 1926 machte Josefine Baker Sensation. Sie gastierte im Nelson-Theater am Kurfürstendamm 217 und brachte Jazzmusik, amerikanische Erotik und einen neuen Tanz, den Charleston, mit. Die Abende der „Schwarzen Venus" waren restlos ausverkauft. Der Begriff „Sex-Appeal" wurde zum Modewort. Das Publikum war begeistert.

Neben den großen Kinos eröffneten in den Zwanziger Jahren neue Theater, Revue- und Kabarettbühnen: 1920 das Nelson-Theater des populären Pianisten und Komponisten Rudolf Nelson am Kurfürstendamm 217, am 23.12.1920 das Kabarett „Größenwahn" von Rosa Valetti am Kurfürstendamm 18/19, am 8.10.1921 das „Theater am Kurfürstendamm", Nr. 208/209, am 1.11.1924 die „Komödie" unter Max Reinhardt am Kurfürstendamm 206/207. Ständig gab es neue Aufführungsorte für große Ausstattungsrevuen und kleine Kabarettbühnen in Hotels, Cafés oder Kellerlokalen. In unzähligen Tanzlokalen, Ballhäusern und Hotelsälen spielten die berühmten Tanz- und Showorchester von Bernhard Etté, Barnabas von Géczy, Adalbert Lutter, George Boulanger, Dajos Bela, Marek Weber, Teddy Staufer und vielen anderen.

Berühmt war der Kurfürstendamm vor allem für seine unzähligen Cafés. Eine der wichtigsten Aufgaben der Cafés war es, Künstler und ihre Mäzene, Schauspieler und ihre Regisseure, Schriftsteller und ihre Verleger zusammenzuführen, damit Kunst und Geld eine fruchtbare Verbindung eingehen konnten. Die literarischen Cafés des Berliner Westens waren Umschlagplätze für Literatur, Geist und Kultur. Hier wurde Starkult betrieben, wurden hohle Phrasen gedroschen, aber auch Projekte geschmiedet, Kontrakte unterschrieben und Genies entdeckt.

Die kulturelle Avantgarde und künstlerische Prominenz blieb auch in den Zwanziger Jahren am Kurfürstendamm. Aber sie hatte die Lokalität gewechselt.

Femina, das Ballhaus Berlins, Hauptsaal um 1930

Das „Café des Westens" hatte ausgedient. Stattdessen bekam nun das Romanische Café im Zweiten Romanischen Haus östlich der Gedächtniskirche zwischen Tauentzienstraße und Kurfürstendamm (seit 1925 Budapester Straße) einen legendären Ruf: Kurt Tucholsky, Joachim Ringelnatz, Ernst Rowohlt, Egon Erwin Kisch, Anita Berber, Otto Dix, Heinrich Zille, Asta Nielsen, Klabund, Emil Orlik, Billy Wilder, Robert Siodmak, Gottfried Benn, Ernst Lubitsch, Fritz Lang, Elisabeth Bergner, Bert Brecht, Alfred Kerr, Heinrich Mann, Carl Zuckmayer, Rudolf Nelson, Trude Hesterberg, Joseph Roth ... es dürfte kaum einen prominenten Kulturschaffenden der zwanziger Jahre geben, der hier nicht gesehen wurde.

Immer wieder kam es in den Zwanziger Jahren auch auf dem Kurfürstendamm zu antirepublikanischen Ausschreitungen, etwa am Tag der Verfassungsfeier am 9.8.1925 oder am 20.3.1927 als Joseph Goebbels seinen Einstand als Berliner Gauleiter der NSDAP gab und mehr als 600 SA-Männer auf den Kurfürstendamm schickte, wo jüdisch aussehende Passanten angepöbelt wurden, Gäste im Romanischen Café verprügelt und das Mobiliar zerschlagen wurde.

Ihr brutalstes Pogrom vor der Machtübernahme veranstaltete die NSDAP unter der Leitung des SA-Oberführers und späteren Polizeipräsidenten von Berlin, Wolf Heinrich Graf von Helldorf, am 12.9.1931. Die jüdischen Bürger hatten in den Synagogen ihr Neujahrsfest gefeiert. Als viele Juden aus der Synagoge in der Fasanenstraße zum Kurfürstendamm kamen, mischten sich über 1.500 Nationalsozialisten unter die Passanten, brüllten antisemitische Sprechchöre und verprügelten jüdisch aussehende Personen. Jüdische Lokale wurden zerstört, die Gäste misshandelt. Vor Gericht erklärte einer der Pogromhelden später höhnisch: „Wir wollten dem Kurfürstendamm einen Denkzettel geben."

Kurfürstendamm-Flair zwischen Fasanen- und Joachimstaler Straße um 1930

Die Nationalsozialisten haben den Kurfürstendamm gehasst. Oder besser: Sie haben alles gehasst, was sie mit dem Begriff Kurfürstendamm verbanden. Deshalb gibt es unzählige Hasstiraden von Nationalsozialisten auf den Kurfürstendamm, aber sie haben ihn nicht mit größenwahnsinnigen Umbauplänen traktiert wie die alte Mitte. Der Kurfürstendamm lag quer zu den nationalsozialistischen Vorstellungen von Berlin, quer zu den großen Achsen, auf denen sie ihre imperialen Ansprüche für die Ewigkeit demonstrieren wollten. Der Kurfürstendamm lag aus ihrer Sicht im Abseits. Das kam ihm ein Stück weit zu Gute. Aber natürlich war er ebenso wie ganz Deutschland betroffen von der doppelten Zerstörung: von der Vertreibung und Ermordung vieler Menschen, die seinen großen Erfolg geschaffen hatten – Juden zu einem großen Teil – und von den Zerstörungen vieler Häuser in den letzten beiden Jahren des Zweiten Weltkriegs.

Viele Stammgäste des Romanischen Cafés mussten schon 1933 emigrieren. Max Reinhardt, Rudolf Nelson, Kurt Robitschek, die jüdischen Leiter der Theater, Revuen und Kabaretts ebenso. Die Kultur wurde zuerst „arisiert". Am 1. April 1933 waren viele Geschäfte am Kurfürstendamm vom sogenannten „Judenboykott" betroffen.

Andererseits wurde dieser Tag von vielen wie ein Spuk empfunden, der schnell vorbei ging, und der Kurfürstendamm blieb eine turbulente Einkaufs-, Café- und Kinomeile. Thomas Wolfe, der junge Erfolgsautor aus den USA, besuchte Berlin im Frühjahr 1935 und noch einmal während der Olympischen Spiele 1936. Er wohnte im Hotel am Zoo, Kurfürstendamm 25 und empfand den ganzen Kurfürstendamm als „größtes Caféhaus Europas".

In den Erinnerungen vieler Zeitzeugen erfuhr der Kurfürstendamm eine fast ungebrochene Fortsetzung der „Goldenen Zwanziger". 1936 gab es mehr Olympiafahnen als Hakenkreuzfahnen. Die Filmpremieren am Kurfürstendamm, besonders im vornehmen Gloria-Palast, waren auch jetzt noch große Ereignisse. Wenn auch viele bedeutende Regisseure und Stars nach Hollywood emigriert waren, gab es doch neue Stars, die sich nicht selten gemeinsam mit Goebbels oder Göhring bei den Premieren sehen ließen: Gustaf Gründgens, Harry Piel, Veit Harlan, Paul Wegener, Marika Rökk, Lil Dagover, Heli Finkenzeller, Leni Riefenstahl, Hans Albers, Heinz Rühmann, Willy Fritsch, Willy Birgel, Kristina Söderbaum usw.

Bis 1940 wurden am Kurfürstendamm noch englische und amerikanische Filme im Original gezeigt. Internationale Zeitungen, Zeitschriften, Comics, Jazzschallplatten und Bücher waren am Kurfürstendamm eher zu bekommen als anderswo. Bis in die Kriegsjahre hinein konnte man hier ausländische Zeitungen wie etwa den New Yorker „Daily Herold" bekommen – mit Hitler-Karikatur auf der Titelseite.

Am 9. November 1938 wurde auch die Synagoge in der Fasanenstraße angezündet, und die jüdischen Geschäfte am

Kurfürstendamm wurden systematisch zerstört. Erich Kästner, der damals in der Roscherstraße nicht weit vom Kurfürstendamm wohnte, war im Taxi auf dem Heimweg: „Auf beiden Straßenseiten standen Männer und schlugen mit Eisenstangen Schaufenster ein. Überall krachte und splitterte Glas. Es waren SS-Leute … Jedem schienen vier, fünf Häuserfronten zugeteilt."

Nach dieser Nacht begannen die „Maßnahmen zur Ausschaltung des jüdischen Einzelhandels", die systematische „Arisierung" der Geschäfte. In der „Zeitschrift des Vereins Berliner Kaufleute und Industrieller" wurden diese „Maßnahmen" statistisch erfasst und nüchtern kommentiert: Im Gegensatz zur alten Berliner Mitte und zu anderen Stadtteilen dauerte der Leerstand am Kurfürstendamm nicht lange. Die ehemals jüdischen Geschäfte fanden schnell „arische" Inhaber. So übernahm etwa Max Kühl das traditionsreiche berühmte Wäschehaus Gründfeld. Zwar konnten nicht für alle exquisiten Modegeschäfte geeignete Nachfolger gefunden werden, und aus manchem wurde ein Zigarrenladen oder ein Fotogeschäft. Aber bereits im April 1939 resümierte die Zeitschrift: „Am Kurfürstendamm sind jetzt sämtliche Lücken wieder ausgefüllt."

Nicht so schnell konnten die Lücken wieder ausgefüllt werden, die der Bombenkrieg seit dem November 1943 auch am Kurfürstendamm schlug. Am 23. November 1943 brannten die Kaiser-Wilhelm-Gedächtnis-Kirche, der Gloria-Palast, das Romanische Café und die benachbarten Wohn- und Geschäftshäuser völlig aus. Am Tag danach stürzte ein amerikanisches Kampfflugzeug in den Lichthof des KaDeWe. Das Haus brannte total aus. Weitere schwere Verwüstungen folgten. Bis zuletzt wurde Berlin sinnlos verteidigt. Am 23. März 1945 wurde in einem „Befehl des Luftflottenkommandos 6" der Kurfürstendamm als Startbahn für Kampfflugzeuge vorgesehen. Am 21. April wurde die Halenseebrücke noch einige Stunden gegen die Panzer der Roten Armee verteidigt, und am 28. April befahl Goebbels, den Zoo-Bunker bis zum letzten Mann zu verteidigen, bevor er am 30. April mit Hitler Selbstmord beging.

Hat der Kurfürstendamm etwas mit dem Widerstand gegen die Nazidiktatur zu tun? Der gefürchtete Richter am Volksgerichtshof, Roland Freisler, war offensichtlich dieser Meinung. Im Prozess nach dem Attentat des 20. Juli 1944 auf Hitler verspottete er den Widerstandskämpfer Adam von Trott zu Solz mit den Worten: „Eine Jammergestalt an Körper, Geist und körperlicher wie geistiger Haltung, der Typ des geistreichelnden, entwurzelten, charakterlosen Intellektualisten vom Romanischen Café, eine Kurfürstendamm-Erscheinung."

Diese Äußerung bezieht sich auf ein Klischee, für das Deutschlands einziger Boulevard von Beginn an stand: Der Kurfürstendamm verkörperte die Moderne schlechthin: geistreiche Unterhaltungskultur, kommerzielle Vielfalt, Internationalität, Mobilität und schnellen Wandel. Für die Nationalsozialisten symbolisierte der Kurfürstendamm alles, was sie hassten. Für sie war er „undeutsch". Heute empfinden wir die Hasstiraden Roland Freislers und all der anderen als Auszeichnung – für die Widerstandskämpfer und für den Kurfürstendamm.

Am 1. Mai 1945 eroberten die Sowjets vom Wittenbergplatz aus nach Artillerieduellen mit deutschen Soldaten, die sich noch im Zoobunker verschanzt hatten, den Auguste-Victoria-Platz. Damit war der Zweite Weltkrieg auch am Kurfürstendamm zu Ende.

Rund um die Kaiser-Wilhelm-Gedächtnis-Kirche standen nur noch Trümmer und ausgebrannte Ruinen. Von 235 Häusern am Kurfürstendamm waren noch 43 bewohnbar. Die restlichen 192 waren total zerstört.

Neben der Suche nach Wohnraum und Lebensmitteln, der Trümmerbeseitigung und den ersten Wiederaufbauversuchen, gab es sofort nach Kriegsende auch einen enormen Hunger nach Kultur und Unterhaltung. Schon am 1. Juni 1945 präsentierte das Kabarett der Komiker

In ihrem Atelier am Kurfürstendamm hat die Malerin Jeanne Mammen (1890-1976) hautnah fast 57 Jahre lang die Veränderungen des Boulevards miterlebt. Zu ihrer Heimatstadt hatte sie ein durchaus ambivalentes Verhältnis: „Mit Berlin habe ich mich niemals versöhnt: ich finde es noch heute scheußlich", und dennoch hat sie gerade hier ihr Thema gefunden. Mit sicherem Strich und scharfsichtigem, bisweilen sarkastischem Humor portraitierte sie das Berliner Großstadtleben der 20er Jahre. Die Szenen sind in Cafés, Kaschemmen und Nachtbars angesiedelt, wobei sich ihr spezielles Augenmerk auf die Frau in ihrem gesellschaftlichen Umfeld richtete. Von 1924 an zeichnete Jeanne Mammen auch für satirische Zeitschriften wie den Simplizissimus. Ein Besuch in ihrem bis heute erhaltenen kleinen Atelier am Kurfürstendamm 29, im Hinterhof vom Kempinski gehört zu den Geheimtipps für Kunstfreunde. Das Atelier wird von der Stiftung Stadtmuseum Berlin und einem Förderkreis betreut.

Das alte Kudamm-Eck 1997, kurz vor dem Abriss

Im Juli 1953, als Christel Schaak, die damalige „Miß Germany", die Halle des Waldorf-Astoria-Hotels in New York betrat, erregte sie mit einer atemberaubenden Abendgarderobe die Aufmerksamkeit aller Gäste: „How gorgeous, how lovely, how really french", war der allgemeine Kommentar. Doch das elegante, schwarzweiße Abendkleid kam nicht aus Paris, sondern war in Charlottenburg entworfen und gefertigt worden, und zwar von Ursula Schewe, eine der wenigen Frauen in der Reihe der Berliner Modeschöpfer, die hier in den 1950er Jahren Modegeschichte gemacht haben. Viele von ihnen waren am Kurfürstendamm ansässig, so die namhaften Modellfirmen Gehringer & Glupp, Staebe & Saeger und Hans W. Claussen. Da mit dem alten Konfektionsviertel um den Hausvogteiplatz auch ihre Betriebe 1943 zerstört worden waren, hatten sie nach Kriegsende hier ihre Geschäftstätigkeit wieder aufgenommen.

im Café Leon am Kurfürstendamm 156 (neben der heutigen Schaubühne) ein Notprogramm, die städtische Oper begann am 15. Juni mit einem Ballettabend im Theater des Westens. Das bis auf den Dachstuhl intakt gebliebene Marmorhaus und das Astor-Kino spielten bereits 1945 wieder Filme.

In den Ruinen wurden Restaurants eröffnet und vor den Ruinen Straßencafés. Im Restaurant Burgkeller am Kurfürstendamm 25 begannen die Stachelschweine mit ihrem ersten Kabarettprogramm, bevor sie in die Rankestraße weiterzogen. Die Komödie wurde am 26. März 1946, und das Theater am Kurfürstendamm am 17. Dezember 1947 wieder eröffnet.

1950 eröffneten das Maison de France mit dem Cinema Paris, das Modehaus Horn und das Kaufhaus des Westens. Danach entstanden die ersten Neubauten: 1951 ein Flachbau von Paul Schwebes mit dem Café Kranzler und 1952 als erstes neuerbautes Hotel in Berlin das Kempinski.

Die Neubauten der 50er Jahre sind fast durchweg durch einen klaren, sachlichen Stil gekennzeichnet. Sie fügen sich zurückhaltend in den städtebaulichen Zusammenhang ihrer Umgebung ein: 1953 der neue Gloriapalast am Kurfürstendamm 12, 1954 das ECO-Haus Nr. 64/65, 1955 das Allianz-Hochhaus am Joachimstaler Platz, 1956 das Geschäftshaus der Hamburg-Mannheimer Versicherung am Kurfürstendamm 32 und das MGM-Kino Nr. 197/198, 1957 der Zoo-Palast und 158 das Victoria-Areal mit dem neuen Café Kranzler.

1959 schließlich wurden das Schimmelpfenghaus an der Kantstraße 1 und das Zentrum am Zoo mit dem „Bikini-Haus" vom Hardenbergplatz bis zur Budapester Straße fertig. Vor allem die beiden letzteren sprengen die baulichen Maßstäbe ihrer Umgebung und wirken im Verhältnis zur Gedächtniskirche überdimensioniert. Der Riegel des Schimmelpfenghauses über der Kantstraße versperrt die Sicht auf den Turm. Inzwischen besteht Einigkeit darüber, dass es abgerissen werden soll.

In den 60er und 70er Jahren wurde dieses rücksichtslose Bauen am Kurfürstendamm noch verstärkt: Wertheim, Ku'Damm Eck, Ku'Damm Karree, Ku'Damm Center ... Horst Krüger schrieb darüber: „Die wirkliche Zerstörung des Boulevards verursachte nicht der Krieg, sondern der Wiederaufbau ... Man baute zu hastig, zu billig und ganz ohne geschichtlichen Sinn für das Besondere des Orts."

Mit der Teilung Europas und der zunehmenden Verschärfung des Kalten

Krieges zwischen Ost und West wurde der Kurfürstendamm mehr und mehr zum politischen Symbol. Der Osten diffamierte ihn als „Schandfleck im Herzen Berlins", der von „Schiebern, Nichtstuern, Dirnen und Spekulanten" bevölkert sei, so die „Berliner Zeitung" in einem Artikel vom September 1954. Die Überschrift „Sehnsucht nach diesem Kurfürstendamm?" ist allerdings wohl ein unfreiwilliger Hinweis, dass es sich bei diesen Schmähungen eher um einen Versuch handelte, die eigene Bevölkerung von dieser Sehnsucht abzubringen. Für den Westen war der Kurfürstendamm ein leuchtendes Schaufenster, eine Demonstration der Überlegenheit, des Wohlstands und wirtschaftlichen Erfolges der Insel West-Berlin mitten im Ostblock.

Sein realer Zustand zeigte auch am Ende der 50er Jahre noch viele Spuren der Zerstörung. Auch der jährliche kurze Rausch der Internationalen Filmfestspiele konnte nicht darüber hinwegtäuschen, dass die Zeit des exquisiten Weltstadtboulevards der 20er Jahre unwiderruflich vorüber war. Um so mehr lebte er von seinem Mythos. Sein Image wurde von den einen kräftig poliert und von den anderen heftig angegriffen.

Die kurze wirtschaftliche Blütezeit der Mode- und Konfektionsindustrie auf dem Kurfürstendamm ging mit dem Mauerbau abrupt zu Ende. Die Modehäuser verlagerten die Produktion von Modellkleidung entweder nach West-Deutschland, oder ins Ausland, oder sie stellten sie ganz ein. Übrig blieben Boutiquen und Kaufhäuser.

Offizielle Paraden oder Demonstrationen hatte es bis 1961 auf dem Kurfürstendamm kaum gegeben. Dafür gab es das Brandenburger Tor, die Prachtstraße Unter den Linden oder den Platz der Republik vor dem Reichstag. Das änderte sich schlagartig mit dem Bau der Mauer. Als Zentrum West-Berlins wurde der Boulevard zur Bühne. Wer Aufsehen erregen wollte, der ging in West-Berlin auf den Kurfürstendamm.

Den Anfang machten die US-Streitkräfte, als sie bereits eine Woche nach dem Mauerbau, am 20. August 1961 mit einer Militärparade über den Kurfürstendamm ihre Berlinpräsenz demonstrierten. Das Gleiche tat John F. Kennedy, als er am 26.6.1963 in einem Triumphzug über den Kurfürstendamm fuhr, wo ihm Tausende Berlinerinnen und Berliner zujubelten. Nach ihm kamen Queen Elisabeth II., Richard Nixon, Astronauten

Präsident John F. Kennedy in Berlin im Juni 1963

300 Jahre Charlottenburg, 100 Jahre Einstein und fast 40 Jahre Fagel

Alter ist relativ, aber das Besondere zeichnet sich gerade durch Beständigkeit aus, wie die Treue zum Kurfürstendamm.
Der eiserne Verfechter des Standorts, Firmengründer Jürgen Fagel, kann mit Fug und Recht als ein Pionier der Branche bezeichnet werden.
Mit Jahresbeginn hat jetzt Michael Fagel in zweiter Generation die Geschäftsführung übernommen.

Zuverlässigkeit und individueller Service sind integraler Bestandteil unseres Unternehmens. Gehandelt wird treu nach der Devise, agieren statt reagieren.
Durch das Vertrauen zufriedener Kunden ist die J. Fagel GmbH zu einem der führenden Fachgeschäfte für Schlüssel, Schlösser, Türbeschläge, Briefkästen und Tresore in Berlin geworden.
Unsere qualifizierten und motivierten Mitarbeiter realisieren Ihre Sicherungsprojekte kurzfristig und individuell mit hochwertigen Produkten und neuesten Technologien.

Sicherheit für Wohnung, Haus und Unternehmen mit der Fagel – Philosophie: Fagel sichert richtig!

J. Fagel GmbH
Kurfürstendamm 105 · 10711 Berlin
Fon 896 80 10 · Fax 893 33 10
info@fagel.de · www.fagel.de

Fröhlich schwitzen, schwimmen, sonnen

Margarete Rüffer, Jahrgang 1945, gehört zu der Generation von Frauen, deren Väter noch die Überzeugung hatten, dass Mädchen keine Berufsausbildung bräuchten, da sie ja sowieso einmal heiraten würden.

Im Januar 1970 eröffnete ihr Bruder, Hajo W. Rüffer, den ersten Fachbetrieb für Schwimmbad-und Saunabau in der Martin-Luther-Straße in Schöneberg, dem Margarete Rüffer im Februar 1970 als gleichberechtigte Partnerin beitrat.

Gemeinsam bauten sie das Unternehmen auf, und 1977 zog der Betrieb in die Elgersburger Straße 6 in Schmargendorf um. Seit dem plötzlichen Tod von Hajo W. Rüffer im Februar 1992 leitet Margarete Rüffer das Unternehmen allein in der altbewährten Form weiter.

Fachliche Kompetenz in Technik, Planung und Ausführung zu allen Fragen von Schwimmbad- und Saunabau, Whirlpools

und Solarien, Pflege und Wartung – Margarete Rüffer bleibt im Beratungsgespräch keine Antwort schuldig.

Im Jahr 2005 feiert der Betrieb sein 35-jähriges Bestehen – getreu nach dem Motto: Fröhlich schwitzen, schwimmen, sonnen.

Elgersburger Straße 6
14193 Berlin-Schmargendorf
Telefon (030) 8 26 10 86
Telefax (030) 8 26 34 29
www.rueffer-pool.de

Straßenmusikanten auf dem Breitscheidplatz

Armstrong, Collins und Aldrin und viele andere.

1965 begannen die Demonstrationen gegen Bildungsnotstand, gegen den Vietnam-Krieg, gegen die Notstandsgesetzgebung, gegen die Ermordung Martin Luther Kings aber auch gegen die Besetzung der Tschechoslowakei durch die Truppen des Warschauer Paktes. Nachdem Rudi Dutschke am 11.4.1968 unweit des SDS-Büros am Kurfürstendamm 140 von einem Rechtsradikalen angeschossen und schwer verletzt wurde, kam es zu schweren Auseinandersetzungen mit der Polizei.

Demonstriert wurde in der Folge auf dem Kurfürstendamm gegen die komplizierte Steuergesetzgebung, gegen die Umweltverschmutzung, gegen den Abriss von Baudenkmalen, gegen die Räumung von besetzten Häusern und gegen den Besuch des amerikanischen Präsidenten Reagan in Berlin. Dabei war der Kurfürstendamm als Demonstrationsort natürlich umstritten. Von Albertz bis Kewenig versuchten die Innensenatoren immer wieder, den Kurfürstendamm von Demonstrationen frei zu halten, aber am Ende setzten sich die Demonstranten durch.

Wie schon immer, so war der Kurfürstendamm auch während der Mauerzeit umstritten. Seit dem Ende der 70er Jahre nahm die Kritik zu und konstatierte Niveauverlust und Verfall. Der „Spiegel" sah am 23.2.1981 nur noch „Boulettenburgen am Boulevard". Peep-Shows und Spielsalons wurden als unangemessen empfunden, und man versuchte, dem „Turnschuh-Tourismus am Boulevard" etwas entgegen zu setzen. 1981 wurde eine City-Kommission gegründet, die IHK machte Änderungsvorschläge, im Abgeordnetenhaus wurden Maßnahmen zur Erhaltung des Kurfürstendamms als Boulevard diskutiert. 1984 berief die City-Kommission eine Arbeitsgruppe „Gestaltung des öffentlichen Raumes", die ein „Lineares Regelwerk Kurfürstendamm" ausarbeitete.

Ergebnis dieser Bemühungen war die Aufstellung der historischen Hardenberg-Leuchten am Kurfürstendamm, die „Kunstmeile Kurfürstendamm" und der Weihnachtsmarkt zwischen Gedächtniskirche und KaDeWe seit 1984. Es wurde wieder mächtig investiert in das Aushängeschild West-Berlins. Alte Qualitäten wurden wieder entdeckt, Stuckfassaden liebevoll restauriert, aber auch neue moderne Glanzpunkte wurden geschaffen, etwa 1984 mit dem Weltkugelbrunnen von Joachim Schmettau auf dem neu gestalteten Breitscheidplatz zwischen Gedächtniskirche und Europa-Center. Bereits 1981 war die neue Schaubühne am Lehniner Platz eröffnet worden: Den futuristischen Mendelsohn-Bau aus den 20er Jahren hatte man dafür abgerissen und mit komplett neuer Innenraumgestaltung äußerlich originalgetreu wieder aufgebaut.

Die Geschäftsleute inszenierten am Kurfürstendamm „die längste Galerie der Welt", und Kultursenator Volker Hassemer gab anlässlich der 750-Jahr-Feier Berlins das Projekt „Skulpturenboulevard" in Auftrag: Acht Künstler und Künstler-Paare sollten für eine begrenzte Zeit auf dem Boulevard die aktuelle Berliner Kunst der breiten Öffentlichkeit vorstellen, der Kurfürstendamm sollte einmal Bühne für die Kunst sein. Hier, an ihrem prominentesten Ort wollte sich die „Kulturmetropole" präsentieren und damit über den Verlust der politischen Hauptstadtfunktion hinwegtrösten.

„Berlin", die ineinander verschlungenen aber getrennten Röhrenarme von Brigitte und Martin Matschinsky-Denninghoff auf dem Mittelstreifen des Tauentzien wurden sofort zum beliebten Fotomotiv – mit der Gedächtniskirche im Hintergrund. Die Symbolik in der geteilten Stadt war unübersehbar. Am anderen Ende des Boulevards auf dem Rathenau-Platz wurden die „2 Beton-Cadillacs in Form der nackten Maja" von Wolf Vostell zum jahrelangen Streitobjekt. Kein Kunstereignis hat wohl im Berlin der Nachkriegszeit solche heftige Diskussionen ausgelöst. Eine Bürgerinitiative stellte dem provozierenden Werk sogar zeitweise einen Beton-Trabi gegenüber.

Weniger spektakulär war die „Pyramide" von Josef Erben an der Ecke Bleibtreustraße. Aber die drei Skulpturen konnten sich bis heute behaupten, während die anderen entsprechend ihrer ursprünglichen Bestimmung nur temporär auf dem Kurfürstendamm aufgestellt blieben.

Auch wenn vom Qualitätsverfall des Kurfürstendammes die Rede war, blieb er ein Symbol der Sehnsucht. Sein Mythos war weder durch Bausünden noch Restaurantketten zu besiegen. 1985 kam der Film „Einmal Ku'Damm und zurück" mit Ursula Monn in die Kinos. Er war bereits 1983 gedreht worden und präsentierte den Kurfürstendamm als Ziel aller ostdeutschen Wünsche.

Am 9. November 1989 war es dann so weit. Mit einer gigantischen Trabi-Parade auf dem Kurfürstendamm feierten Ost und West gemeinsam die Öffnung der Mauer, das Ende der Teilung. Die Episode der eingemauerten Stadt war nach 28 Jahren endlich vorüber. Mit einem großen Spektakel fiel der Vorhang für den Kurfürstendamm als Bühne, und der Vorhang öffnete sich für ein neues Kapitel in der Geschichte des Boulevards.

2 Beton-Cadillacs in Form der nackten Maja von Wolf Vostell

Diekmann – ein kulinarisches Konzept

Die Ladeneinrichtung entdeckte Josef Diekmann anno 1981 in Moabit. Sie stammt aus einem Kolonialwarenladen aus dem Jahre 1870 – Neorenaissance.

Diese wunderbare zeitlose Ladeneinrichtung mit ihren vielen Regalen und Schubfächern brachte Josef Diekmann überhaupt erst auf die Idee, 1982 ein Lebensmittelgeschäft mit Imbiss zu eröffnen.

Damals bot er in der Meinekestraße 7, neben Kolonialwaren, Eintopf, belegte Brötchen und viel Vegetarisches – alles aus eigener Herstellung – an. Schnell wurde der kleine Laden zum Anlaufpunkt für die Angestellten aus der Nachbarschaft, die hier ihre Mittagspause verbrachten.

Wie zu Großmutters Zeiten verkaufte er auch seine „Kolonialwaren" in kleinsten Mengen, und die Lutscher kosteten fünf Pfennige. Die Bewirtung lief bald besser als der Verkauf. Auf seinen Reisen durch Frankreich begeisterte sich Josef Diekmann mehr und mehr für die französische Küche und ihre Zutaten und setzt diese Erkenntnisse heute noch in seinem Restaurant um.

In der alten Ladeneinrichtung lagern die besonderen Jahrgänge aus der umfangreichen Weinkarte. Nicht nur Stammgäste, sondern auch Besucher aus dem In- und Ausland schätzen das verträumte Restaurant mit seinem unverwechselbaren französischen Charme und erstklassigen Service.

RESTAURATION & KOLONIALWAREN

Meinekestraße 7
10719 Berlin-Charlottenburg
Telefon (030) 883 33 21
Fax (030) 88 55 31 59
Mo-Sa ab 12 Uhr · So ab 18 Uhr

Nachdem die große Freude über den Fall der Mauer den Alltagsproblemen der Wiedervereinigung gewichen war und nachdem der Kurfürstendamm auch für die ostdeutsche Bevölkerung problemlos erreichbar wurde und sein Mythos verblasste, geriet das ganze ehemalige West-Berlin zunächst ins Hintertreffen.

Der Kurfürstendamm und die gesamte City West waren nicht mehr angesagt.

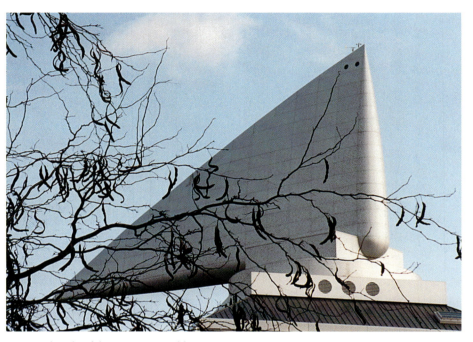

Das Windsegel auf dem Kap-Hag-Hochhaus

Sie standen für die alten West-Berliner Zöpfe, die es jetzt möglichst schnell abzuschneiden galt. Wenn in den 20er Jahren das alte Berliner Zentrum etwas verstaubt und antiquiert wirkte, während in der neu entstandenen City um den Kurfürstendamm das moderne, internationale Berlin zu besichtigen war, so war es jetzt umgekehrt: Die alte Mitte entwickelte eine faszinierende Dynamik. Hier gab es täglich Neues zu entdecken. Dagegen konnte man am Kurfürstendamm nur den Niedergang der altehrwürdigen West-Berliner Institutionen besichtigen – mit großem Symbolwert das Café Kranzler, vormals Ziel jedes Besuchs in der Mauerstadt, jetzt im Jahr 2000 als Verlegenheitscafébar in die Dachgeschossrotunde eines Bekleidungsgeschäftes verbannt.

Zur Erfolgsgeschichte wurde dagegen die Lange Nacht des Shoppings, die seit einigen Jahren jeweils zur Sommerzeitumstellung im Frühjahr und Herbst rund um den Breitscheidplatz veranstaltet wird – mit dem Ziel, die Abschaffung der Ladenöffnungszeitbegrenzungen zu erreichen.

1992-1994 baute der Chicagoer Stararchitekt Helmut Jahn am Adenauerplatz das schmalste Bürogebäude Berlins auf einem nur 2,5 m breiten Grundstück. Das 1992-1995 auf dem Kant-Dreieck von Josef Paul Kleihues gebaute 11stöckige Kap-Hag-Hochhaus mit einem großen, beweglichen Windsegel wurde 1994 mit dem Preis des Bundes deutscher Architekten ausgezeichnet.

Mit dem neuen 1998-2001 von Gerkan, Mark und Partner gebauten Ku'damm-eck wurde in erstaunlich kurzer Abriss- und Bauzeit eine der schlimmsten Bausünden der 70er Jahre korrigiert. Auch das ehemalige C&A-Haus an der Augsburger Straße musste einem Neubau weichen.

Völlig neu gestaltet wurde das sogenannte Victoria-Areal 1998-2000 von Helmut Jahn als Neues Kranzler-Eck mit einer attraktiven Passage zur Kantstraße, wo der Boulevard mit dem Theater des Westens, dem Delphi-Kino, der angesagten Paris Bar, dem 1998/99 gebauten Stilwerk und dem Savignyplatz seine Fortsetzung findet.

Ebenfalls 1998-2000 bauten Hans Kollhoff und Helga Timmermann am neu entstandenen Walter-Benjamin-Platz zwischen Leibniz- und Wielandstraße die Leibniz Kolonnaden.

Der Joachimstaler Platz wurde umgestaltet und 2003 vom Bauherrn der umliegenden Neubauten mit dem Pendelobelisken von Karl Schlamminger versehen. Auch der Breitscheidplatz wird umgestaltet. Der Autotunnel soll entfernt werden, damit der Platz den Anschluss an die Budapester Straße findet. Gegenüber dem Europacenter sind weitere Hochhäuser im Gespräch.

Im Haus Cumberland könnte eine Tradition des Scheiterns durchbrochen werden. Die Gelegenheit ist günstig. Das Riesenhaus steht leer, die Oberfinanzdirektion ist ausgezogen, und derzeit wird das Gebäude vor allem für Filmaufnahmen genutzt. Senat und Bezirk sind sich – ausnahmsweise – einig, dass hier kein zusätzliches Einkaufscenter entstehen soll.

Diese – keineswegs vollzähligen – Beispiele zeigen, dass der Kurfürstendamm sich seit der Wende in einem durchgreifenden Erneuerungsprozess befindet. Nimmt man die nördlich der Straße des 17. Juni zwischen Landwehrkanal und Spree neu entstehende Spreestadt hinzu, so zeigt sich, dass die City-West kaum weniger Dynamik entfaltet als die Berliner Mitte östlich des Brandenburger Tores.

Die Passantenzahlen zwischen Wittenbergplatz und Fasanenstraße übertreffen alle anderen Plätze und Straßen in Berlin. Das Kaufhaus des Westens bricht als größtes Kaufhaus Europas regelmäßig alle Rekorde und gehört zum Pflichtprogramm jedes Berlinbesuchers. Und in seinem mittleren Bereich zwischen Uhlandstraße und Olivaer Platz mausert sich der Kurfürstendamm mit interna-

CityQuartier Neues Kranzler Eck in Berlin

Bevorzugte Investitionsstandorte der DIFA Deutsche Immobilien Fonds AG, Hamburg, sind City-Lagen in nationalen Ballungsregionen und internationalen Metropolen. Berlin gehört für DIFA zu den bevorzugten Investitionsschwerpunkten. Das Spezialkreditinstitut für Offene Immobilienfonds im Finanzverband der Volksbanken-Raiffeisenbanken und Unternehmen in der Union Investment Gruppe ist mit 19 Objekten im Wert von 1,8 Milliarden Euro im Raum Berlin präsent und gehört damit zu den großen Investoren der deutschen Hauptstadt.

Herausragend hierbei ist das CityQuartier Neues Kranzler Eck am Kurfürstendamm, in der City-West in Charlottenburg-Wilmersdorf. Dieses Immobilienensemble markiert ein neues Verständnis einer urbanen Bebauung, das zur Revitalisierung innerstädtischer Bereiche beiträgt.

Der markante Bau, ein außergewöhnliches Projekt des bekannten deutsch-amerikanischen Architekten Helmut Jahn, ist ein Meilenstein der neuen Zeit in der pulsierenden Metropole. Die großflächigen Glasfassaden verleihen den Gebäuden einen besonderen ästhetischen Glanz, spiegeln Leichtigkeit und Transparenz wider. Nachts wird die 54 Meter hohe Spitze zum Blickfang, da sie durch die Lichtinstallation von Yann Kersalé eindrucksvoll illuminiert wird und direkt auf den Kurfürstendamm zuläuft.

Leben, Arbeiten, Einkaufen und Genießen – das Stadtzentrum als Marktplatz erlebt eine Renaissance. „Mehr bewegen. Mehr erleben." – auf diese kurze Programmformel bringt DIFA die Philosophie ihrer CityQuartiere.

Das CityQuartier Neues Kranzler Eck bedient den vielfältigen Bedarf und die Wünsche der Menschen, die sich in einer Metropole zu Hause fühlen wollen. Seine innovative Funktionalität ist auf die persönlichen Bedürfnisse der Beschäftigten und der Besucher ausgerichtet und lässt Mietern, die es ins Zentrum einer Großstadt zieht, ein Höchstmaß an Freiraum für Individualität.

So bietet das DIFA-CityQuartier Neues Kranzler Eck den Unternehmen und vor allem ihren Beschäftigten in dem Gebäudeensemble mit Büroflächen alle Voraussetzungen für eine hochmoderne Arbeitswelt: Das DIFA-CityQuartier Management leistet einen ebenso effektiven wie zurückhaltenden Rund-um-Service. Das innovative System „DIFA-VisuWall" schafft höchste Flexibilität bei der Raumgestaltung.

Das Lindner-Hotel am Ku'damm ergänzt das Angebot des CityQuartiers. Geschäftsreisende profitieren von den technischen Kommunikationseinrichtungen, und Büromieter können hier Tagungen und Konferenzen abhalten, ohne weite Wege zurücklegen zu müssen. Für Touristen ist das Hotel ein idealer Ausgangspunkt für eine Entdeckungsreise durch die Stadt.

Natürlich ist das CityQuartier Neues Kranzler Eck auch ein Einkaufsparadies. Die zahlreichen Geschäfte präsentieren sich auf insgesamt 22.000 Quadratmetern mit Angeboten, die jedem Bedarf gerecht werden. Die Cafés und Restaurants bieten für jeden Geschmack etwas.

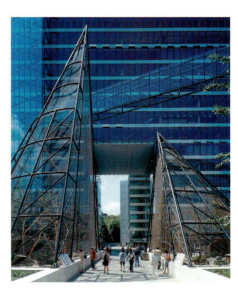

Einen ungewöhnlichen Blickfang im Innenhof des CityQuartiers und eine Einladung zum Verweilen bieten zudem zwei Großvolièren mit einer Höhe von 22 und 12 Metern, in denen ganzjährig verschiedene Vogelarten gehalten und fachmännisch betreut werden.

DIFA Deutsche Immobilien Fonds AG
CityQuartier Management Berlin
Kurfürstendamm 23 · 10719 Berlin
Telefon (030) 88 77 11 00
Telefax (030) 88 77 11 10
www.difa.de, www.neueskranzlereck.de

Der Kurfürstendamm 2004 im Weihnachtsglanz

tionalen Nobelmarken zum Edelboulevard: Bulgari, Cartier, Versace, Hermès, Porsche Design, Yves Saint Laurent, Aigner, Luis Vuitton, Tod's – kaum sonst irgendwo sind sie so dicht beieinander zu finden.

Das Stilwerk zeigt als Einkaufszentrum mit gehobenem Anspruch auch kulturelle Ambitionen mit dem Jazzclub Soultrane und der Galerie Quicksilver. Mit den Jazzclubs Quasimodo und A-Trane ist hier ein geradezu magisches Dreieck für Liebhaber des modernen Jazz entstanden.

Die 1992 in einem Spiegelzelt auf einem Parkdeck neben dem Haus der Berliner Festspiele eröffnete Bar jeder Vernunft hat sich als erste Adresse für gehobenes Varieté, Kabarett, Chanson und originelle Kleinkunst etabliert. Das Theater am Kurfürstendamm und die Komödie halten die Tradition des Boulevardtheaters am Kurfürstendamm aufrecht, und die Schaubühne am Lehniner Platz präsentiert junges Regie- und Tanztheater.

Trotz aller Szenelokale in Prenzlauer Berg und anderswo ist die Paris Bar an der Kantstraße wohl noch immer der bekannteste Promitreff in Berlin. Gastronomisch äußerst attraktiv sind nach wie vor der Savignyplatz, der Ludwigkirchplatz und die Schlüterstraße.

Das einzige konstante Merkmal des Boulevards ist und bleibt der permanente Wandel. Die City-West ist nach wie vor der wichtigste Einkaufsmagnet Berlins, aber als reine Shoppingstraße wird der Kurfürstendamm seine Anziehungskraft verlieren. Ein Boulevard zeichnet sich durch die Mischung aus: Unverwechselbare Gastronomie und Kultur gehören unbedingt dazu.

Physikalisch-Technische Bundesanstalt PTB (1887)
VON JOACHIM SEIDEL

Die Physikalisch-Technische Reichsanstalt (PTR) wurde 1887 in Charlottenburg gegründet. Die ersten Gebäude an der Abbestraße 2-12 wurden 1885 bis 1895 nach Plänen von Paul Emmanuel Spieker von Theodor Astfalck errichtet. Ihre Nachfolgerin, die heutige Physikalisch-Technische Bundesanstalt Braunschweig und Berlin, technische Oberbehörde des Bundesministeriums für Wirtschaft und Arbeit, ist das nationale deutsche Institut für Messtechnik und Metrologie, die Wissenschaft vom Messen. Die PTB ist eines der weltweit führenden nationalen Metrologie-Institute. Sie misst alle physikalischen Größen mit höchster Genauigkeit und Zuverlässigkeit und stellt diese Kernkompetenz in erster Linie der Gesellschaft, Wirtschaft und Wissenschaft in Deutschland, aber auch in Europa und weltweit zur Verfügung.

1953 wurden die PTR Berlin-Charlottenburg und die PTB Braunschweig, die beide aus der früheren Physikalisch-Technischen Reichsanstalt hervorgegangen waren, vereinigt und erstere als „Institut Berlin" von der Bundesrepublik übernommen. Parallel zu dieser Entwicklung war im Ostteil Berlins das Amt für Standardisierung, Messwesen und Warenprüfung der DDR entstanden, dessen Bereich Messwesen 1990 in die PTB eingegliedert wurde. Von den rund 1500 Mitarbeitern der PTB ist heute etwa ein Viertel im Institut Berlin tätig.

Das Institut Berlin der PTB liegt nördlich unweit des Ernst-Reuter-Platzes und nimmt beiderseits der Abbestraße das Geviert zwischen Fraunhofer-, March-, Guericke- und Kohlrauschstraße ein. Auf der östlichen Hälfte des Geländes war die PTR gegründet worden, vor allem auf Initiative und nach Ideen von Werner Siemens, der dem Deutschen Reich das Grundstück stiftete, und Hermann von Helmholtz, der dann erster Präsident der PTR wurde. In den folgenden Jahren wurden die Gebäude der PTR errichtet, die heute ein eindruckvolles denkmalgeschütztes Ensemble hauptstädtischer Architektur in zentraler Lage bilden und noch immer einen großen Teil des Instituts Berlin beherbergen. Dazu zählen insbesondere der 1897 fertig gestellte und vor einigen Jahren im Innern modernisierte und äußerlich restaurierte Werner-von-Siemens-Bau auf der Ostseite der Abbestraße und das dahinter zur Marchstraße hin gelegene Observatorium, das die PTR 1891 als erstes Gebäude beziehen konnte.

Westlich der Abbestraße nutzt das Institut Berlin darüber hinaus mit dem Wilhelm-Foerster-Bau das Gebäude der ehemaligen „Kaiserlichen Normal-Aichungskommission" sowie seit 2000 mit dem Hermann-von-Helmholtz-Bau das langwierig und aufwendig wieder hergerichtete ehemalige Deutsche Arbeitsschutzmuseum, das im Krieg schwer beschädigt worden war. Auf diesem Geländeteil, wo sich bis 1999 das Berliner Landesamt für das Mess- und Eichwesen befand, werden derzeit noch verschiedene Gebäude für die Nutzung durch das Institut Berlin hergerichtet. Ein neues Werkstattgebäude an der Guerickestraße wurde 2003 eingeweiht.

Schon die PTR sollte nach Siemens' Vorstellungen physikalische Forschung betreiben, um damit „die Industrie durch Lösung der wissenschaftlich-technischen Probleme und Fragen, die ihre Entwicklung wesentlich bedingen, zu unterstützen". Wie weitsichtig und nachhaltig diese Zielsetzung war, zeigt sich daran, dass sie auch heute – bei ständig fortschreitender Globalisierung

Werner-von-Siemens-Bau

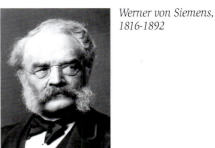

Werner von Siemens, 1816-1892

Herrmann von Helmholtz, 1821-1884
1. Präsident der PTR

von Fertigung und Handel – noch immer für die PTB Bestand hat: Im Rahmen dieser Ziele ist das Institut Berlin der PTB heute für die Bereiche der Temperatur- und Wärmeenergiemessung, der Strahlungsmessung (Radiometrie), der Medizinphysik und der metrologischen Informationstechnologie zuständig. Für die Radiometrie im kurzweiligen Spektralbereich betreibt das Institut seit über zwanzig Jahren das PTB-Radiometrielaboratorium am Berliner Elektronenspeicherring BESSY (seit 1998 BESSY II in Berlin-Adlershof).

Die HDI Versicherungen – Sicherheit als Auftrag

„We believe we are in good hands" – so lautet das Fazit aus einem Brief an die HDI, in dem sich ein Kunde dafür bedankt, wofür bei Versicherungsunternehmen eigentlich kein Dank nötig sein sollte: vernünftiger Versicherungsschutz und guter Service.
Vor mehr als einem Jahrhundert, am 8. Dezember 1903 wurde das Stammunternehmen der heutigen HDI Versicherungen in Frankfurt gegründet.
176 Unternehmen schlossen sich zusammen und gründeten den „Haftpflichtverband der deutschen Eisen- und Stahlindustrie" als Versicherungsverein auf Gegenseitigkeit.
Die Wurzeln der Niederlassung Berlin reichen zurück bis in die 30er Jahre des letzten Jahrhunderts. Und seit 1966 steht das HDI-Gebäude an einer der schönsten Straßen der deutschen Hauptstadt, dem Kurfürstendamm. Heute arbeiten dort 130 Mitarbeiterinnen und Mitarbeiter, die für die Betreuung von 250.000 Kunden zuständig sind.
Was die Gründer gewiss nicht ahnen konnten: Aus dem Versicherungsverein, der zunächst Walzwerke, Werften und Schlossereien gegen Haftpflichtansprüche versicherte, entstand im Laufe der Jahrzehnte ein weltweit tätiger (HDI-)Konzern, der sich im Jahr 2003 den Namen Talanx gab. Die Möglichkeit der sauberen Trennung von Konzernsteuerung und operativem Versicherungsgeschäft legte diesen Schritt nahe. Schließlich war aus bescheidenen Anfängen mittlerweile der drittgrößte deutsche Versicherungskonzern entstanden.
Trotzdem: Der Gedanke der gegenseitigen Hilfe ist auch heute noch wirksam in der täglichen Arbeit und in der strategischen Ausrichtung der HDI Versicherungen. So existiert mit der HDI Industrie Versicherung AG der einzige Versicherer in Deutschland speziell für die Absicherung industrieller und gewerblicher Risiken. Neben günstigem und risikogerechtem Versicherungsschutz misst man dort auch der Schadenverhütung besondere Bedeutung bei. Erfahrene Techniker und Ingenieure bewerten die Risiken und beraten in Sachen Risikominderung und Risk Management.
Mit der Niederlassung Berlin bleiben die HDI Versicherungen dem Stadtteil Charlottenburg auch in Zukunft treu. Unter einem Dach befinden sich hier der Kundendienst für private Kunden und das Kompetenz-Center für Unternehmen und Selbstständige für den Großraum Berlin-Brandenburg. Hier sind Ansprechpartner für privaten, industriellen und gewerblichen Versicherungsschutz auf kurzem Wege erreichbar. Besonders im Schadenfall sichern so kurze Wege die zügige Bearbeitung und schnelle Leistung.

INDUSTRIE VERSICHERUNG

HDI Industrie Versicherung AG
Kurfürstendamm 93 · 10709 Berlin
Telefon (030) 3204 287 · Telefax (030) 3204 258
Internet: www.hdi.de

Wilhelminismus: Reichste Stadt Preußens

Charlottenburg verdreifachte seine Einwohnerzahl noch einmal von 100.000 im Jahr 1893 auf 306.000 im Jahr 1910. Aus heutiger Sicht vorbildlich ist das Zusammenwirken von Magistrat und privaten Institutionen in der Sozial-, Bildungs- und Kulturpolitik. Gegenüber dem von kaiserlichen Interessen dominierten Berlin stellte sich Charlottenburg als moderne Großstadt dar, und Oberbürgermeister Schustehrus setzte ganz bewusst antimonarchistische Akzente.

Charlottenburg galt zwar als eine gut bürgerliche reiche Stadt im Westen Berlins, aber es gab große soziale Gegensätze, und in den dicht bebauten Stadtteilen war der Anteil gering verdienender Arbeiterhaushalte hoch, die mit wenig Wohnraum auskommen mussten. Viele mussten den knappen Wohnraum noch an Schlafleute weiter vermieten, das heißt an Menschen, die sich nur nachts eine Schlafgelegenheit leisten konnten. Im Jahr 1900 gab es 5.264 Schlafleute in Charlottenburg. Die hygienischen Zustände in den beengten Wohnungen waren oft katastrophal, Sexualvergehen an Kindern und Jugendlichen waren keine Seltenheit. Auch die Straßenkriminalität nahm zu.

Die Stadt Charlottenburg reagierte mit vielen Maßnahmen auf die sozialen Probleme und machte damit zum Teil Sozialgeschichte. 1898 richtete Charlottenburg als erste Stadt im Deutschen Kaiserreich eine städtische Volksbibliothek ein und entschloss sich damit, „die Verpflichtung anzuerkennen, in ausreichendem Maßstabe für die Bildungsbedürfnisse aller Schichten der Bevölkerung zu sorgen."

Ein besonderes Projekt war die 1904 eröffnete „Waldschule" im Grunewald. Mitten im Kiefernwald sollte sie als Erholungs- und Bildungsstätte dienen „für blutarme, nervöse, skrofulöse, herz- und lungenkranke Volksschulkinder, für die der 4- bis 5stündige Unterricht in normal besetzten Volksschulklassen zu anstrengend ist, die aber nicht in dem Grade leidend sind, daß sie gänzlich vom Unterricht befreit werden müßten."

1898 wurde in der Krummen Straße eine Volksbadeanstalt eröffnet, damals weniger eine Freizeiteinrichtung als ein soziales Hygieneangebot.

1900 wurde am nördlichen Spreeufer das erste Elektrizitätswerk Charlottenburgs gebaut. Strom wurde zwar zunehmend auch privat nachgefragt, aber zunächst ging es um öffentliche Einrichtungen wie die Straßenbeleuchtung, die nicht zuletzt von der Polizei dringlich zur Verbrechensverhütung gefordert wurde.

Mit dem 1901 in der Sopie-Charlotten-Straße eröffneten „Bürgerhaus" wurde ein Alten- und Pflegeheim für „nicht mehr besserungsfähige Kranke" geschaffen, das sich ausdrücklich an alle sozialen Schichten richtete. Das Gleiche galt für das 1904 eröffnete städtische Krankenhaus Westend. Die in Pavillonbauweise mit einem großzügigen Park angelegten Klinikgebäude galten in der damaligen Zeit als vorbildliches Muster einer Krankenanstalt. Die zahlreichen Privatkliniken offerierten ihre medizinischen Angebote zwar den finanziell Bessergestellten, aber sie konnten bei der medizinischen Allgemeinversorgung immer weniger mit den städtischen Häusern konkurrieren, so dass auch in diesem Bereich die sozialen Schranken mehr und mehr zugunsten einer allgemein gleichen Krankenversorgung abgebaut wurden.

Bereits 1894 gründete Anna von Gierke mit einer Gruppe einflussreicher, wohlhabender Charlottenburger Männer und Frauen den „Verein Jugendheim". Er baute auf dem schon 1883 von Hedwig Heyl eingerichteten Jugendheim für die Kinder der Arbeiter der Heylschen Farbenfabriken auf und entwickelte ein Netz von Horten und Tagesheimen in Charlottenburg, das vorbildlich wurde für die „Jugendheimbewegung" im ganzen Deutschen Kaiserreich.

Dem Problem der Vermietung von Schlafstellen wollte die Stadtverwaltung mit dem 1908 in der Danckelmannstraße eröffneten „Ledigenheim" abhelfen. Oberbürgermeister Kurt Schustehrus beschrieb es als „ein „Hotel" für ledige Männer aus den minderbemittelten Volksschichten; für Arbeiter aller Art, Handwerker, kleine Kaufleute, Techniker und ähnliche mehr, die bisher als Schlafsteller ein Unterkommen suchten." Zu bewusst niedrigen Mieten wurden Einzelzimmer angeboten, was für die damalige Zeit eine große Errungenschaft war. In den ersten Jahren nach der Eröffnung waren die 340 Betten immer belegt. Das Ledigenheim wurde von einer Aktiengesellschaft, der Ledigenheim-Hotel-Gesellschaft, erfolgreich privat betrieben. Die Gewinnverteilung für die Aktionäre wurde stark begrenzt: Die Überschüsse sollten überwiegend dem Ledigenheim selbst und damit sozialen Zwecken zugeführt werden.

Auch das Schillertheater und das Deutsche Opernhaus wurden von privaten Aktiengesellschaften betrieben, und beide verfolgten gemeinnützige Ziele: nicht Volksbelustigung, sondern die Teilhabe der unteren Schichten an der Kultur sollten hier ermöglicht werden.

Charlottenburg bot auch der Künstlergruppe der Berliner „Secession" Ausstellungsmöglichkeiten – zunächst in einem Pavillon neben dem Theater des Westens, später am Kurfürstendamm. Kaiser Wilhelm II hatte ihre Werke ungnädig als „Rinnsteinkunst" zurückgewiesen. Oberbürgermeister

Wohnen fürs Leben

Als sich im Jahr 1907 in der damals noch selbstständigen Stadt Charlottenburg 16 Herren zusammenschlossen, um eine Wohnungsbaugenossenschaft zu gründen, galt es, drängende Wohnungsprobleme zu beseitigen, die insbesondere bei Familien mit geringem Einkommen zu einer ungeheuren Wohnungsnot geführt hatten.

Obwohl sich heute – nach fast 100 Jahren – ein eher entspannter Wohnungsmarkt entwickelt hat, erfreut sich das genossenschaftliche Wohnen noch immer größter Beliebtheit.

Günstige Nutzungsgebühren (Mieten), Dauernutzungs- und Mitbestimmungsrechte, Dienstleistungsorientierung und eine Re-Investition der erzielten Gewinne in den Wohnungsbestand zur Gewährleistung eines zeitgemäßen Standards geben den Mitgliedern Sicherheit.

Gleich zwei Besonderheiten hat das in der Otto-Suhr-Allee 16-18 gelegene Ottilie-von-Hansemann-Haus vorzuweisen. Das große Gebäude beherbergte das erste Studentinnen-Wohnheim Europas. Es wurde 1915/16 vom Verein „Viktoria-Lyzeum" gebaut, verfügte über 96 Einzelzimmer und allerhand Komfort: eine zentrale Warmwasserheizung, Fahrstühle, Bäder, eine Bibliothek, Arbeitsräume, einen Lesesaal, Projektionsvorrich-

tungen, eine Dunkelkammer und einen Turnsaal. Die Studentinnen, die hier gegen eine Miete von 40-80 Mark aufgenommen wurden, hatten 2-3 Mark zusätzlich zu zahlen, wenn sie den Luxus einer Bedienung wünschten.

Gebaut hat das Haus Emilie Winckelmann (1875-1951), Deutschlands erste selbständige Architektin. Sie benötigte noch eine Sondergenehmigung des Kultusministers, als sie in Hannover ihr Studium aufnahm. Häufig waren Frauen ihre Auftraggeber.

In Charlottenburg hat sie unter anderem auch noch das Haus für die Familie Karla Höckers in der Lindenallee 21 gebaut. Büro und Wohnung nahm sie selbst in der Fraunhoferstraße 25-27. Dort zog auch Ottilie von Hansemann, Gattin eines vermögenden Bankiers, ein.

Die Charlottenburger Baugenossenschaft eG mit einem Wohnungsbestand von rd. 6.500 Wohnungen in den Bezirksteilen Charlottenburg, Wilmersdorf, Siemensstadt, Spandau, Steglitz, Reinickendorf und Weißensee möchte ihren Mitgliedern ein lebenslanges Wohnen in der Genossenschaft ermöglichen und bietet neben einem gepflegten Wohnumfeld die Möglichkeit zur gemeinsamen Freizeitgestaltung in den „CharlotteTreffs", aber auch Unterstützung in sozialen Belangen durch ihre Sozialarbeiterinnen.

Dresselstraße 1 · 14057 Berlin
Telefon (030) 32 00 02-0
Telefax (030) 321 41 86
www.charlotte-bau.de

Zur 200-Jahr-Feier Charlottenburgs geschmücktes Denkmal am Wilhelmplatz (heute Richard-Wagner-Platz): König Friedrich I unterzeichnet die Urkunde über die Erhebung Charlottenburgs zur Stadt, in dem er zum Bildnis seiner Gemahlin, der Königin Sophie Charlotte empor blickt.

Schustehrus nahm als einziger offizieller Vertreter im Amtsornat an ihren Ausstellungseröffnungen teil.

Unterstützt wurden die Maler von Geldgebern wie Walther Rathenau, Richard Israel, Julius Stern und Carl Fürstenberg. Ohne das Mäzenatentum des liberalen, oft jüdischen Berliner Großbürgertums wäre die Entwicklung der modernen Kunst in Berlin undenkbar gewesen. Gegen den kaiserlichen Geschmack wurde die Secession zu einem weltweit bekannten Anziehungspunkt. Hier wurden die Werke von Käthe Kollwitz, Heinrich Zille, Lovis Corinth, Max Slevogt, Max Beckmann, Emil Nolde, Wassily Kandinsky, Paul Klee, Oskar Kokoschka, Claude Monet, Edouard Manet, Edvard Munch und – in der Sommerausstellung 1912 erstmals in Deutschland von Pablo Picasso gezeigt. Charlottenburg wurde im Kaiserreich auch zur modernen Kunstmetropole.

1905 feiert Charlottenburg seinen 200. Geburtstag mit einem umfangreichen Programm. Das größte Geburtstagsgeschenk war das neue Rathaus mit dem 88 m hohen Turm. Es brachte den Wohlstand und das Selbstbewusstsein der Charlottenburger Bürger deutlich zum Ausdruck. Kaiser Wilhelm II enthüllte eine Woche später auf dem Luisenplatz vor dem Knobelsdorff-Flügel des Schlosses ein Reiterstandbild des Stadtgründers König Friedrich I. Es wurde 1943 eingeschmolzen. Die Reste der Anlage wurden 1950 abgeräumt.

Zur 200-Jahr-Feier erschien ein vom Magistrat in Auftrag gegebenes zweibändiges Geschichtswerk von Wilhelm Gundlach. Die Festschrift ist bis heute das Standardwerk für die Geschichte der Stadt geblieben. Der sozialdemokratische Stadtverordnete Baake allerdings vermisste in der grandiosen Materialsammlung den ordnenden roten Faden und kritisierte: „Aber wer nach Jahrhunderten diese Geschichte liest, wird sehr wenig darin von dem großen Massenelend gesagt finden, das auch in Charlottenburg vorhanden ist, von der Wohnungsnot, von der Prostitution. Mit keinem Wort wird in diesem Buche hingewiesen auch die große Kulturarbeit der Arbeitervereine, auf die gewerkschaftlichen Organisationen mit ihren nicht hoch genug zu stellenden Leistungen."

Bei allem Charlottenburger Selbstbewusstsein war aber doch nicht zu übersehen, dass Charlottenburg sein rapides Wachstum und seinen Reichtum der Nähe zu Berlin verdankte, und Charlottenburg wuchs mit Berlin mehr und mehr zusammen. Erst nachdem schnelle und bequeme Verkehrsverbindungen zwischen Berlin und Charlottenburg geschaffen waren, konnte Charlottenburg zur Großstadt heranwachsen.

Um die Jahrhundertwende entstand auf Initiative Berlins und des Militärs ein Verkehrsprojekt, das von Charlottenburg zunächst eher skeptisch betrachtet wurde: das „Heerstraßenprojekt", eine geradlinige Prachtstraßenverbindung von Berlin durch den Tiergarten über Charlottenburg und das südliche Spandau bis zum Truppenübungsgelände bei Döberitz westlich von Spandau. Charlottenburg stimmte schließlich zu, nachdem es als Gegenleistung zu einem günstigen Preis Gelände südlich und südwestlich des Reichskanzlerplatzes (heute Theodor-Heuss-Platz) erwerben konnte. 1902 wurden die Häuser an der

Südseite der Bismarckstraße abgerissen, um die Straße zu verbreitern und über den Kaiserdamm zur Heerstraße zu verlängern. Zur Erschließung des Kaiserdamms und Neu-Westends an der Heerstraße wurde eine zweite U-Bahn-Linie geplant und gebaut, wobei der U-Bahnhof Bismarckstraße gleich als Umsteigebahnhof angelegt wurde für eine künftig zu bauende Nord-Süd-Linie. 1908 wurde die U-Bahn bis zum Reichskanzlerplatz eröffnet.

Seit dem Ende des 19. Jahrhunderts stand die Eingemeindung der Berliner Vororte und damit auch Charlottenburgs auf der Tagesordnung und wurde breit diskutiert. Der Charlottenburger Stadtbaurat Theodor Köhn wies schon 1891 in einem Vortrag „Über die Einverleibung der Vororte in Berlin" darauf hin, dass es durch die Interessengegensätze der verschiedenen Verwaltungen häufig zu technischen und finanziellen Schwierigkeiten kam. Bei der Gas- und Wasserversorgung, bei der Entwässerung und Verkehrserschließung wurden im Großraum Berlin unweigerlich die Interessen der Nachbargemeinden berührt. 1910 beispielsweise beklagten die „Ältesten der Kaufmannschaft von Berlin" in einer Denkschrift die Zersplitterung des Wirtschaftsgebietes von Groß-Berlin.

Als eine Art Notlösung kam es 1911/12 zur Bildung eines Zweckverbandes aus den Städten Berlin, Charlottenburg, Wilmersdorf, Schöneberg, Rixdorf, Lichtenberg, Spandau und den Landkreisen Teltow und Niederbarnim. Der Zweckverband regelte den Schienenverkehr, wirkte bei den Bebauungsplänen mit und kümmerte sich um die Erhaltung von Wäldern, Parks und Seen.

Nachdem der Erste Weltkrieg eine Vielzahl von gemeinsamen Verwaltungsbereichen für den Großraum Berlin gebracht hatte und sich nach dem Krieg die politischen Machtverhältnisse zu Gunsten der zentralistisch denkenden Sozialisten veränderten, konnte auch der Protest aus Charlottenburg an der Bildung der Einheitsgemeinde Groß-Berlin nichts mehr ändern.

Gipsformerei (1891)

Die 1819 gegründete Gipsformerei erhielt 1891 in Charlottenburg nahe dem Schloss ein Gebäude für die Werkstätten, die großen Lager und für einen Ausstellungs- und Verkaufsraum. Seither hat die Gipsformerei ihren Sitz in der Sophie-Charlotten-Str. 17-18.

Als den Menschen keine Fotografien zur Verfügung standen, spielten Gipsabgüsse eine große Rolle. Sie wurden von lebenden und toten Personen sowie von unterschiedlichsten Objekten hergestellt. In der Gipsformerei sind zum Beispiel Totenmasken von Zille, Schiller und

Die Gipsformerei in der Sophie-Charlotten-Straße

Berliner Bau- und Wohnungsgenossenschaft von 1892 eG

Knobelsdorffstraße 96 · 14050 Berlin
Telefon: (030) 30 30 20
e-mail: 1892@bbwo1892.de
internet: www.bbwo1892.de

Tradition · Innovation · Vielfalt

Die Berliner Bau- und Wohnungsgenossenschaft von 1892 eG – ein traditionsreiches Unternehmen mit vielen jungen Ideen.
Mit ca. 6200 Wohnungen zählt sie zu den großen Genossenschaften in Berlin.
Ihre Wohnanlagen spiegeln 100 Jahre Baugeschichte wider und bestechen durch architektonische Qualität. Dafür stehen berühmte Namen wie Alfred Messel und Bruno Taut, die zu Beginn des letzten Jahrhunderts Modernität, genossenschaftliches Bauen und ideelles Engagement eindrucksvoll verwirklichten.

Neue Wege, Innovation und Orientierung an den Bedürfnissen der Mitglieder war und ist Unternehmensphilosophie. Heute sind bekannte Wohnprojekte wie „Kommunikatives Wohnen" und „Offensives Altern" zukunftsweisendes, genossenschaftliches Programm. Dazu zählen auch Service-Leistungen wie Spareinrichtung für Mitglieder und deren Angehörige, Altersvorsorge durch Angebote zur Riesterrente und kostenloser Concierge Service.
Die „1892" ist offen für neue Ideen und freut sich auf neue Mitglieder.

Eine starke Gemeinschaft

Hindenburg zu bewundern. Um 1900 kamen die Aufträge aus allen gesellschaftlichen Schichten. Heute sind die wichtigsten Auftraggeber die staatlichen Museen. Aber auch private Wünsche werden hier erfüllt.

Die umfangreiche Sammlung der Gipsformen hat fast unbeschädigt den Zweiten Weltkrieg überstanden. In den Lagerräumen befinden sich wertvolle Raritäten, zum Beispiel aus Frankreich und England. Eines der interessantesten Stücke ist die Nachbildung des Zeustempels, der 1876 bei einer Ausgrabung in Olympia gefunden wurde. Ein Jahr dauerte die Herstellung des Abgusses.

Um eine präzise Gipsform herstellen zu können werden neben Stuckateuren auch Maler benötigt. Die Herstellungsweise der Abgüsse hat sich seit Jahrzehnten nicht geändert. Bei großen Objekten muss die vorhandene Form erst zusammen gesetzt werden. Anschließend wird die Form eingefettet. Mit Jutestoff werden die Formen ausgelegt, und die angerührte Gipsmasse wird darauf verteilt. Heutzutage wird auch flüssiges Silikon dazugegeben, denn bei kleinen Abbildungen lässt sich die Form so leichter lösen.

Auf Wunsch wird der Abguss nach dem Trocknen vom Maler weiter behandelt, und die gewünschten Farben werden aufgetragen.

Viele hundert Abgüsse, die in der Gipsformerei entstanden, sind in der Ausstellung „Abgusssammlung Berlin" in der Schloßstraße zu besichtigen. Es ist die weltgrößte Ausstellung von Gipsformen.

Bröhan-Museum im Offizierswohnhaus (1893)

VON CORINNA PÄPKE

In dem 1892/93 als Mannschaftsgebäude und Offizierswohnhaus der Gardes-du-Corps gebauten Haus an der Schloßstraße 1a wurde 1983 das Bröhan-Museum als international ausgerichtetes Spezial- und Epochenmuseum für Jugendstil, Art Deco und Funktionalismus (1889-1939) eingerichtet. Es trägt den Namen seines Gründers Karl H. Bröhan (1921-2000), der anlässlich seines 60. Geburtstages der Stadt Berlin seine Privatsammlung schenkte. Sie war von ihm kontinuierlich aufgebaut wor-

Bröhan-Museum, Außenansicht

den und seit 1973 in einer Dahlemer Villa der Öffentlichkeit zugänglich. 1983 bezog die Sammlung Räume in dem spätklassizistischen, zum Charlottenburger Schloss-Ensemble gehörenden ehemaligen Kasernengebäude. Die Bestände des Museums gliedern sich in zwei Hauptgebiete: Kunsthandwerk und Bildende Kunst. Die Museumskonzeption folgt dem Prinzip der Präsentation von Kunstobjekten als Raumensembles. Die Zeitspanne vom Jugendstil als Wegbereiter der Moderne bis zum Art Deco und Funktionalismus wird durch ausgewählte Beispiele von Glas, Keramik, Porzellan, Silber- und Metallarbeiten in Kombination mit Möbeln, Teppichen, Beleuchtungskörpern, Grafiken und Gemälden repräsentativ dargestellt. Die Sammlung veranschaulicht die Gleichwertigkeit verschiedener Kunstäußerungen. Schwerpunkte sind Arbeiten des französischen und belgischen Art Nouveau, des deutschen und skandinavischen Jugendstils sowie Ensembles des französischen Art Deco.

Das Museum ist Hort einer außergewöhnlichen Porzellansammlung bedeutender Manufakturen (KPM Berlin, Kgl. Kopenhagen, Meissen, Nymphenburg, Sävres usw.) und von Metallarbeiten der wichtigsten Künstler und Entwerfer dieser Zeit, einschließlich der wegweisenden industriellen Produktion. Das Spektrum umfasst herausragende Beispiele folgender Hersteller und Künstler: Kostbare Gläser von Emile Gallö und Joh. Loetz Wwe., Möbel von Eugene Gaillard, Hector Guimard, Louis Majorelle, Peter Behrens, Joseph Maria Olbrich, Bruno Paul, Richard Riemerschmid, Art-Deco-Kunst von Edgar Brandt, Möbelgruppen von Jacques Emile Ruhlmann, Silber von Jean Puiforcat und Georg Jensen sowie

„Mohnfeld", Karl Hagemeister

Jugendstil-Fayencen der böhmischen Amphora-Werke. Im 3. Obergeschoss ist jeweils ein Kabinett dem belgischen Jugendstilkünstler Henry van de Velde und dem Wiener Secessionskünstler Josef Hoffmann gewidmet. Bedeutende Entwerfer serieller Gestaltung der Epoche von 1889 bis 1939 sind mit exemplarischen Arbeiten vertreten.

Von Anfang an gehörten zur Sammlung Bröhan auch Bilder, insbesondere von Malern der avantgardistischen „Berliner Secession". In einer eigens dafür eingerichteten Galerie werden auch Gemälde, Pastelle, Zeichnungen und Grafiken aus dem reichhaltigen Fundus gezeigt. Hier offenbart sich der besondere, private Ursprung der Sammlung, denn es ist ein Anliegen des Museums, auch weniger bekannten Künstlern zu einer ihnen gebührenden Beachtung zu verhelfen.

1898 unter der Führung von Max Liebermann und Walter Leistikow gegründet, ist es das Verdienst der Berliner Secession, sich von der konservativen Kunstauffassung und -politik emanzipiert und eine von übernationalen Kunstrichtungen beeinflusste Malerei durchgesetzt zu haben. Dank der Secessionisten verlor Berlin nicht den Anschluss an die modernen, zukunftsweisenden Strömungen und nahm innerhalb der europäischen Kunstzentren einen eigenen Platz ein. Das Bröhan-Museum pflegt mit Ausstellungen und Publikationen zu den Künstlern der „Berliner Secession" wie Karl Hagemeister, Walter Leistikow, Hans Baluschek und Willy Jaeckel dieses spezielle künstlerische Erbe. Außerhalb der Secessionisten ist vor allem der vom Kubismus beeinflusste Jean Lambert-Rucki mit einer umfangreichen Gemäldegruppe vertreten, die eine adäquate Ergänzung zu den französischen Art Deco-Möbeln bildet.

1994 wurde das Bröhan-Museum Landesmuseum. Durch die internationale Bedeutung der Sammlung nimmt es innerhalb des Museumsstandortes Berlin und über nationale Grenzen hinaus einen wichtigen Platz ein. Wechselnde Sonderausstellungen ergänzen die eigene Sammlung.

Heinrich Zille (1893)

Heinrich Zille zog 1893 nach Charlottenburg in die Sophie-Charlotten-Straße 88. „Meine erste eigene Wohnung war im Osten Berlins, im Keller; nun sitze ich schon im Berliner Westen, vier Treppen hoch, bin also auch gestiegen", sagte er über seine neue Heimat. Heute erinnert eine Gedenktafel am Haus an den populären Maler, der die sozialen Missstände in den Arbeiterbezirken mit schonungslosem Realismus aber auch mit Anteilnahme, Sympathie und Humor zeichnete. Mit seinem abschätzigen Begriff „Rinnsteinkunst" meinte Kaiser Wilhelm II wohl nicht zuletzt die Werke von Heinrich Zille, der auf die Schattenseiten der stürmischen industriellen Entwicklung des Kaiserreiches aufmerksam machte.

Der 1858 in Radeburg geborene Heinrich Zille kam als Neunjähriger mit seinen Eltern nach Berlin und fing bereits mit 12 Jahren an zu zeichnen. Sein Geld aber verdiente er als Lithograph. Erst 1901, im Alter von 43 Jahren, präsentierte er erstmals seine Bilder der Öffentlichkeit, und zwar in einer Ausstellung der Berliner Secession in der Charlottenburger Kantstraße. Viele Besucher waren

HEINRICH ZILLE
zum 100. Geburtstag: 10. 1. 1958

entsetzt über die Darstellung des Elends, aber die kaiserliche Schelte gab den modernen Malern um Walter Leistikow, Max Liebermann und Heinrich Zille Auftrieb, und Zilles Zeichnungen wurden immer populärer. Seine Bücher „Berliner Rangen", „Kinder der Straße", „Das Milljöh" und „Rund um's Freibad" wurden Bestseller, Zille-Filme wurden gedreht, Zille-Bälle veranstaltet.

In den 20er Jahren kamen 150 Bilder von ihm in die Nationalgalerie, Zille wurde Mitglied der Preußischen Akademie der Künste und Professor. Kurt Tucholsky schrieb über ihn unter dem Titel „Berlins Bester":

„Zweeter Uffjang, vierter Hof
wohnen deine Leute
Kinder quieken, na so doof
jestern, morjen, heute
Liebe Krach, Jeburt und Schiß
Du hast jesacht wiet is."

Mit 72 Jahren starb Heinrich Zille am 9. August 1930 in seiner Charlottenburger Wohnung.

Kaiser-Wilhelm-Gedächtnis-Kirche 1905

Kaiser-Wilhelm-Gedächtnis-Kirche (1895)

VON PFARRER KNUT SOPPA

Was für Paris der Eiffelturm ist, was für London der Tower bedeutet, das ist in einem abgeschwächten Maße die Kaiser-Wilhelm-Gedächtnis-Kirche für Berlin. Sie war es und wird es voraussichtlich auch wieder sein.

Wenige Monate vor dem Mauerbau, ein knappes Jahr vor der Einweihung der neuen Kaiser-Wilhelm-Gedächtnis-Kirche schrieb der „Bauherr" der neuen Kirche, Pfarrer Günter Pohl, diese Sätze für ein Büchlein über die Charlottenburger Kirchengemeinden. Recht hat er gehabt, der streitbare und tapfere Verfechter des neuen Kirchbaus auf dem alten Platz.
Heute ist das Ensemble aus neuer Kaiser-Wilhelm-Gedächtnis-Kirche und der Turmruine der 1895 zum Gedächtnis Kaiser Wilhelms I. eingeweihten Kirche ein weltbekanntes Wahrzeichen Berlins und damit auch Charlottenburgs.

War es damals ein mutiger Schritt über die Grenzen Berlins hinaus, die Kirche auf einem Erbpachtgelände, das die Stadt Charlottenburg als Baugrund zur Verfügung gestellt hatte, zu bauen, weit vor den Toren Berlins und am Rande Charlottenburgs, so war sie stilistisch, ganz dem Geschmack der Zeit entsprechend, rückwärts gewandt. Der Architekt Franz Schwechten hatte auf Anweisung des Bauherrn Kaiser Wilhelm II einen neoromanischen Bau entworfen, der die Krönung aller romanischen Kirchbauten darstellen sollte.

Geblieben ist davon eine Kirchturmruine, die gleich nach dem Krieg zum Wahrzeichen der zerstörten, aber aufbauwilligen Stadt, ja mehr noch und wichtiger, zum Mahnmal gegen den Krieg wurde.
Und wieder war es ein mutiger, heftig umstrittener Schritt, als die verantwortlichen Gremien, der Gemeindekirchenrat, das Kuratorium der „Stiftung Kaiser-Wilhelm-Gedächtnis-Kirche" sowie der Senat von Berlin sich für einen Neubau entschieden.

Was in der Nacht vom 22. zum 23. November 1943 bei einem verheerenden Luftangriff in Flammen aufgegangen war und als Trümmerfeld zurückblieb, gehörte der Vergangenheit an. Der Weg, der in die Zukunft wies, war ein Neubau. Nach den Vorstellungen des Architekten Egon Eiermann bedeutete dies ein Bau mit den Werkstoffen und Materialien der Zeit: Stahl, Beton und Glas. Und dennoch verband er Tradition und Gegenwart, Vergangenheit und Zukunft. Nach einem heftigen Protest der Berliner Bevölkerung verzichtete der Architekt auf den Plan, die Turmruine abzureißen.

Er schwenkte den Neubau der Kirche um 180° um den alten Turm herum. Dieser stand nun inmitten der neuen Baukörper: Kirche mit Foyer, Glockenturm und Kapelle.

In dieser Verbindung von neu und alt dokumentiert das Ensemble der Kaiser-Wilhelm-Gedächtnis-Kirche auf dem Breitscheidplatz einen Überblick über die Geschichte der letzten 120 Jahre. Sie ist Symbol für Vergangenes und Gegenwärtiges, eindringliches Mahnmal für zerstörerische Schuld und versöhnende Vergebung.
Die Gedenkhalle im alten Turm gibt mit ihren Mosaiken und Marmorreliefs ein beredtes Zeugnis vom imperialen Anspruch ihrer Erbauer. Die Kontinuität zwischen dem Reich Karls des Großen und dem zweiten deutschen Kaiserreich sollte deutlich gemacht werden. Staunend und mitunter irritiert nehmen wir dies heute zur Kenntnis. Und dennoch begegnen wir hier unseren Wurzeln.

Vom ausgehenden 19. Jahrhundert bis ins beginnende 21. Jahrhundert hat es in der Geschichte des Landes und der Kirche viele Veränderungen, Risse und Sprünge gegeben. Die deutlich erkennbaren Risse in den Mosaiken der Gedenkhalle sind dafür ein sichtbares Zeichen.
Versöhnung und Vergebung werden in der Gedenkhalle durch das Nagelkreuz aus Coventry und das Ikonenkreuz, einem Geschenk der russischen-orthodoxen Kirche, symbolisiert.

In der neuen, am dritten Advent 1961 eingeweihten Kirche begrüßt der auferstehende Christus über dem Altar den Besucher. Seine weit ausgebreiteten Arme laden ein, segnen und senden. Eingehüllt in das dämmrige Licht der blauen Glasfenster von Gabriel Loire erweckt er den Eindruck der strahlenden Sonne am Firmament. Der Besucher wird von der Stille des Raumes in seinen Bann gezogen und dadurch selber in die Stille geführt. Auf dem vom Alltagsleben und -lärm umtosten Breitscheidplatz ist die Kirche ein Ort der Stille und ein Symbol für Frieden und Versöhnung.

Theater des Westens (1896)

Seit über 100 Jahren ist das Theater des Westens in der Kantstraße ein Wahrzeichen Berlins. Mit seinen leuchtend weißen Ecktürmen und seinem Stilmix der verschiedensten Elemente von der Renaissance bis zum Jugendstil, spiegelt das ungewöhnliche Gebäude im Herzen des westlichen Zentrums der Stadt eine Zeit der Berliner Stadtgeschichte wider, die wechselvoller und aufregender nicht hätte sein können.

Die von Bauherr Bernhard Sehring 1894 bewusst eingesetzte ungewöhnliche Architektur des Hauses sorgte schon damals für hitzige Diskussion. 1896 wurde das TdW mit dem Märchenspiel „1001 Nacht"

Million Zuschauer sahen die deutschsprachige Uraufführung, die für das Genre Musical in Deutschland den Durchbruch bedeutete. Mit Cabaret, „A Chorus Line" und „La Cage Aux Folles" avancierte das Theater des Westens zum bekanntesten Musicaltheater des Landes. Eigenproduktionen wie „Bombenstimmung. Eine UfA-Revue" und „Blue Jeans" wurden auch international gefeiert. Helen Schneider, Hildegard Knef, Eartha Kitt und die Kessler Zwillinge, Daniela Ziegler, Ute Lemper, Heino Ferch und Martin Wuttke – sie alle legten hier den Grundstein für ihre großen Erfolge.

Nach der Intendanz von Helmut Baumann, der 1984 zunächst als künstlerischer Direktor begann und mit seiner

von Holger Drachmann eröffnet. Seither hat das Haus mit der prunkvollen Innenausstattung viele internationale Weltstars groß gemacht. So war es eine Karrierestation für Josephine Baker, Maria Callas und Enrico Caruso.

Die Geschichte des Theaters ist ebenso bunt wie sein Äußeres. Es firmierte unter anderem unter den Namen „Goethe-Theater" und „Große Volksoper". Es blieb in seinem vorderen Teil im Krieg weitgehend unbeschädigt und beherbergte von 1945 bis 1961 die „Städtische Oper", bis diese als „Deutsche Oper Berlin" in den Neubau an der Bismarckstraße ziehen konnte.

Seit der Premiere von „My Fair Lady" am 25. Oktober 1961 steht das TdW für populäre, erfolgreiche Musicals. Über eine

Inszenierung des „Käfigs voller Narren" große Erfolge feierte, übernahm 2003 die Stage Holding das Theater des Westens vom Berliner Senat. Nach einer behutsamen Modernisierung und stilvollen Renovierung eröffnete das Haus im neuen Glanz mit dem Musicalklassiker „Les Misérables", der eine halbe Million Menschen begeisterte – Standing Ovations gab es nach jeder Vorstellung. Aber auch Konzerte und Empfänge wie die Gala der Berliner Aidshilfe sind aus dem prunkvollen Haus in der Nähe des Kurfürstendammes mittlerweile nicht mehr wegzudenken. Mit der neuen Produktion „3 Musketiere" knüpft das Theater des Westens an die erfolgreiche Musical-Tradition an und setzt gleichzeitig neue Maßstäbe für Live-Entertainment in Berlin.

Kirche im Hof – Gemeinde für Menschen

Zwar nicht 300 Jahre aber einen guten Teil dieser Zeit teilen wir als Friedenskirche Schicksal und Geschichte des Bezirks Charlottenburg.

Geschichte lohnt sich, und Tradition zahlt sich aus: Das merken wir im gemeindlichen Miteinander von Alt und Jung ganz praktisch, wenn sich am Sonntag Morgen, kurz vor 10:00 Uhr der Gottesdienstraum füllt. Es ist Gottesdienst und die Gemeinde kommt zusammen: Fröhliche und ernsthafte Teile füllen das Programm, es gibt Musik. Danach trifft man sich im Kirchencafé und redet miteinander, lernt sich kennen.

Ein typisches Bild eines Sonntagvormittages in der Friedenskirche:

Ein wenig versteckt auf dem 2. Hinterhof in unmittelbarer Nähe der Deutschen Oper befindet sich das Kirchengebäude aus rotem Backstein und so mancher ist erstaunt, hier noch ein solches Gebäude zu entdecken. Kirche im Hof: Das sind wir. Gemeinde für Menschen: Das wollen wir sein. Diesem Motto verpflichtet und geprägt von der Überzeugung unseres Glaubens an Gott und seinen lebendigen Sohn Jesus Christus, versuchen wir als Friedenskirche unseren Glauben zu leben und mit unseren Angeboten danach zu fragen, was für die Menschen in unserer Umgebung wichtig ist. So gibt es das Café „Kreuz.punkt", eine Arbeit an Obdachlosen und sozial schwachen Mitbürgern. Hier geben wir Raum für Aufenthalt und Gespräche, ein gutes Frühstück gehört ebenso dazu wie das Angebot einer Kleiderkammer. Etabliert hat sich mittlerweile auch der „B.punkt – Der Beraterladen", mit dem wir eine andere Gruppe Bedürftiger ansprechen. Bei Problemen in Partnerschafts- und Lebensfragen geschieht mit Hilfe von Mitarbeitern des Vereins Beratung & Lebenshilfe kompetente und praktische Lebenshilfe. Auch ein ausgesuchtes Sortiment an christlicher Literatur steht hier zur Verfügung. Und sonst? Was für Kinder? Sicher! In diversen Gruppen für Kinder und Jugendliche in unterschiedlichen Altersgruppen bieten wir für jede Zielgruppe etwas.

Für Jugendliche aber auch für Erwachsene versuchen wir in sogenannten „Hauskreisen" Kirche und Glauben in den Alltag zu bringen. Suchen nach dem, was dran ist für uns und die Menschen um uns herum, das möchten wir. Nicht immer ist es zwingend „das Neue", was begeistert und den Wert der Sache ausmacht: Wir suchen nach dem, was wichtig ist – im Namen Jesu möchten wir den Nächsten entdecken und für ihn Gutes tun: Auch für Sie!

Weitere Infos unter:
Gemeindebüro Fon 36 40 73 47
Email info@die-friedenskirche.de
www.die-friedenskirche.de
B.Punkt – Der Beraterladen
Fon 341 57 91
Email Beraterladen@die-friedenskirche.de

Sonntag, 10:00 Uhr - Gottesdienst und Kirchen-Kids
Donnerstag, 19:00 Uhr - Bibelgespräch

Charlottenburger Stadträte im Jahre 1902 auf der U-Bahn-Baustelle unter der Tauentzienstraße

U-Bahn (1902)

Das rapide Wachstum Charlottenburgs hing von dem nahe gelegenen Berlin ab. Der Charlottenburger Magistrat pries seine Stadt als attraktiven Wohnsitz für wohlhabende Bürger an, die in Berlin arbeiteten. Insbesondere mit Schöneberg und Wilmersdorf führte Charlottenburg einen heftigen Konkurrenzkampf um die begehrten Steuerzahler, und dabei spielten die Verkehrsverbindungen eine wichtige Rolle, denn sie gehörten zu den entscheidenden Voraussetzungen für das Wachsen eines Wohnvorortes von Berlin.

Neben der Stadt- und Ringbahn und den Straßenbahnen wurde eine neue schnelle Verbindung mit Berlin gebraucht. 1897 gründeten die Firma Siemens & Halske und die Deutsche Bank die „Gesellschaft für elektrische Hoch- und Untergrundbahnen", die mit dem Bau einer Hochbahn von Osten nach Westen begann. Sie sollte von der Warschauer Brücke in Berlin bis zum Zoologischen Garten in Charlottenburg führen. Aber unter dem Eindruck der neuen Untergrundbahn in Budapest lehnte der Charlottenburger Magistrat eine Hochbahn auf Charlottenburger Gebiet ab und verlangte die Weiterführung als U-Bahn. Deshalb wurde die Hochbahn durch eine Rampe an der Kleiststraße unter die Erde geführt und dort als U-Bahn zunächst bis Zoologischer Garten weitergebaut. Eröffnung war 1902, und noch im gleichen Jahr wurde die U-Bahn bis zum Knie (heute Ernst-Reuter-Platz) und schließlich 1908 bis Reichskanzlerplatz (heute Theodor-Heuss-Platz) verlängert.

Oberbürgermeister Schustehrus wollte aber nicht zulassen, dass Wilmersdorf seine neuen Siedlungsgebiete durch den Bau einer U-Bahnlinie erschloss, weil er eine Abwanderung gut zahlender Steuerbürger fürchtete. Der Stadtplaner und Terrainspekulant Georg Haberland kämpfte lange für den Bau der U-Bahnline 2, die von Wittenbergplatz zunächst bis Thielplatz führen und seine neue Gartenterrassenstadt, die Rheingauer Siedlung rund um den Rüdesheimer Platz erschließen sollte. 1911-1913 wurde sie schließlich als Luxus-U-Bahn, finanziert von Haberlands Terrain-Gesellschaft gebaut.

Als Kompensation für Charlottenburg gab es den Bau der Kurfürstendamm-Linie bis Uhlandstraße. Sie war geplant bis Henriettenplatz, wurde aber bis heute nicht zu Ende geführt, obwohl der U-Bahnhof Adenauerplatz als Kreuzungs-U-Bahnhof angelegt wurde.

Nach dem Mauerbau wurde in den 60er und 70er Jahren das U-Bahnnetz erweitert. 1961 wurde die neue U-Bahn-Linie zwischen Leopoldplatz und Spichernstraße eröffnet. Dadurch wurde der Bahnhof Zoologischer Garten zum U-Bahn-Kreuzungsbahnhof und erhielt einen neuen, tiefer gelegenen U-Bahnsteig, was seine Bedeutung als zentraler Hauptbahnhof West-Berlins unterstrich. Auch der U-Bahnhof Kurfürstendamm wurde zum Kreuzungsbahnhof. 1978 wurde eine U-Bahnverbindung vom Fehrbelliner Platz zum Richard-Wagner-Platz am Rathaus Charlottenburg eröffnet, die zwei Jahre später bis Rohrdamm in Spandau verlängert wurde.

Universität der Künste (1902)
ZUSAMMENGESTELLT VON SUSANNE S. REICH

Charlottenburg entwickelte sich mehr und mehr zu einem Zentrum von Wissenschaft, Forschung und Bildung. 1898 bis 1902 schufen die Architekten Kayser und von Großheim das neobarocke, palastartige Hauptgebäude der damaligen Königlichen akademischen Hochschule für die bildenden Künste an der Hardenbergstraße und das Gebäude für die damalige Königliche akademische Hochschule für Musik an der Fasanenstraße. Um vier Innenhöfe und

einen großen Garten gruppierten sich die Ateliers. Ludwig Hoffmann errichtete 1902 bis 1917 den Erweiterungsbau. Nach Kriegsschäden wurden die Gebäude in teilweise vereinfachter Form wieder aufgebaut. Anstelle der im Zweiten Weltkrieg zerstörten Flügelbauten der Musikhochschule baute Paul C. Baumgarten einen Konzertsaal, in dem die Berliner Philharmoniker unter Herbert von Karajan bis zur Fertigstellung der Philharmonie 1963 spielten. Später wurde noch eine Studiobühne angebaut.

1975 wurde die Staatliche Hochschule für bildende Künste mit der Staatlichen Hochschule für Musik und Darstellende Kunst zur Hochschule der Künste zusammen gelegt, seit 2001 Universität der Künste. Neben den Hauptgebäuden an der Hardenbergstraße und Fasanenstraße gehören zur UdK unter anderem noch das 1902/03 von A. Adams und P. Mebes im neoromanischen Stil aus rotem Sandstein gebaute ehemalige Institut für Kirchenmusik an der Hardenbergstraße, die 1911/12 von Otto March an der jetzigen Straße des 17. Juni als Arbeiter-Versicherungs-Schiedsgericht gebaute ehemalige Meisterschule für das Kunsthandwerk und das 1875 bis 1880 in Wilmersdorf an der Bundesallee von Ludwig Giersberg im Stil der italienischen Hochrenaissance gebaute ehemalige Joachimsthalsche Gymnasium.

In über 300 Jahren bewegter Geschichte seit der Gründung der Akademie der Künste 1696 ist die UdK Berlin nicht nur zu einer der führenden, sondern vor allem zu einer der vielseitigsten künstlerisch ausgerichteten Hochschulen Europas herangewachsen. Die Reformwelle der siebziger Jahre formte sie zu einer künstlerisch-wissenschaftlichen Hochschule, die über dreißig künstlerische und mit ihnen verbundene wissenschaftliche Studiengänge unter einem Dach vereint. Den gesellschaftlichen Wandel, die Herausforderungen der neuen Medien und die Veränderungen im Bildungswesen in den neunziger Jahren nutzte die UdK als Chance für eine grundlegende Neuausrichtung. Mit der Umstrukturierung in die Fakultäten Bildende Kunst, Gestaltung, Musik und Darstellende Kunst, ergänzt durch ein erziehungs- und gesellschaftswissenschaftliches Angebot für Lehramtsstudierende sowie eine leistungsorientierte Verwaltung, hat sie die Voraussetzungen für ihr erfolgreiches Fortbestehen in diesem Jahrhundert geschaffen.

Die UdK ist ein lebendiger Teil der Berliner Kulturszene. In über 500 Veranstaltungen jährlich präsentieren Lehrende und Studierende hier ihre Arbeiten. Öffentlichkeit ist ein Prinzip künstlerischen Schaffens und deshalb auch eines der UdK Berlin. Als größte deutsche künstlerische Hochschule ist sie Labor und Begegnungsstätte für Kunst, Wissenschaft und Forschung. Sie fordert Gesellschaft und Wirtschaft zum Dialog auf und trägt ihre kreativen Leistungen in diese hinein.

Dass sich die University of the Arts in Berlin befindet, weiß man in London, Paris und New York. Durch ihre vielschichtigen internationalen Beziehungen hat sich die UdK Berlin einen guten Namen gemacht, sie pflegt über 100 internationale Hochschulpartnerschaften. Über 680 ausländische Studierende (etwa 16% der UdKStudierenden) sind hier eingeschrieben, mehr als 100 Studierende verbringen jährlich einen Teil ihrer Ausbildung im Rahmen eines Auslandsaustauschs. Auch mit ihren Partnern aus Wirtschaft, Wissenschaft, Kultur und Politik steht die UdK Berlin im aktiven und offensiven Dialog.

300 Jahre Charlottenburg – 100 Jahre EVM Berlin eG

Die EVM Berlin eG ist eine der größten und ältesten Wohnungsbaugenossenschaften in Berlin. Sie verwaltet über 5.000 Wohnungen und hat mehr als 11.000 Mitglieder. 1904 gegründet konnte die EVM Berlin eG im vergangenen Jahr ihr einhundertjähriges Jubiläum feiern. Die Wohnungsbestände befinden sich in acht von zwölf Berliner Bezirken.

Eine der beliebtesten Wohnanlagen liegt in Charlottenburg. Die Häuser in der Brahe-, Kepler- und Olbersstraße wurden 1957 erbaut und nach und nach modernisiert. Die Fassaden verfügen außerdem über eine Wärmedämmung, was sich positiv auf die Betriebskosten niederschlägt. Zu allen Häusern gehören gepflegte Grünflächen. Die 295 Wohnungen bieten Wohnungsgrößen zwischen 1 und 3 Zimmern.

Die Infrastruktur ist außerordentlich gut: Einkaufsmöglichkeiten bietet die Kaiserin-Augusta-Allee, ansonsten führen zahlreiche Busse und die U-Bahn Linie 7 in die angrenzende City.

Die Mitarbeiterinnen der EVM Berlin eG beraten Sie gerne zum Wohnen in der Genossenschaft. Die Geschäftstelle in Berlin-Steglitz ist telefonisch von Mo–Do von 8–18 Uhr und Fr von 8–15 Uhr zu erreichen.

Persönliche Beratungstermine werden telefonisch unter der Rufnummer 82 79 05 0 vergeben.
Besuchen Sie uns auch im Internet www.evmberlin.de.

Erbbauverein Moabit
Eingetragene Genossenschaft
Gemeinnütziges Wohnungsunternehmen

Paulsenstraße 39 · 12163 Berlin
Telefon: 82 79 05 0 · Telefax: 82 79 05 80
E-Mail: post@evmberlin.de
www.evmberlin.de

Rathaus Charlottenburg (1905)

Zum 200. Geburtstag ihrer Stadt im Jahr 1905 schenkten sich die Charlottenburger Bürgerinnen und Bürger endlich ein schönes, großes, repräsentatives Rathaus. Dem Kaiser gefiel es nicht. Der Rathausturm war höher als das benachbarte Schloss Charlottenburg, und so weigerte sich Wilhelm II, auf dem Weg vom Stadtschloss zur Sommerresidenz über die Berliner Straße

Das Rathaus Charlottenburg 1905 und heute

vorbei am ungeliebten Rathaus mit dem hohen Turm zu fahren.

Das Rathaus mit seinem 88 m hohen Turm wurde das Wahrzeichen Charlottenburgs. Das von den Architekten Reinhardt & Süßenguth geplante monumentale Verwaltungsgebäude wurde nach 6-jähriger Bauzeit am 20. 5. 1905 eingeweiht. Es dokumentiert teilweise Jugendstildekor, Insbesondere durch den figürlichen, ornamentalen und bildnerischen Schmuck im Portalbereich und seinen reichhaltigen Innendekorationen. Der Erweiterungsbau zur Rechten von 1914, von Stadtbaurat Seeling geplant, zeigt mit seiner bereits strenger gegliederten Fassade erste Anklänge an die beginnende Moderne.

Von dem im Zweiten Weltkrieg stark beschädigten denkmalgeschützten Rathaus wurden 1945-1952 die Fassade, der Turm und große Teile der Innenausstattungen in alter Form wieder aufgebaut. In dem Erweiterungsbau rechts neben dem Rathaus war ursprünglich die Sparkassenhalle untergebracht, heute die Heinrich-Schulz-Bibliothek. 1988 wurde das Dach neu gedeckt, übrigens stilwidrig mit holländischer Pfanne an Stelle von Biberschwanz.

Ein Besuch des Rathauses lohnt sich auch dann, wenn man keine Behördenangelegenheiten zu erledigen hat. Die Innenarchitektur ist sehenswert. In der zweiten Etage befinden sich eine Gedächtnishalle für die Gefallenen der Weltkriege und die Opfer der nationalsozialistischen Gewaltherrschaft und eine Fotogalerie von Widerstandskämpfern und Opfern der NS-Herrschaft. Von Zeit zu Zeit werden interessante Ausstellungen gezeigt und in vielen Schaukästen finden sich viele interessante Informationen. Beim Bürgeramt gibt es Informationsbroschüren zu allen öffentlichen Angeboten.

Volkshochschule (1905)

Nicht nur das Rathaus Charlottenburg wurde 1905 in Betrieb genommen, sondern auch die Volkshochschule eröffnet. Bereits seit 1901 hatte die Technische Hochschule Charlottenburg, die heutige TU Berlin, Fortbildungskurse für Arbeiterinnen und Arbeiter angeboten, und seit 1905 veranstaltete auch der Charlottenburger Magistrat Arbeiterfortbildungskurse – in der Aula der damaligen I. Gemeindeschule in der Pestalozzistraße 89/90, unweit des heutigen Domizils der Volkshochschule.

Diese Form der Erwachsenenbildung war in der damaligen Zeit beispielhaft. Fünf Jahre später, 1910, beklagte der SPD-Abgeordnete Karl Liebknecht im Reichstag das Fehlen jeder staatlichen Initiative im Bereich der Volkshochschulbewegung, wie sie in anderen Ländern, zum Beispiel in Schweden bereits selbstverständlich war. Charlottenburg war also seiner Zeit weit voraus.

Teilnahmeberechtigt waren zunächst nur männliche Personen, die das 18. Lebensjahr vollendet hatten. Erst ab dem Sommersemester 1913 wurde auch Frauen die Teilnahme an Kursen gestattet. Im Gegensatz zur Technischen Hochschule waren die Kurse der Stadt unentgeltlich.

In ihr heutiges Haus an der Pestalozzistraße ist die Volkshochschule erst 1980 eingezogen. Das Haus wurde 1895 als 13. und 14. Gemeindeschule Charlottenburg eröffnet. Nachdem in den 70er Jahren noch eine Filiale des Friedrich-Fröbel-Hauses hier untergebracht war, plante man Ende der 70er Jahre, das vorhandene, fast 100 Jahre alte Gebäude komplett abzureißen und durch einen für die Volkshochschule geeigneten Neubau zu ersetzen, aber da diese Vorhaben nicht finanziert werden konnten, zog schließlich 1980 die Volkshochschule Charlottenburg ein, und das Gebäude wurde schrittweise bis 1996 grundinstandgesetzt. Besonders aufwändig war die Restaurierung der Aula. Die Volkshochschule hat ihren festen Standort bis heute behalten.

Amtsgericht um 1920

Landgericht und Oberverwaltungsgericht (1906)

In der wilhelminischen Zeit wurden in Charlottenburg eine Reihe von repräsentativen Gerichtsgebäuden errichtet, darunter das Amtsgericht an der Kantstraße (1897), das Landgericht am Tegeler Weg (1906), das Königliche Preußische Oberverwaltungsgericht an der Hardenbergstraße (1907) und das Reichmilitärgericht an der Witzlebenstraße (1910).

In einer Baubeschreibung des Landgerichts aus dem Jahr 1916 heißt es: „In landschaftlich schöner Umgebung, im Angesicht des Charlottenburger Schloßparks wurde das Königliche Landgericht III Berlin in Charlottenburg errichtet." Den Bauplatz für das neue Gerichtsgebäude hatte die Stadt Charlottenburg kostenlos zur Verfügung gestellt, weil man auf den Zuzug gebildeter Bevölkerungsschichten spekulierte.

Das Landgericht wurde 1901-06 von Hermann Dernburg und Ernst Petersen gebaut. Die Gesamtbaukosten betrugen 1.250.000 Mark. 1912-15 baute Waldemar Pattri den Erweiterungsbau an der Herschelstraße. Die Bildhauerarbeiten stammen von Hermann Engelhardt, die Kunstschmiedearbeiten von Julius Schramm. Entstanden ist ein neoromanisches, burgähnliches Gebäude auf unregelmäßigem Grundriss mit 8 verschieden großen Höfen. Die Fenster- und Portalsäulen sind teilweise mit Löwen besetzt.

Die burgenartigen Fassaden sind im Anklang an die norditalienische und deutsche Romanik gestaltet. Insgesamt vermittelt die Fassade den Eindruck des wehrhaft-romanischen. Der romanische Stil ist ungewöhnlich für ein Gerichtsgebäude, die meist im Stil der Renaissance, des Barock oder auch der Gotik gebaut wurden. Die Romanik war der vom damaligen Kaiser Wilhelm II bevorzugte Baustil, den er beispielsweise für die Kaiser-Wilhelm-Gedächtnis-Kirche und die darum herumliegenden Bauten vorgeschrieben hatte. 1987 wurde nach 4jähriger Bauzeit der Erweiterungsbau von Gerd Rümmler an der Straßenfront des Tegeler Weges übergeben.

Das Königlich-Preußische Oberverwaltungsgericht wurde 1905-07 von Paul Kieschke und Eduard Fürstenau als neobarocker Baukomplex um mehrere Innenhöfe an der Hardenbergstraße neben dem Bahnhof Zoo errichtet. 1953 zog hier als demonstratives Zeichen der Bundespräsenz in Berlin das Bundesverwaltungsgericht ein. Nachdem dieses im August 2002 nach Leipzig umgezogen war, übertrug der Bund 2003 das Gebäude dem Land Berlin, das hier ab 1.10.2004 das wieder Oberverwaltungsgericht (OVG) Berlin ansiedelte, wo es mit dem Brandenburger OVG vereinigt werden soll.

Herzlichen Glückwunsch Charlottenburg!

Alt geworden bist du, aber nie aus der Mode gekommen. Wie das genossenschaftliche Wohnen bei der bbg BERLINER BAUGENOSSENSCHAFT eG z. B. in unserem Stammhaus, dem Karl-Schrader-Haus, im selben Jahr erbaut wie das Rathaus Charlottenburg.

Wir bieten unseren Mitgliedern seit fast 120 Jahren sicheren und guten Wohnraum. Wenn Sie eine Mietwohnung suchen, können Sie in 9 von 12 Berliner Bezirken – auch in Charlottenburg – zwischen über 6.500 Wohnungen wählen und werden einer von mehr als 7.700 Eigentümern, die über die Geschicke der Genossenschaft und damit auch über sich selbst bestimmen. Bei uns wohnen, heißt sicher und gut wohnen, denn bei uns werden Sie nicht verkauft!

Bei uns wohnt sich's gut!

bbg
BERLINER BAUGENOSSENSCHAFT eG
Pacelliallee 3
14195 Berlin

Telefon (030) 830 002-0
www.bbg-eG.de
post@bbg-eG.de

Krankenhaus Westend (1907)

Der erste Krankenhausbau am Spandauer Damm Ecke Fürstenbrunner Weg wurde 1901 – 1907 von Schmieden & Boethke als Städtisches Krankenhaus Charlottenburgs errichtet. 1912-16 wurde es von dem bekannten Architekten Heinrich Seeling erweitert. Der Krankenhausgarten wurde 1913 von Erwin Barth angelegt. 1930 wurde das Röntgenhaus hinzugefügt. 1963-68 wurde für das Universitätsklinikum Westend der Neubau mit der sogenannten Kopfklinik nach einem Entwurf von Peter Poelzig gebaut von Josef Paul Kleihues. Der Bau besteht aus zwei miteinander verbundenen Baukörpern, dem Bettenhaus als Hochhausriegel und dem Behandlungs- und Operationstrakt. Weitere Neubauten wurden für die jetzigen DRK-Kliniken hinzugefügt und 2001 abgeschlossen.

Die in sich geschlossene ursprüngliche Anlage bestand aus roten Backsteingebäuden im Stil der deutschen Renaissance. Das Zentrum bildete das Verwaltungsgebäude am Spandauer Damm und hufeisenförmig um eine Mittelaue gruppierte Pavillons, das heißt dreigeschossige Häuser mit Dachreitern und vorgesetzten Treppentürmen. Die Erweiterungsgebäude wurden ringförmig um diesen Kern herum gebaut.

Schillertheater (1907)

Mit dem am 1. Januar 1907 mit Schillers „Räubern" eröffneten Schillertheater wollte der Charlottenburger Magistrat kultur- und sozialpolitische Ziele gleichermaßen erreichen. Bereits um 1900 wurde in der Charlottenburger Stadtverordnetenversammlung über entsprechende Pläne diskutiert. Da die Berliner Theater-Bühnen und das 1896 eröffnete Theater des Westens wegen der hohen Eintrittspreise nur den begüterten Schichten zugänglich waren, wollte man in Charlottenburg auch den Geringverdienern anspruchsvolle Kultur nahe bringen. Der Magistrat arbeitete mit der Berliner Schillertheater Aktiengesellschaft zusammen, die bereits zwei gepachtete Theater betrieb und durch ein besonderes Abonnementsystem die Eintrittspreise niedrig halten und dennoch wirtschaftlich arbeiten konnte. Die Aktiengesellschaft hatte sich in ihrer Satzung auferlegt, den größeren Teil des Gewinns wieder in das Unternehmen zu investieren und den Schauspielern soziale Vergünstigungen zu gewähren, die sonst nicht üblich waren. Auch der Bildungsauftrag des Unternehmens war genau definiert: In Nachmittagsvorstellungen für Gemeindeschüler und an Dichterabenden für alle sollte für die Kultur geworben werden.

Das Projekt eines Theaters für „minderbemittelte Schichten" war umstritten. Insbesondere die Charlottenburger Haus- und Grundbesitzer wollten kein besonderes soziales Image für ihre Stadt – das könnte sich ja negativ auf die Grundstückspreise auswirken. Aber der Begründer und Direktor der Schillertheater-Gesellschaft, Raphael Löwenfeld, und Oberbürgermeister Kurt Schustehrus kämpften erfolgreich für ihre Idee. Schustehrus bilanzierte später stolz: „Das Schillertheater ist eine der ersten Bildungsanstalten Berlins, und daß Bildung etwas ist, was die Sozialpolitik zu fördern bestrebt sein muß, wird niemand leugnen können."

Die bauliche Gestaltung des Theaters entsprach den demokratischen Vorstellungen seiner Gründer. Der Zuschauerraum wurde einem antiken Amphitheater nachempfunden. Ränge gab es zunächst nicht. Im Ersten Weltkrieg geriet das Theater in eine wirtschaftliche Krise, die auch in den frühen 20er Jahren nicht aus eigener Kraft bewältigt werden konnte. Deshalb wurde das Theater von 1923 bis 1931 an die Generalverwaltung der preußischen Staatstheater verpachtet. Nach kurzen Intermezzos mit weiteren Pächtern wurde es endgültig zum Staatstheater.

In der Zeit des Nationalsozialismus wurden Ränge in den Zuschauerraum eingebaut. Nach dem Umbau wurde das Haus 1938 unter der Intendanz von Heinrich George mit Schillers „Kabale und Liebe" wieder eröffnet.

Im Zweiten Weltkrieg wurde das Theater zerstört. Heinz Völker und Rudolf Grosse bauten unter Verwendung von Resten des Vorgängerbaus ein neues Haus, das am 6. September 1951 mit Schillers „Wilhelm Tell" als Staatstheater eröffnet werden konnte. Unter dem Intendanten Boleslaw Barlog wurde das Schillertheater zum wichtigsten Theater West-Berlins, bis in den 70er Jahren die Schaubühne diese Rolle übernahm. Das Schillertheater war auch das Haupthaus der 1951 gegründeten Staatlichen

Schillertheater 1912

300 Jahre Charlottenburg – 100 Jahre Krankenhaus Westend

Baugeschichte 1971 Hochhaus: Klinikgelände nach Fertigstellung des Hochhauses („Kopfhaus") 1971

Die DRK Kliniken Berlin Westend feierten im Jahr 2004 das 100-jährige Bestehen des Krankenhauses Westend. 100 Jahre Westend, das sind 100 Jahre erfolgreiche Krankenhausgeschichte. Ein Jahrhundert mit Meilensteinen nicht nur für die medizinische Versorgung Berlins.

Unfallchirurgie: Die licht- und luftdurchfluteten Krankensäle für 32 Patienten, mit Schwestern und Stationsärzten um 1920

Die Wandlung von einer kleinen Ansiedlung zu einer selbstständigen Stadt machte ab Mitte des 19. Jahrhunderts eine medizinische Versorgung der Bevölkerung Charlottenburgs dringlich. 1867 wurde das erste städtische Krankenhaus in Charlottenburg in der Kirch- und Wallstraße erbaut. Durch starkes Bevölkerungswachstum und zunehmende Industrialisierung stieg der medizinische Versorgungsbedarf in den nächsten Jahren in erheblichem Maße an. So beschloss die Stadtverordnetenversammlung 1895/1896, das Gelände des Pferdemarktes am Fürstenbrunner Weg zum Bau eines neuen Krankenhauses frei zu geben. 1901 wurde mit dem Bau begonnen. Am 20. Juni 1904 konnte das Krankenhaus in Betrieb genommen und feierlich eröffnet werden. Mit 8 Krankenpavillons und großen Krankensälen, Operations- und Badehaus sowie dem stattlichen Verwaltungsgebäude am Spandauer Damm kostete es 6,2 Mio. Mark, über 10.000 Mark pro Bett, eine enorme Summe für die damalige Zeit.

Im Laufe der folgenden Jahrzehnte kam es zu mehrfachen baulichen Veränderungen. 1971 wurde das von Peter Poelzig und Josef Paul Kleihues gebaute Hochhaus eröffnet.

Mit Verlegung des Westend-Universitätsklinikums in die Rudolf-Virchow-Klinik Ende der 80er Jahre wurde diskutiert, die alten Bauten durch einen Krankenhaus-Neubau zu ersetzen. Jedoch wurde dieser Plan verworfen und die alten Gebäude entgingen dem Abriss. Stattdessen wurden unter der Trägerschaft der DRK-Schwesternschaft ab 1991 die Gebäude umfassend renoviert und technisch auf den neuesten Stand gebracht. So sind die Kliniken heute eine gelungene Verbindung von Alt und Neu, in denen eine absolut moderne medizinische Konzeption verwirklicht wird.

Die Kliniken Westend werden allen Ansprüchen moderner Hochleistungsmedizin gerecht. Für die Röntgendiagnostik wurden Computer- und Kernspin-Tomographiegeräte beschafft. Beide ermöglichen äußerst präzise und strahlungsarme Befundung. Zur verbesserten Herz-Diagnostik existiert ein Links-Herz-Katheter-Messplatz, der schnellstmögliche Hilfe bei der Lebensrettung nach Herzinfarkt ermöglicht und die kardiologische Abteilung hervorragend ergänzt.

Das Leistungsspektrum in der Kinderheilkunde konnte durch die Eröffnung des Deutschen KinderUrologieZentrums um urologische und chirurgische Eingriffe bei Säuglingen und Kindern erweitert werden.

Alle Arten von Hüftprothesen werden in der Klinik für Unfall-, Hand- und Wiederherstellungs-Chirurgie eingesetzt.

Die Allgemein-Chirurgie mit ihrem Zentrum für Allgemein- und Viszeralchirurgie und dem Zentrum für Minimal Invasive Chirurgie wurde um das Zentrum für Schilddrüsenchirurgie erweitert.

Speziell für die Diagnostik von Magen- und Darmerkrankungen stehen in der Abteilung für Innere Medizin umfangreiche Untersuchungsräume und modernste Geräte zur Verfügung.

In der Frauenklinik, der drittgrößten Geburtsklinik der Stadt, kommen jährlich etwa 2000 Kinder auf die Welt. Auch für Paare mit Kinderwunsch stellt die Frauenklinik eine wichtige Anlaufstelle dar. In Kooperation mit einer Praxis werden im Fertility

Blick über das Westend-Gelände

Center Berlin alle anerkannten Methoden der künstlichen Befruchtung angewandt. In der Gynäkologie stellt die Behandlung von Krebserkrankungen einen Schwerpunkt der Arbeit dar.

In den Kliniken Westend sind Belegärzte für Orthopädie, Urologie sowie Hals-Nasen-Ohren-Krankheiten tätig und verbinden so den ambulanten und den stationären Sektor im Gesundheitswesen.

Als Unfall-Krankenhaus der Region werden in der 1. Hilfe- und Rettungsstelle täglich rund um die Uhr Hilfeleistungen für Kinder und Erwachsene bei allen Erkrankungen einschließlich Augenverletzungen erbracht.

Die Kliniken Westend erbringen die notwendige, umfassende und qualitativ bestmögliche Gesundheitsversorgung für Charlottenburg und die Region gemäß dem Motto der DRK-Schwesternschaft:

Schauspielbühnen Berlins, zu denen das Schlosspark-Theater in Steglitz, die Schiller-Theater-Werkstatt und die Spielstätte im Ballhaus Rixdorf gehörten.

Nach der Wende wurde das Schillertheater als größte deutsche Sprechbühne – nicht zuletzt aus symbolischen Gründen als West-Berliner Opfer für den Aufbau Ost – 1993 geschlossen. Die Schließung löste weit über Berlin hinaus Proteste und Verbitterung aus. Sie wurde als Signal für den Abbau staatlich subventionierter Kultur in Deutschland interpretiert. Das Schillertheater wird seit seiner Schließung 1993 als Musical- und Gastspiel-Theater genutzt.

Das Charlottenburger Tor 1908

Charlottenburger Tor (1908)

Bernhard Schaede baute 1907-1908 an der damaligen Charlottenburger Chaussee im Bereich der Charlottenburger Brücke über den Landwehrkanal ein Tor als Stadteingang und Pendant zum Brandenburger Tor. Die kolonnadenartige Toranlage diente als Schmuck und Markierung der Einfahrt nach Charlottenburg. Ursprünglich hatte sich an dieser Stelle ein von August Stüler 1857 erbautes Steuereinnahmehäuschen befunden, das für den Bau des Tores 1907 abgerissen wurde.

Auf der dem Tiergarten zugewandten Seite wurden 1909 überlebensgroße Bronzestandbilder des Stadtgründers Friedrich I. mit Szepter und Hermelin sowie Sophie Charlottes mit dem Modell des Charlottenburger Schlosses von Heinrich Baucke aufgestellt. Allegorische Bronzeskulpturen von Georg Wrba auf den Pfeilern wurden im zweiten Weltkrieg zerstört.

Die schmale Charlottenburger Brücke und das Tor störten die Nationalsozialisten beim Ausbau der sogenannten Ost-West-Achse: Der am Anfang des 20. Jahrhunderts entstandene breite, geradlinige, durchgehende Straßenzug vom Alexanderplatz bis nach Spandau sollte in einigen Abschnitten verbreitert und umgestaltet werden. Die Brücke wurde 1937 abgerissen und bis 1939 neu aufgebaut und verbreitert. Die beiden Torflügel wurden weiter auseinander gerückt, das heißt abgerissen und in größerer Entfernung voneinander neu aufgebaut. Dadurch verloren sie den Charakter eines Tores.

Europäische Wirtschaftshochschule in der Säuglingsklinik (1909)

In das 1907 bis 1909 von Alfred Messel als Säuglingsklinik erbaute ehemalige Kaiserin-Auguste-Victoria-Haus am Heubnerweg 6-10 zog 1997 die Europäische Wirtschaftshochschule EAP ein, die 1999 mit der französischen ESCP zur ESCP-EAP fusioniert ist. Die Spezialität der Hochschule, mit weiteren Standorten Paris, London, Madrid und Turin, sind transnationale Wirtschaftsstudiengänge, die über mehrere Länder als zusammenhängende Programme organisiert sind. Am bekanntesten ist das Dreijahresprogramm in Paris, London und Berlin.

Olympiastadion (1909)

Auf den ersten Blick hat sich nicht viel geändert: Am Rande des Grunewalds im Westen Charlottenburgs ruht inmitten eines weitläufigen Areals das mächtige Oval des Olympiastadions. Der monumentale Bau mit seiner klaren Geometrie und der schnörkellosen Außenfassade aus fränkischem Muschelkalk beeindruckt die Besucher seit seiner Errichtung vor sieben Jahrzehnten. Scheinbar unverändert hat die Sportarena die wechselvolle Geschichte um sich herum überdauert. Aber nur scheinbar, denn tatsächlich verbirgt sich hinter dem klassischen Gebilde eine der modernsten Multifunktionsarenen, die Europa zu bieten hat. Es ist ein Denkmal im High-Tech-Gewand. Vier Jahre hat der Umbau bei laufendem Spielbetrieb bis zu seiner Wiedereröffnung am 31. Juli 2004 gedauert, anderthalb Jahre länger als der Neubau in den dreißiger Jahren des vorigen Jahrhunderts, der an sporthistorischer Stätte errichtet wurde.

Zunächst befand sich hier, auf dem Gelände der damaligen Domäne Dahlem, eine 1909 eröffnete Galopp- und Hindernisrennbahn. Aber schon 1907 hatte man den Bau eines Sportstadions geplant. Als schließlich das Internationale Olympische Komitee Berlin zum Austragungsort für die Olympischen

Das Olympiastadion

Spiele im Jahr 1916 bestimmte, wurden die Planungen vorangetrieben. Eingeweiht wurde es 1913 zum 25jährigen Regierungsjubiläum Wilhelms II. als „Deutsches Stadion". Otto March hatte die 30.000 Zuschauer fassende Sportstätte in eine Mulde inmitten der zuvor ebenfalls von ihm erbauten Pferderennbahn gesenkt. Die Aschenbahn wurde von einer Radrennbahn umgeben, und an der Nordgeraden zwischen Radrennbahn und Zuschauerrängen ein Schwimmbad eingebaut. Seiner wichtigsten Bestimmung konnte das Stadion allerdings nicht dienen, da die Olympischen Spiele 1916 wegen des Ersten Weltkrieges abgesagt wurden.

Das Sportgelände lag damals außerhalb Charlottenburgs; erst bei der Eingemeindung der Stadt im Zuge der Bildung Groß-Berlins 1920 wurde es dem neuen Bezirk Charlottenburg zugeschlagen.

Die Brüder Walter und Werner March gewannen 1926 den Wettbewerb zur Errichtung eines Deutschen Sportforums, das ab 1928 nördlich des Stadions gebaut wurde.

Als Berlin 1931 erneut den Zuschlag für die Austragung der Olympischen Sommerspiele erhielt, diesmal für das Jahr 1936, wurde der Sohn von Otto March, Werner March, beauftragt, das Deutsche Stadion dafür konzeptionell zu überarbeiten. Das IOC genehmigte seine Pläne.

1934 wurde das „Deutsche Stadion" abgerissen und March legte schließlich von 1934 bis 1936 das „Reichssportfeld" an und baute das neue Olympiastadion für 100.000 Zuschauer.

Hitler persönlich sorgte dafür, dass hinter dem Stadion das Maifeld für Massenaufmärsche angelegt wurde. Das Marathontor stellt die Verbindung her zwischen dem Maifeld und dem Olympiastadion. Abgeschlossen wurde das Maifeld von der Langemarckhalle, die dem militärischen Totenkult des NS-Regimes diente. Sie wurde als nationale Gedenkstätte für die gefallenen deutschen Soldaten des Ersten Weltkrieges errichtet.

Entstanden ist ein Hochbau über einem ovalem Grundriss von 300 mal 230 Metern. Die Kampfbahn und der untere Zuschauerring befinden sich 15 Meter (ursprünglich 12 Meter) unter Bodenniveau. Im Äußeren gibt es einen zweigeschossigen Pfeilerumgang, im Inneren zwei voneinander unabhängig erschlossene Zuschauerränge. Der obere Ring öffnet sich an der Westseite mit dem Marathontor und einer monumentalen Freitreppe zum Maifeld. Auf dem Treppenpodest steht ein bronzener Dreifuß für das Olympische Feuer. Der Haupteingang mit dem Olympischen Tor befindet sich hier auf der östlichen Seite des Stadions. Zum Olympischen Tor gehören links der Bayern- und rechts der Preußenturm sowie Stelen mit Darstellungen der verschiedenen Sportarten und eingravierten Namen deutscher Olympiasieger.

Nach dem Zweiten Weltkrieg diente das Olympiagelände als Hauptquartier der britischen Militärverwaltung in Berlin. Bis zur deutschen Einheit 1990 erfolgten verschiedene Instandsetzungsarbeiten und Umbauten, so beispielsweise 1973 eine Teilüberdachung der Ränge.

1998 beschloss der Berliner Senat die Komplettsanierung, die den historischen Charakter bewahren sollte. Jetzt sind sämtliche 74.400 Zuschauerplätze überdacht und damit vor Regen und Sonne geschützt. Die neue 140 qm große Anzeigetafel ist die größte Europas. Zusätzlich gibt es eine kleinere Anzeigetafel auf der Nordtribüne. Der neue VIP-Bereich erhält 76 Logen und 5.000 Sitze. Im Bereich der Ehrentribüne wurden 18.000 Natursteinplatten entfernt und nach der Sanierung wieder eingesetzt.

Das Olympiastadion steht unter Denkmalschutz. Deshalb mussten in einem schwierigen Verfahren Kompromisse gefunden werden zwischen den Anforderungen sowohl der FIFA für die Ausrichtung internationaler Fußballspiele als auch des Internationalen Leichtathletikverbandes einerseits und den Auflagen des Denkmalschutzes, das Olympiastadion möglichst im Originalzustand zu erhalten, andererseits. Diese Kompromisse hatten zur Folge, dass die Umbauten aufwändiger und teurer wurden als geplant; aber alle Beteiligten stimmen darin überein, dass es sich gelohnt hat. Das Olympiastadion beeindruckt jetzt vor allem durch eine gelungene Kombination von Alt und Neu.

Der Umbau wurde von dem Augsburger Unternehmen Walter-Bau termingerecht während vier Bundesligaspielzeiten bei laufendem Veranstaltungsbetrieb durchgeführt. Die alten Tribünen wurden Segment für Segment abgetragen und erneuert. Der Rasen wurde zwei Meter tiefer gelegt und der Unterring in einem steileren Winkel konstruiert, um zusätzliche Sitzreihen zu gewinnen. Das neue Dach wurde von den Hamburger Architekten Gerkan, Marg und Partner

Olympiastadion – Die Arena nach dem Umbau 2004

entworfen, und es gilt schon jetzt als ein Meisterwerk der Ingenieur- und Baukunst. Der Dachkranz durfte nicht geschlossen werden, damit die Sicht durch das Marathontor auf das Maifeld und den Turm mit der Olympiaglocke nicht versperrt wird. Die komplexe Technik wurde in das Dach integriert, so dass auf störende Flutlichtmasten oder Lautsprecheranlagen im herkömmlichen Sinne verzichtet werden konnte.

Ein wesentlicher Aspekt der Umbaumaßnahmen war die angestrebte Multifunktionalität der Arena. Das neue Olympiastadion sollte nicht allein eine Spielstätte für Fußball- und Sportveranstaltungen oder Konzerte und sonstige Großereignisse werden, sondern auch „hinter den Kulissen" Räumlichkeiten für die unterschiedlichsten Zwecke und Anlässe bieten. Das Stadion besitzt jetzt 76 edel ausgestattete VIP-Lounges einschließlich der Skyboxen sowie die umgebaute Ehrentribüne mit dem prächtigen „Coubertin-Saal" und der „Ehrenhalle" als Herzstück. Alle VIP-Logen und Säle können durch separate Vorfahrten zu den beiden Tiefgaragen erreicht werden.

Sportliche Großveranstaltungen stehen im Olympiastadion auf der Tagesordnung. So wird das Finale der Fußballweltmeisterschaft 2006 im Berliner Olympiastadion ausgetragen werden. Bereits seit 1985 stehen sich die männlichen Finalisten des DFB-Pokals im Olympiastadion gegenüber, und auch die Frauen tragen hier das Endspiel um die heiß ersehnte Trophäe aus.

Selbstverständlich werden die Bundesliga-Heimspiele des Hausclubs Hertha BSC im Olympiastadion ausgetragen. Der Verein ist eng verbunden mit der Geschichte des Olympiastadions: Für alle „Herthaner" ist und bleibt es „ihr" Olympiastadion.

Ein weiteres sportliches Highlight ist das Internationale Stadionfest ISTAF, das hier alljährlich stattfindet. Neben den Olympischen Spielen ist es eine der bedeutendsten internationalen Leichtathletik-Veranstaltungen für die Top-Athleten der Welt. Doch nicht nur der Sport zieht die Menschen ins Stadion. Internationalen Stars bietet das Olympiastadion eine unvergleichliche Bühne für Rock- und Popkonzerte.

Nicht verdrängt werden soll, wie die Nationalsozialisten die Olympischen Spiele 1936 für ihre Politik instrumentalisierten. Deshalb wurden im Stadion und dessen Umfeld Informationstafeln aufgestellt, die unterstreichen, dass die Zeit des „Dritten Reiches" nicht verdrängt wird. Kurze, lexikonartige Texte auf deutsch und englisch – von einer Historikerkommission erarbeitet – wurden durch Bilder und Lagepläne ergänzt. Umfassende Aufklärung gibt es am Ort der Information beim Haupteingang am Olympischen Platz.

Museum für Fotografie im Offizierskasino (1909)
VON LUDGER DERENTHAL UND MATTHIAS HARDER

Seit Juni 2004 beherbergt das imposante Baudenkmal Jebensstraße 2, nahe des Bahnhof Zoo, zwei bedeutende Berliner Institutionen für die Fotografie: die Helmut-Newton-Stiftung und das Museum für Fotografie der Staatlichen Museen zu Berlin. Das Gebäude mit der strengen neo-klassizistischen Fassade diente ursprünglich als Kasino des „Offizierscorps der Landwehr-Inspektion Berlin e.V.", so der Wortlaut der Giebelinschrift. Es wurde 1908-1909 nach Plänen von Heino Schmieden, einem langjährigen Mitarbeiter von Martin Gropius, und Julius Boethke errichtet.

Das Kasino beherbergte mehrere Festsäle, Gästezimmer, ein Restaurant sowie Kegelbahnen, einen Fechtsaal und einen Schießstand. Repräsentativster Raum war der Kaisersaal. Während des Ersten Weltkriegs zeitweise als Lazarett genutzt, wurde das Offizierskasino in der Zeit zwischen den Weltkriegen auch Zivilisten zugänglich gemacht: Der zum Theater umfunktionierte Kaisersaal wurde nacheinander von mehreren privat betriebenen Bühnen genutzt.

Das Gebäude wurde im Zweiten Weltkrieg schwer beschädigt, der Kaisersaal weitgehend zerstört. 1949 erwarb der Berliner Senat die Ruine und überwies sie der behelfsmäßig in Dahlem untergebrachten Kunstbibliothek der ehemals Staatlichen Museen sowie der noch unbehausten Galerie des 20. Jahrhunderts, dem Vorläufer der Neuen Nationalgalerie. Beide Institutionen bezogen 1954 ihre neuen Räumlichkeiten. Nachdem die Kunstbibliothek 1993 in den Neubau am Kulturforum übergesiedelt war, wurden im Gebäude Depots und Werkstätten anderer Museen untergebracht. 2004 wurde das Haus durch den Einzug des Museums für Fotografie und der Helmut Newton Stiftung wieder eröffnet.

Die Helmut Newton Stiftung wurde noch zu Lebzeiten von Helmut Newton

Museum für Fotografie

(1920-2004) in der Schweiz gegründet. Ihr Zweck ist weltweit die Wahrung, der Schutz und die Präsentation des künstlerischen Werkes von Helmut und June Newton. 2003 wurde mit der Stiftung Preußischer Kulturbesitz vereinbart, dass der Helmut Newton Stiftung das Erdgeschoss und der erste Stock des ehemaligen Landwehrkasinos dauerhaft für Ausstellungen zur Verfügung gestellt wird. Die Kosten für die Umbauten wurden von der Stiftung getragen.

In der ersten Etage befinden sich die Wechselausstellungsräume, im Erdgeschoss werden persönliche Gegenstände aus dem Besitz von Helmut Newton gezeigt, die wichtige Stationen seines Lebens und die Entstehung seines Werkes illustrieren. Durch das großzügige Geschenk Helmut Newtons an seine Heimatstadt kann sich Berlin wieder zu einem Zentrum der Mode- und Porträtfotografie entwickeln. In Berlin, wo Helmut Newton im Juni 2004 in einem Ehrengrab beigesetzt wurde, schließt sich auch fotografisch ein Kreis, der mit Newtons Ausbildung bei der Mode- und Aktfotografin Yva 1936 begonnen hatte. Die Sonderausstellungen zum Werk von Helmut und June Newton wechseln etwa halbjährlich; zu einem späteren Zeitpunkt ist auch daran gedacht, anderen, international bedeutenden, aber auch jungen Künstlern und Fotografen in der Helmut Newton Stiftung ein Forum zu geben.

Beim Museum für Fotografie werden die vielfältigen musealen Aufgabenbereiche der Staatlichen Museen zu Berlin für das Medium Fotografie in einem Forschungs-, Dokumentations- und Ausstellungszentrum gebündelt. Bis zur museumsgerechten Instandsetzung wird die eindrucksvolle Ruine des Kaisersaals mit ihren rohen Backsteinwänden und dem von unten sichtbaren Dachstuhl mit wechselnden Ausstellungen zeitgenössischer Fotografie bespielt. Die noch unsanierten Räumlichkeiten werden in den nächsten Jahren schrittweise als Museum eingerichtet. Vorgesehen sind Ausstellungssäle, Archive und Depots, ein Studien- und Lesesaal, eine Restaurierungswerkstatt und eine museumspädagogische Abteilung mit Demonstrationsfotolabor. Den Grundstock der Museumsbibliothek bildet die Karl-Steinorth-Bibliothek, eine der bundesweit größten Sammlungen zur Fotografiegeschichte mit etwa 15.000 Bänden, die als Präsenz- und Freihandbibliothek der Öffentlichkeit zugänglich gemacht wird.

Kinos (1911)

*D*as älteste Charlottenburger Kino wurde 1911 in der Windscheidstraße 19 als Ladenkino mit 230 Plätzen eröffnet. Unter vielen wechselnden Namen spielte es zuletzt als Klick Filmtheater mit 99 Plätzen. 1912 wurde am Kurfürstendamm das Marmorhaus-Kino eröffnet, und damit begann Charlottenburgs Aufstieg zum wichtigsten Kinostandort Berlins. Hier entstanden die großen, prächtigen Uraufführungskinos, in denen sich in den 20er und 30er Jahren die Stars bei den Premieren die Klinke in die Hand gaben: Union-Palast (1913), Alhambra (1922), Ufa-Palast am Zoo (1925), Capitol (1925), Gloria-Palast (1926), Universum (1928).

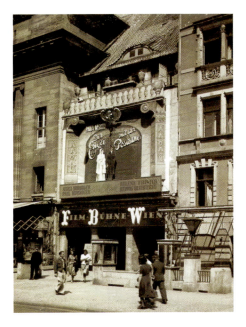

Filmbühne Wien

Nach dem Krieg führte Charlottenburg seine Tradition als bedeutendster Kino-Standort Berlins weiter. Große Kinos wie der Zoo-Palast, Gloria-Palast, MGM oder der Royal-Palast wurden neu gebaut, alte Kinos umgebaut wie der ehemalige Union-Palast zur Filmbühne Wien. Daneben entwickelte sich eine lebhafte Off-Kino-Szene, meist kleine Häuser von Cineasten, die sich auf bestimmte Filmangebote spezialisierten. So konnte man über Jahrzehnte im „Schlüter" unweit des Kurfürstendamms in der Schlüterstraße die Filme der Marx-Brothers sehen. 1979 befanden sich mehr als die Hälfte aller West-Berliner Kinos in Charlottenburg, und wohl nirgends in ganz Deutschland gab es Abend für Abend eine so große Auswahl an Filmen aller Art.

Nach der Wende entstanden in allen Berliner Bezirken große Kinozentren, die modernsten und größten am Potsdamer Platz. Es bestand kein Anlass mehr, nach Charlottenburg zu fahren, um rund um den Bahnhof Zoologischer Garten den Film der Wahl sehen zu können. Deshalb führen nur noch wenige Häuser die große Kinotradition Charlottenburgs fort: Broadway, Cinema Paris, Delphi-Palast, Europa-Studio, Filmkunst 66, Filmpalast Berlin, Kant-Kino, Kurbel, Zoo-Palast.

Untrennbar verbunden mit der Geschichte des Kinos ist ein Charlottenburger „Urgestein": Willy Sommerfeld, der hier am 11. Mai 2004 bei bester Gesundheit seinen 100. Geburtstag feierte. Für den begnadeten Pianisten waren die ersten Jahre des neuen Mediums Film, als dieser noch ohne Ton über die Leinwand lief, die kreativste Zeit seines Lebens. Der älteste Stummfilmpianist der Welt begleitete die großen Stars der ersten Kinojahre ebenso einfühlsam wie unterhaltend für die Zuschauer mit seinen Künsten am Klavier. Was immer Greta Garbo, Charlie Chaplin, Henny Porten oder Emil Jannings an Gestik auf der Leinwand „rüberbrachten: für alle Szenen hatte Willy Sommerfeld den passenden Komponisten parat. Er schaute auf das Filmgeschehen und setzte es sofort über seine Tasten in Mozart oder Wagner um. So verhalf er den Besuchern zu einem kompletten Kinoerlebnis.

Mit dem Aufkommen des Tonfilms änderte sich zwangsläufig sein Musikerleben, aber wer Klavier spielen kann, hat nicht nur Glück bei den Frau'n, sondern findet auch eine Anstellung, wie Willy Sommerfeld zum Beispiel als Dirigent oder Chorleiter. Mit 60 Jahren erlebte er sogar noch ein Comeback als Stummfilmpianist, von den Fans alter Filme gefeiert. Der vom Senat von Berlin ernannte Ehrenprofessor erhielt bei der Berlinale 1995 das „Filmband in Gold" und 2004 die „Berlinale-Kamera".

Synagoge und Jüdische Gemeinde (1912)

VON ALBERT MEYER, VORSITZENDER DES VORSTANDES DER JÜDISCHEN GEMEINDE ZU BERLIN

Mit dem Entstehen des „Neuen Westens" Ende des 19. Jahrhunderts zogen auch Juden aus ihren traditionellen Wohnorten im „alten Berlin" in die aufstrebende Stadt Charlottenburg. Dies war weit mehr als nur ein Wohnungswechsel, es dokumentierte den wirtschaftlichen Erfolg und den gesellschaftlichen Aufstieg. So wie die Stadt – der spätere Bezirk – wuchs, wuchs auch die jüdische Gemeinschaft: Lebten 1895 in Charlottenburg 4678 Juden, so waren es 1910 bereits mehr als 22.500; das waren 8% der Gesamtbevölkerung!

So verwundert es nicht, dass 1912 die erste große Synagoge außerhalb des „alten Berlins" in der Charlottenburger Fasanenstraße eingeweiht wurde. Der

Delphi Filmpalast am Zoo

Synagoge in der Fasanenstraße um 1916

grandiose Baukomplex zwischen S-Bahn und Kurfürstendamm nach dem Entwurf von Ehrenfried Hessel kündete vom Selbstbewusstsein des liberalen jüdischen Bürgertums: Nicht mehr versteckt im Hinterhof wie noch die wenige Jahre zuvor geweihte Synagoge Rykestraße, sondern als sichtbares Zeichen im Stadtbild. Stolz verkündete damals das Gemeindeblatt, dass es „eines solchen Schutzes … Gott sei Dank nicht mehr" bedürfe.

Wie trügerisch dieses Vertrauen war, erfuhr die Betergemeinschaft, als sie am zweiten Abend Rosch Haschana, des jüdischen Neujahrsfestes 1931 ihr Gotteshaus verließ: Hunderte SA-Leute überfielen mit Knüppeln und Eisenstangen die Synagogenbesucher, zahlreiche Schwerverletzte waren zu beklagen. Fortan fanden die Gottesdienste unter Polizeischutz statt. In der Nacht vom 9. zum 10. November 1938 wurde die Synagoge zerstört. Blieben Gotteshäuser auf Hinterhöfen wie in der Pestalozzistraße zumindest von Brandstiftung verschont, so brannte der 1912 so hoffnungsvoll geweihte Bau restlos aus und stand bis zur Sprengung der Ruine 1957 als Symbol für den gescheiterten Traum einer deutsch-jüdischen Symbiose.

Zwei andere Adressen in unmittelbarer Nähe wurden in der Zeit der Verfolgung zu Orten der Hoffnung: In der Kantstraße 158, wo seit 1928 bereits der „Preußische Landesverband jüdischer Gemeinden" seinen Sitz hatte, ließen sich zahlreiche Selbsthilfeverbände und -organisationen nieder, darunter vor allem die 1933 von Rabbiner Leo Baeck gegründete „Reichsvertretung der deutschen Juden". In der Meinekestraße 10 erinnert eine Gedenktafel: „In diesem Hause befanden sich Palästinaamt der Jewish Agency, das bis zu seiner Schließung 1941 etwa 50 000 Menschen zur Auswanderung verhalf, Zionistische Vereinigung für Deutschland, Jüdische Rundschau sowie andere zionistische Organisationen."

Charlottenburg steht aber auch für den Neuanfang jüdischen Lebens in Berlin. Und wieder war es der Platz an der Fasanenstraße: Auf dem Grund der 1938 geschändeten und zerstörten Synagoge entstand 1957 bis 1959 das Jüdische Gemeindehaus – das erste Haus, das sich Juden in Deutschland nach der Katastrophe errichteten. Diese Entscheidung, die auf immer mit dem Namen Heinz Galinski verbunden sein wird, dokumentierte den Schritt von der Liquidations- zur Aufbaugemeinde. Das Jüdische Gemeindehaus wurde zum Herz der Jüdischen Gemeinde und zu einem Ort der Begegnung zwischen Juden und Nichtjuden.

Und so wie Charlottenburg in den Jahren der Teilung der Stadt zum Zentrum West-Berlins wurde, so wurde der Bezirk zum Zentrum jüdischen Lebens: In der Synagoge Pestalozzistraße fanden bereits 1947 Gottesdienste nach dem traditionellen liberalen Ritus statt, als Kantor wirkte über 40 Jahre Estrongo Nachama. In der Joachimstaler Straße 13 fand im ehemaligen Logenhaus die orthodoxe Gemeindesynagoge ihr Domizil. Dort ist auch das Jugendzentrum seit den Fünfziger Jahren Treffpunkt der Gemeindejugend, dort waren die Anfänge des Kindergartens bis zu seinem Umzug in den Neubau in Wilmersdorf 1971 und die Verwaltung der Jüdischen Gemeinde von Berlin-West. Mit der formalen Trennung in Ost- und Westgemeinde 1953 wurde auch die Anlage eines eigenen Friedhofs notwendig; 1955 wurde der Begräbnisplatz an der Heerstraße geweiht.

Auch die Einrichtungen, die von der Gemeinde für ihre alten Menschen geschaffen wurden, befinden sich im Bezirk: Unweit des Lietzensees stehen das „Jeannette-Wolff-Seniorenzentrum" und das „Leo-Baeck-Wohnheim". Der sicherlich bedeutendste Schritt für eine Zukunft der Gemeinde war die Gründung der Jüdischen Schule mit dem Schuljahr 1986/87. Nach einer provisorischen Unterbringung in der Bleibtreustraße konnte die heutige „Heinz-Galinski-Schule" im September 1995 den Neubau in der Waldschulallee beziehen. Heute lernen hier 350 jüdische und nichtjüdische Kinder gemeinsam von der Vorschule bis zur 6. Klasse. Und in naher Zukunft soll auf dem Schulgelände auch die neue Kindertagesstätte der Jüdischen Gemeinde entstehen.

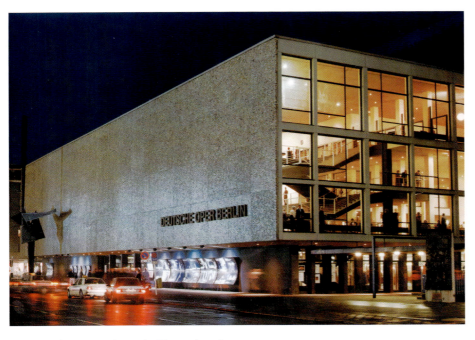

Die Deutsche Oper Berlin in der Bismarckstraße

Deutsche Oper Berlin (1912)
VON CURT A. ROESLER

Die Gründungsidee eines neuen Opernhauses für Berlin, der heutigen Deutschen Oper Berlin, geht auf eine Bürgerinitiative, den „Großen Berliner Opernverein" im Jahre 1907 zurück. Die Mitglieder dieses Opernvereins unter dem Vorsitz des Komponisten Engelbert Humperdinck sahen ihre kulturpolitischen Vorstellungen von der Königlichen Hofoper, der heutigen Staatsoper Unter den Linden, nicht mehr verwirklicht und entschlossen sich daher zur Gründung eines neuen innovativen Opernhauses, das vor allem dem Werk Richard Wagners Geltung verschaffen, aber auch ein Forum für zeitgenössisches Musiktheater bieten sollte. Das neue Opernhaus sollte ausdrücklich allen Bürgern zugänglich sein und auch architektonisch dieses bürgerliche Selbstbewusstsein ausdrücken. Geplant war ein Opernhaus mit 2300 Plätzen, ohne Logen und mit einer guten Sicht von möglichst allen Plätzen.

Wegen der hohen Grundstückspreise in Berlin beschloss man, in das damals noch eigenständige Gemeinwesen Charlottenburg, einen Vorort im Westen der Stadt, auszuweichen, der als Wohnsitz gut situierter Bürger beliebt und mit einer hervorragenden Verkehrsanbindung an Berlin – schon damals existierte die heutige U-Bahnlinie 2 – der geeignete Ort für das Unternehmen schien.

Nach den Plänen von Stadtbaurat Heinrich Seeling baute man das „Deutsche Opernhaus" an der Bismarckstraße und eröffnete es am 7. November 1912 mit Ludwig van Beethovens Oper Fidelio feierlich. Mit einem besonderen Abonnement-System sorgte der Charlottenburger Magistrat dafür, dass auch wenig Begüterte sich den Besuch leisten konnten.

Das neue Opernhaus war ein Erfolg: Schon in der zweiten Spielzeit hatte das Haus 11.000 Abonnenten, später sogar noch mehr. Innerhalb weniger Jahre hatte man ein beachtliches Repertoire aufgebaut, das vom Publikum begeistert angenommen wurde. Gleich in der ersten Spielzeit erlebte das Haus die deutsche Erstaufführung von Puccinis „Das Mädchen aus dem Goldenen Westen", zu deren Vorbereitung der italienische Meister selbst nach Berlin gereist war. Zu den Höhepunkten der ersten Jahre zählt auch die Aufführung von Wagners „Parsifal" am 1. Januar 1914, am Tag nach der urheberrechtlichen Freigabe des Werkes, das bis dahin ausschließlich in Bayreuth gespielt werden durfte.

Nach der Zerstörung im Zweiten Weltkrieg spielte die „Städtische Oper", wie sie jetzt hieß, 15 Jahre lang im Theater des Westens, bis am 24. September 1961 am historischen Ort der Neubau von Fritz Bornemann mit Mozarts „Don Giovanni" eröffnet werden konnte. Seitdem präsentieren an der Bismarckstraße weltweit renommierte Künstlerpersönlichkeiten und ein exzellentes Ensemble neben Giuseppe Verdi, Giacomo Puccini, Richard Wagner und Richard Strauss in den letzten Spielzeiten verstärkt sowohl das französische Repertoire (Charles Gounod, Jules Massenet, Jacques Offenbach, Francis Poulenc) als auch überaus erfolgreich Werke des italienischen Belcanto (Vincenzo Bellini, Gaetano Donizetti und vor allem Gioacchino Rossini). Das hohe künstlerische Niveau, das seit Bestehen des Hauses Tradition an der Deutschen Oper Berlin hat, wird von Starsolisten wie auch von der gezielten Suche nach Nachwuchssängern und jungen Regisseuren sichergestellt.

Nahezu zwanzig Jahre bis zu seinem Tod im Dezember 2000 hatte Götz Friedrich die Intendanz des Hauses inne; in der Tradition des realistischen Musiktheaters Walter Felsensteins prägte er die Operngeschichte der Nachkriegszeit. Ihm folgte Udo Zimmermann, der im Juni 2003 vorzeitig von seinem Amt zurücktrat. Seit September 2004 ist Kirsten Harms Intendantin, die seit 1995 die Kieler Oper geführt und zu einem viel beachteten Musiktheater gemacht hatte.

AVUS (1913)

Auf Anregung des Kaiserlichen Automobil-Clubs wurde 1909 die „Automobil-Verkehrs- und Übungs-Straße GmbH" gegründet, die im Jahr 1913 mit dem Bau einer breiten Automobil-Straße von Charlottenburg nach Nikolassee begann. Die 10 km lange Automobil-Verkehrs- und Übungs-Straße AVUS wurde 1921 eröffnet. Damals war sie eine Privatstraße, die in zwei Schleifen endete und Schauplatz vieler Autorennen wurde. Heute ist die AVUS Teil der Bundesautobahn. 1999 fand das letzte Rennen auf der AVUS statt.

Messegelände mit Funkturm und ICC (1914)

Nachdem die Geschichte der Berliner Messen bereits 1822 mit der „Ersten Berliner Gewerbeausstellung" in der Klosterstraße begonnen hatte, 1844 mit Ausstellungen im Zeughaus Unter den Linden und 1896 im Treptower Park fortgesetzt worden war, wuchs um die Jahrhundertwende das Bedürfnis nach einem Messegelände in Charlottenburg. Von 1905 bis 1907 errichtete man dann am südwestlichen Rand des Zoologischen Gartens, an der Hardenbergstraße zwischen Kaiser-Wilhelm-Gedächtnis-Kirche und Bahnhof Zoo die Ausstellungshallen am Zoo – natürlich im romanischen Baustil, den Kaiser Wilhelm II für die Gebäude um die Gedächtniskirche vorgeschrieben hatte. Aber die Hallen wurden bald zu klein. Man baute sie um und verwendete sie für andere Zwecke, unter anderem eröffnete man dort 1912 den Ufa Palast.

Vor allem die Automobilindustrie verlangte ein großes Messegelände und schlug vor, dieses unmittelbar im Anschluss an die seit 1913 gebaute AVUS anzulegen. Der „Verein Deutscher Motorfahrzeug-Industrieller" sicherte sich am heutigen Standort des Zentralen Omnibusbahnhofs nahe Kaiserdamm ein Gelände, auf dem er 1914 eine riesige Ausstellungshalle von 240 Meter Länge und 74 Meter Breite bauen ließ. In den Kriegsjahren wurde sie allerdings zunächst nicht genutzt.

Aber bald nach dem Ersten Weltkrieg, 1921, präsentierte die Automobilindustrie ihre erste Ausstellung in „Halle l". Die Existenz dieser Halle und des freien Geländes in ihrer Nachbarschaft gab schließlich den Ausschlag dafür, dass die Wahl für den Ausbau des Berliner Ausstellungsgeländes auf Charlottenburg fiel. Auf Anregung der Berliner Wirtschaft veranlasste Oberbürgermeister Böß 1923 die Gründung der gemeinnützigen Berliner Messe- und Ausstellungsgesellschaft" mit dem Zusatz „Berliner Messe-Amt", wie es bereits 1924 hieß. Noch im gleichen Jahr entstanden zwei neue Ausstellungshallen, die „Automobilhalle II" auf dem genannten Gelände und südlich davon am Messedamm die „Halle der deutschen Funkindustrie", in der gleich nach ihrer Fertigstellung im Dezember 1924 die erste „Große Deutsche Funk-Ausstellung" durchgeführt wurde. Die Halle baute man ganz aus Holz, um Störungen des Sende- und Empfangsbetriebs zu vermeiden.

Schauplatz zahlreicher Autorennen – die AVUS-Nordkurve

Innovation und Technik in der 3. Generation

Kurt Ehrig und seine Frau Gerda gründeten **1947** einen Büromaschinenhandel und reparierten Büromaschinen ohne technische Hilfsmittel aber mit viel Improvisationsvermögen und Fleiß.

1960 zogen sie in die Bismarckstraße nach Berlin-Charlottenburg. Als einer der ersten engagierte sich Kurt Ehrig für den Einzug der Elektronenrechner und Abrechnungscomputer in die Büros.

1961 und **1964** traten seine beiden Söhne, Dipl.-Kfm. Wolfram Ehrig und Dipl.-Ing. Dietmar Ehrig in die Firma ein. Mit dem Boom der legendären IBM- und Remington-Kugelkopfschreibmaschinen in den 70er Jahren wurde die Firma in eine GmbH umgewandelt.

1990 wurde das Technikcenter in der Sophie-Charlotten-Straße eröffnet und **1996** erfolgreich nach DIN EN ISO 9002 zertifiziert. Hier befindet sich der Service-Stützpunkt für unsere großen Lieferanten Ricoh, HP, Kyocera, Fujitsu-Siemens und Toshiba.

RICOH Image Communication

2000/2001 hielt die 3. Generation Einzug in den Betrieb: Kerstin Ehrig-Wettstaedt und Torsten Ehrig, beide Dipl. Betriebswirte (BA).

Für eine bundesweite Ausrichtung des Qualitäts-Services für IT-Lösungen und Bürosysteme schloss sich die EHRIG GmbH **2003** der Systemhaus-Kooperation iTeam an und rezertifizierte ihr Technikcenter erfolgreich nach DIN EN ISO 9001/2000.

2005: Der Familienbetrieb besteht nunmehr seit über 55 Jahren und ist heute mit über 80 Mitarbeitern das führende Bürosystemhaus in Berlin – eine gelungene Synthese aus Bürofachhandel und Systemhaus mit den 5 Kernbereichen: Netzwerk-, Druck-/Kopier-, Dokumentenmanagement, Präsentationstechnik und Service.

Computer + Bürosysteme
Bismarckstraße 45
10627 Berlin
Tel. (030) 34 789-0
Fax (030) 34 789-200
ehrig@ehrig.de
www.ehrig.de

– gleich neben der Deutschen Oper Berlin –

Blick auf das Internationale Congress Centrum Berlin und den Funkturm

Daneben entstand nach den Plänen des Architekten Heinrich Straumer das 138 Meter hohe Stahlskelett des Funkturms, der am 3.9.1926 zur dritten Großen Deutschen Funkausstellung eröffnet wurde. Die 400 Tonnen schwere Stahlrahmenkonstruktion enthält in 55 m Höhe ein zweigeschossiges Restaurant und in 125 m Höhe eine Aussichtsplattform. Der „Lange Lulatsch" ist ein Wahrzeichen des Messegeländes und ganz Berlins. Als Sendemast wird er heute nur noch für den Polizeifunk genutzt.

1926 fand in den Hallen am Kaiserdamm erstmals die Grüne Woche statt, 1929 und 1930 wurden zwei weitere Hallen von Martin Wagner und Hans Poelzig gebaut. 1935 vernichtete ein Brand die hölzerne Funkhalle. Im gleichen Jahr eröffnete man weiter südlich die Deutschlandhalle, die als Sporthalle und Veranstaltungsstätte das Messegelände ergänzen sollte. Von den Nationalsozialisten wurde sie für Massenveranstaltungen genutzt.

Richard Ermisch baute an der heutigen Masurenallee die monumentale 32 Meter hohe Ehrenhalle, die 1937 fertig wurde. Im Zweiten Weltkrieg wurden die Messehallen stark beschädigt. Die beiden Automobilhallen nördlich der Neuen Kantstraße und Masurenallee wurden später abgetragen und machten Platz für die Stadtautobahn und den Zentralen Busbahnhof.

Schon 1945 begann der Wiederaufbau der Hallen südlich der Masurenallee, und 1948 fand erstmals wieder eine Grüne Woche statt. Zur Ersten Deutschen Industrieausstellung im Oktober 1950 wurden bereits neue Hallen fertig gestellt. Aber erst 1957 hatte man wieder die gleiche Ausstellungsfläche wie in der Vorkriegszeit erreicht. In diesem Jahr konnte auch die wieder aufgebaute Deutschlandhalle eröffnet werden.

1973-79 bauten Ursulina Schüler-Witte und Ralf Schüler zwischen Stadtautobahn und Messedamm, gegenüber dem Ausstellungs- und Messegelände am Funkturm, das Internationale Congress Centrum Berlin (ICC). Mit seiner glänzenden Aluminium-Ummantelung und der freischwebenden Konstruktion des Daches erweckt es den Eindruck eines Raumschiffes, das durch eine Fußgängerbrücke über den Messedamm an das Messegelände angebunden ist. Die ca. 80 Säle und Räume im ICC bieten eine Gesamtkapazität von 20.300 Plätzen. Vor dem ICC wurde 1980 die Großskulptur „Alexander von Ekbatana – Der Mensch baut eine Stadt" von Jean Ipoustéguy aufgestellt.

Die in Charlottenburg ansässige Messe Berlin GmbH, wie sie heute heißt, gilt als Berlins größter Initiator von Geschäftsreisen. Sie stellt einen Konzern dar, der zu den zwölf umsatzstärksten Messegesellschaften der Welt zählt. Die Messe Berlin organisiert und veranstaltet mehr denn je regionale, nationale und internationale Messen, Ausstellungen, Kongresse und sonstige Ereignisse. Dazu gehören Leitmessen wie die Internationale Tourismus-Börse, die Internationale Grüne Woche, die Fruit Logistica, die InnoTrans, die Bautec, die Internationale Funkausstellung sowie die Internationale Luft- und Raumfahrtausstellung auf dem Flughafen Schönefeld. Zusammen mit den jährlich rund 600 Tagungsveranstaltungen im ICC ziehen diese Ausstellungen über zwei Millionen Menschen im Jahr in den Bann des wirtschaftlichen, politischen und kulturellen Lebens der Messestadt Berlin. Und mit der europäischen Musikmesse Popkomm, die 2004 an die Spree kam, sowie der B-in-Berlin, einer neu geschaffenen Modemesse, die ab 2005 das Geschehen unter dem Funkturm bereichert, wird die Vielfalt und Leistungsfähigkeit des Berliner Messeprogramms zusätzlich unter Beweis gestellt.

Mittlerweile ist das Charlottenburger Ausstellungsgelände auf 26 Messehallen (darunter mehrere Doppelhallen) mit 160.000 Quadratmeter Hallenfläche angewachsen, zu denen ein Freigelände von 100.000 Quadratmetern gehört. 2003 wurde das Areal durch den multifunktionalen, attraktiven Haupteingang Süd ergänzt. Zudem stellt die Hauptstadtmesse seit 2001 erweiterte virtuelle Möglichkeiten bereit, denn die Aussteller auf den verschiedenen Messen können nunmehr ihre Produkte an 365 Tagen im Jahr rund um die Uhr im Internet anbieten. Das bedeutet für die Partner der Messe Berlin ständigen Dialog und Geschäftsanbahnung. Alles in allem sorgen die Messen und Kongresse unter dem Berliner Funkturm für einen enormen Kaufkraftzufluss, und das vermehrte Steueraufkommen sendet wesentliche ökonomische Impulse für Berlin und Brandenburg aus. Die Veranstaltungen sind zugleich ein wichtiger Bestandteil der Funktion Berlins als Kommunikations- und Handelszentrum.

Weimarer Republik: Der Bezirk im Neuen Westen

Die Weimarer Republik begann für Charlottenburg – wie für alle großen Städte rund um Berlin – mit dem Ende als selbständige Stadt. Mit dem „Gesetz über die Bildung der neuen Stadtgemeinde Berlin" vom 27.4.1920 wurde Charlottenburg 1920 als siebter Verwaltungsbezirk mit rund 325.000 Einwohnern Teil von Berlin.

Vorausgegangen waren erbitterte Auseinandersetzungen um die Verwaltungsstruktur des Großraumes Berlin. Charlottenburg war wie Spandau, Wilmersdorf und Schöneberg, also wie alle reichen Städte im Westen Berlins, gegen die Eingemeindung. Aber die Zwangsverwaltungsmaßnahmen während des Ersten Weltkriegs und schließlich die neue politische Situation nach der Novemberrevolution senkten die Waagschale schließlich zu Gunsten der Befürworter Groß-Berlins.

Allerdings mussten sie auch jetzt den Gegnern einige Zugeständnisse machen, und so erhielten die neuen Bezirke Berlins eine gewisse Eigenständigkeit. Bezirksversammlungen (heute Bezirksverordnetenversammlungen) durften Bürgermeister wählen, und diese durften über bezirkliche Belange entscheiden. Was aber bezirkliche Belange, und was gesamtstädtische Aufgaben sind, das ist in Berlin bis heute umstritten.

Im Juni 1920 fanden die ersten Wahlen zur neuen Bezirksversammlung statt. Im Gegensatz zum Dreiklassenwahlrecht der Kaiserzeit waren es allgemeine und gleiche Wahlen. Im Januar 1921 trat die Bezirksversammlung erstmals zusammen, und im Februar 1921 begann das neue Bezirksamt mit seiner Arbeit und löste endgültig den alten Charlottenburger Magistrat ab.

Die Bezirke waren zwar Teil der Einheitsgemeinde Berlins und hatten keine eigene Rechtsfähigkeit und keine Finanzhoheit, aber sie konnten ihre eigenen Organe – Bezirksversammlung und Bezirksamt – selbst wählen, und diese hatten eigene Kompetenzen und – besonders wichtig – die Personalhoheit. Bei Meinungsverschiedenheiten mit der Zentrale sprach eine Schiedsstelle das letzte Wort, in der sie selbst paritätisch vertreten waren.

Mitglieder der Bezirksverordnetenversammlung 1924

Charlottenburg fand sich schnell mit seinem neuen Status ab und verteidigte ihn hartnäckig gegen weitergehende Zentralisierungsbestrebungen des Berliner Oberbürgermeisters Gustav Böß, der die Bezirksversammlungen abschaffen wollte.

1920 kam es zu Gebietserweiterungen, vor allem im Westen Charlottenburgs bis zur Stößenseebrücke. Trotz dieser Gebietskorrekturen änderte sich nichts am grundsätzlichen Charakter des Bezirks mit überwiegender Wohnbebauung und etwas Industrie nördlich des Landwehrkanals und der Spree. Teure Wohnviertel waren vor allem die Kurfürstendammgegend, Westend und Neu-Westend. Ein ausgesprochenes Arbeiterviertel war zwischen Schloss und Zillestraße entstanden und wurde im Volksmund „Kleiner Wedding" genannt. Sonst lebten überwiegend Angehörige des Mittelstands in den fünfgeschossigen Miethäusern der Innenstadt und in den neu entstehenden Siedlungen an der Heerstraße und in Ruhleben. Die neu gebaute kleinbürgerliche Siedlung Eichkamp gehörte zunächst noch zu Wilmersdorf, fiel aber 1938 an Charlottenburg.

Der Bezirk Charlottenburg konnte in fast allen Bereichen der Kommunalpolitik auf die Grundstrukturen aufbauen, die in der Großstadt Charlottenburg gelegt worden waren. Die Siedlungsstruktur und die Verkehrswege waren im Wesentlichen angelegt, die kommunalen Einrichtungen befanden sich in einem guten Zustand, und die Sozial-, Bildungs- und Kulturpolitik des Magistrats hatte in Verbindung mit privaten Institutionen, Stiftungen und Vereinen Vorbildliches geleistet. Der Bezirk baute darauf auf und konnte eine Reihe von Projekten weiterführen und verwirklichen, die bereits vor dem ersten Weltkrieg geplant worden waren.

In den letzten Jahren der Weimarer Republik wurde der Einfluss der Nationalsozialisten auch in Charlottenburg immer größer. Sie inszenierten antisemitische Pogrome auf dem Kurfürstendamm, lieferten sich Straßenschlachten mit Kommunisten und hatten auch Erfolg bei den Wahlen zur Bezirksversammlung. Bereits 1929 zogen fünf Nationalsozialisten in die Charlottenburger Bezirksversammlung ein, darunter Joseph Goebbels, der jedoch nie zu den Sitzungen erschien. Fraktionsvorsitzender wurde der Chefredakteur des Berliner NS-Hetzblattes „Der Angriff", Julius Lippert, später Vorsitzender der NS-Stadtverordneten im Berliner Parlament und nach der nationalsozialistischen Machtübernahme als Staatskommissar und schließlich Oberbürgermeister Leiter der zentralistische geführten Berliner Verwaltung, bis sich Joseph Goebbels 1940 selbst zum Stadtpräsidenten und Chef der Berliner Verwaltung machte. Der nationalsozialistische Stimmenanteil bei den Wahlen von 1930 (18,3 %) und vom Juli 1932 (37,4 %) und November 1932 (33,1 %) war zwar niedriger als im Reichsdurchschnitt aber höher als im Berliner Durchschnitt.

Tribüne (1919)

VON THOMAS TREMPNAU

Im April 1919 eröffneten der Hamburger Regisseur Karl-Heinz Martin und der Schauspieler Fritz Kortner in dem 1914-15 von Emilie Winkelmann gebauten Viktoria-Studienhaus das Theater Tribüne als Avantgardebühne des szenischen Expressionismus. Heute ist es eines der traditionsreichsten Privattheater Berlins. Die Tribüne feierte zur Eröffnung ihren ersten Erfolg mit der Uraufführung von Ernst Tollers „Die Wandlung" mit dem jungen Fritz Kortner in der Hauptrolle. Im Eröffnungsheft stellte die künstlerische Leitung des neuen Theaters ihre Ziele vor:

„Wir überreichen diese Ausführungen mit der Bitte, uns Ihr Interesse, Ihre persönliche Anteilnahme sowie ihre tätige Unterstützung angedeihen zu lassen. Die von uns gegründete Tribüne soll ein Theater neuer Form sein, in dem der Versuch gemacht wird, einen dem veränderten Zeitbewusstsein entsprechenden Ausdrucksstil für das Bühnenkunstwerk zu finden. In einer völlig neuen Lösung des Problems des Theaterraums sehen wir die Möglichkeit, den Theatergenuss zu seinem eigentlichen Sinn zurückzuführen: zur Vergeistigung gesitteter Hörer, zu unmittelbarer und tiefstgreifender Übermittelung des Dichtwerks, zur Erschaffung der Kultusstätte einer geistigen Gemeinschaft."

Das Programm für die ersten Monate wurde entsprechend engagiert gestaltet: Neben weiteren Uraufführungen zeitgenössischer Werke zelebrierten Berliner DADAisten gefeierte Publikumsbeschimpfungen. Die künstlerischen und politischen Ambitionen der künstlerischen Leitung ließen sich jedoch wirtschaftlich nicht lange umsetzen. Schon im Dezember 1919 wurde die Tribüne von einem Fachmann für Unterhaltungstheater, Eugen Robert, übernommen. Er leitete das Theater bis 1933, dann musste er nach London fliehen. Neben dem Unterhaltungstheater inszenierten in den zwanziger Jahren aber auch Erwin Piscator und Jürgen Fehling unter anderem mit Heinrich George und der jungen Marlene Dietrich.

Mitte der dreißiger Jahre war für eine Spielzeit Rudolf Platte Leiter der Tribüne, anschließend wurde sie bis Ende des Zweiten Weltkrieges von der Schauspielschule des Deutschen Theaters genutzt. Am 1. Juni 1945 wurde die Tribüne als erstes Berliner Theater nach dem Zwei-

Volksbund Deutsche Kriegsgräberfürsorge e. V.
Arbeit für den Frieden

Der Volksbund Deutsche Kriegsgräberfürsorge e. V. wurde am 16. Dezember 1919 in Berlin gegründet und hatte seine erste Geschäftsstelle in Berlin-Charlottenburg 5, Königsweg 30 (heute: Wundtstraße). Der Hauptzweck des Vereins war „die Förderung von Herrichtung, Schmuck und Pflege der deutschen Kriegsgräberstätten im Auslande und der Kriegsgräberstätten im Reichsgebiet" sowie „den Angehörigen der Gefallenen und Verstorbenen in allen Angelegenheiten der Kriegsgräberfürsorge behilflich zu sein." Zu den 92 deutschen Persönlichkeiten, die in einem gemeinsamen Aufruf 1920 um die Mitgliedschaft und Spenden warben, zählten u.a. Dr. Konrad Adenauer, Dr. Walter Rathenau, Dr. Gerhart Hauptmann, Prof. Max Liebermann, Prof. Georg Kolbe und der für Charlottenburg tätige Gartendirektor Erwin Barth.

1924 organisierte der Volksbund eine reichseinheitliche Gedenkfeier im Berliner Schauspielhaus, mit dem Ausbau von Soldatenfriedhöfen im Ausland begann der Verein 1926 in Frankreich. 1931/1932 arbeiteten erstmals Schüler auf Friedhöfen im Ausland. Nach der Gleichschaltung des Volksbundes 1933 wurde 1934 der Heldengedenktag im Sinne der NS-Ideologie im Deutschen Reich eingeführt. Während des Zweiten Weltkrieges unterstand die Kriegsgräberfürsorge direkt dem Militär.

Nach der Reorganisation des Vereins wurde im Jahre 1951 die Bundesgeschäftsstelle nach Kassel verlegt. Ein Jahr zuvor 1950 war der Landesverband Berlin mit Unterstützung von bekannten Berliner Politikern wie Louise Schröder, Prof. Dr. Ernst Reuter, Dr. Walter Schreiber, Dr. Otto Suhr u.a. gegründet worden. Die Berliner Geschäftsstelle befand sich in Charlottenburg in der Niebuhrstr. 78, später in der Kastanienallee 15 und über mehrere Jahrzehnte bis 1997 in der Preußenallee 36 in Neu-Westend. Seit 1951 veranstaltet der Volksbund in Berlin alljährlich die Volkstrauertage, die von 1951 bis 1957 in der Städtischen Oper (heute: Theater des Westens) und ab 1961 für mehrere Jahrzehnte in der Deutschen Oper Berlin in der Bismarckstraße stattfanden.

Aufruf zur Straßensammlung, 1957

Der Volksbund Deutsche Kriegsgräberfürsorge e. V. ist ein gemeinnütziger Verein mit humanitärem Auftrag. Das Motto seiner Arbeit lautet: „Versöhnung über den Gräbern – Arbeit für den Frieden". Er erfasst, erhält und pflegt die Gräber von etwa zwei Millionen Opfern von Krieg und Gewaltherrschaft auf über 842 Friedhöfen im Ausland und hilft bei der Erhaltung der Kriegsgräber in Deutschland. Der Verein arbeitet im Auftrag der Deutschen Bundesregierung, die wichtigsten Rechtsgrundlagen sind die Genfer Konventionen sowie zwischenstaatliche Kriegsgräberabkommen und Vereinbarungen.

Der Verband ist seit 15 Jahren in den Ländern des ehemaligen Ostblocks tätig, wo noch hunderttausende Kriegstote aus verstreuten Grablagen geborgen und auf großen, zentralen Friedhöfen bestattet werden. Der Volksbund hilft Angehörigen bei der Suche nach den Gräbern und bei der Klärung von Gefallenen-, Kriegsgefangenen- und Vermisstenschicksalen.

Der Regierende Bürgermeister von Berlin Willi Brandt hält die Gedenkrede am Volkstrauertag 1962 in der Deutschen Oper Berlin

Seit 1953 führt der Volksbund jährlich 3.000 junge Menschen verschiedener Nationalitäten an den Kriegsgräbern zusammen. Sie helfen in internationalen Workcamps in Deutschland und im Ausland bei der Pflege der Gräber, treffen sich zu Seminaren und verbringen in den Jugendarbeitskreisen (JAK) ihre Freizeit.

Der Volksbund hat in den letzten Jahren seine Arbeit im Bereich der Jugend- und Erwachsenenbildung im schulischen und außerschulischen Bereich erheblich verstärkt. Er unterhält heute fünf Jugendbegegnungsstätten in Niederbronn-les-Bains (Frankreich), Ysselsteyn (Niederlande), Lommel (Belgien), auf dem Futa-Pass (Italien) und in Kaminke auf der Insel Usedom neben dem Friedhof „Golm". Dort können Schulklassen übernachten und werden auf Wunsch mit einem eigenen pädagogischen Programm betreut. Die Einrichtungen werden auch für historisch-politische

Internationales Workcamp: Jugendliche pflegen die Gräber

Veranstaltungen im Rahmen der Lehrerfort- und Erwachsenenbildung genutzt.

Für Mitglieder, Förderer und Interessierte veranstaltet der Volksbund als ein aktiver Verein auch Konzerte, Lesungen, Tagesausflüge, Friedhofs-, Museums- und Gedenkstättenbesuche sowie mehrtägige Bildungsreisen.

Volksbund Deutsche Kriegsgräberfürsorge e. V. Landesverband Berlin
Lützowufer 1, 10785 Berlin
Telefon (030) 2 30 93 60
Telefax (030) 23 09 36 99
Mail: berlin@volksbund.de
Internet: www.volksbund.de

ten Weltkrieg unter der Leitung von Victor de Kowa mit einem Kleinkunstprogramm in der Conférence von Hildegard Knef wieder eröffnet. Fünf Jahre unterhielt de Kowa sein Publikum mit Literaturtheater und gekonntem Boulevard. Von 1950 bis 1972 führte Frank Lothar diesen Balanceakt zwischen gängiger Unterhaltung und anspruchsvoller Literatur fort. Horst A. Hass, Hugo Affolter und Klaus Sonnenschein übernahmen danach die Leitung.

Zur Führungsriege gehörten schon damals Ingrid Keller und Rainer Behrend, die 1978 mit Klaus Sonnenschein in die Direktion eintraten und nach dessen Ausscheiden 1997 das Theater heute weiter leiten. 1972 musste ein neues Konzept für den Spielplan erarbeitet werden. Die zum Teil gut subventionierten Berliner Theater boten vom unterhaltenden Boulevard- und Volkstheater bis zu den zeitgenössischen und klassischen Dichtungen fast alles. Da wurde die Idee vom kleinen musikalischen Schauspiel geboren, und die Konzeption bewährte sich schon beim ersten Musical: „Wonderful Chicago" von Heinz Wunderlich wurde der erste große Presse- und Publikumserfolg. In der Folgezeit wurden Inszenierungen mit der Berliner Volksschauspielerin Edith Hancke besonders große Erfolge, mehrmals erhielt sie für ihre Rollen an der Tribüne den „Goldenen Vorhang" und andere Publikumspreise.

Als Kontrast zum Volkstheater entwickelte Rainer Behrend ein Programm mit anspruchsvollen literarischen Stoffen und kabarettistisch-literarischen Revuen. Zu den erfolgreichsten und preisgekrönten Produktionen gehörten „Walter Mehrings Lumpenbrevier" (Spottlieder und Gassenhauer des Berliner Dichters aus der Weimarer Republik) und die musikalische Erzählung „Die verbrannten Dichter" (Szenen, Lieder und Gedichte aus dem Exil 1933 – 1945).

In den letzten Jahren hat neben Rainer Behrend mit Folke Braband auch die jüngere Generation den Spielplan der Tribüne mitgeprägt, Schwerpunkt ist die anspruchsvolle, meist britische Gesellschaftskomödie. Exemplarisch dafür steht der große Erfolg bei Kritik und Publikum „Ladies Night" (Ganz oder gar nicht). Folke Brabands Inszenierung wurde von den Mitgliedern der Theatergemeinde zum Stück des Jahres 2000 gewählt, lief fast fünf Jahre bei mehr als 300 Vorstellungen.

Renaissance-Theater (1922)

Das Renaissance-Theater ist das einzig vollständig erhaltene Art-Déco-Theater Europas. Am 18. Oktober 1922 eröffnete Theodor Tagger alias Ferdinand Bruckner an der Hardenbergstraße in Charlottenburg das Haus mit „Miß Sara Sampson" von Gotthold Ephraim Lessing. Mit erstaunlichem Mut gab Tagger jungen Dichtern wie Brecht und Bronnen die Chance, mit ihren Stücken Gesellschaftskritik zu üben. Als ein „Juwel der Theaterbaukunst" wurde diese Bühne seit dem Umbau durch Berlins bedeutendsten Theaterarchitekten Oskar Kaufmann, dem die Stadt eine Reihe von Theaterbauten – darunter das Hebbel-Theater, die Volksbühne und die im Krieg zerstörte Kroll-Oper – verdankt, vielfach bezeichnet. 1926 übernahm er den Auftrag, das Renaissance-Theater umzubauen. Entstanden ist ein

Renaissance-Theater

Meisterwerk, das die Zeitgenossen zu überschwänglicher Begeisterung hinriss. Oskar Kaufmanns Architektursprache passt in keine gängige Schublade. Der Kunsthistoriker Max Osborn erfand deshalb für Kaufmanns originelle Stilwelt eine eigene und nannte sie „Expressionistisches Rokoko". Nach Kaufmann ist das Renaissance-Theater mehr ein Kammerspieltheater im Art-Déco-Stil. Der individuelle „Stimmungston", wie der Architekt selbst es nannte, teilt sich sehr deutlich mit und lässt sich als heiterer Ernst bezeichnen. Kaufmann hatte also sehr genau mit seinem Auftraggeber Tagger darüber gesprochen, welche Art von Stücken im Renaissance-Theater gespielt werden sollten. Der Charakter eines Kaufmannschen Theaters setzt darum dem Repertoire gewisse Grenzen. Kaufmanns „Stimmungston" hat die Arbeit dieses Hauses immer mitbestimmt und tut dies noch heute.

Nach dem Krieg erwarb sich das Theater über Jahrzehnte den Ruf, „das Schauspieler-Theater" Berlins zu sein. Prof. Kurt Raeck, der es von 1946 bis 1979 leitete, gelang es, die zwischen 1933 und 1945 zerstörte Theaterkultur wiederzubeleben, indem er ihre Protagonisten, sowohl die emigrierten wie die in Deutschland gebliebenen, für sein Haus gewann – darunter so bedeutende Schauspieler wie Elisabeth Bergner, Lucie Mannheim, Albert Bassermann, Käthe Dorsch, Walter Franck, Curt Goetz, O.E. Hasse, Grete Mosheim, Tilla Durieux, Hubert von Meyerinck, Elisabeth Flickenschildt und Ernst Schröder.

Nach der Übernahme der Intendanz durch Horst-H. Filohn im Jahre 1995 positionierte sich das Traditionshaus in der veränderten Theaterlandschaft des wiedervereinigten Berlin völlig neu. Das Renaissance-Theater wurde zur Bühne für internationale Gegenwartsdramatik, die gesellschaftliche Entwicklungen reflektiert und ein breites, an niveauvoller dramatischer Unterhaltung interessiertes Publikum anspricht. Auf dem Spielplan stehen finden sich neben den bedeutendsten Vertretern der Gegenwartsdramatik wie Edward Albee, Michael Frayn, Yasmina Reza und Eric-Emmanuel Schmitt – deren Stücke hier zumeist in deutscher Sprache erstaufgeführt werden – immer wieder auch neue und unbekannte Autoren. Der Tradition des Schauspielertheaters aber ist das Haus treu geblieben. So stehen große Schauspielerpersönlichkeiten wie Mario Adorf, Boris Aljinović Ben Becker, Heinz Bennent, Christian Berkel, Winfried Glatzeder, Walter Kreye, Tilo Nest, Udo Samel, Andrea Sawatzki, Peter Simonischek, Peter Striebeck, Gerd Wameling und Judy Winter hier auf der Bühne, und für viele von ihnen ist das Renaissance-Theater inzwischen zur künstlerischen Heimat in Berlin geworden.

Eingang zum Volkspark Jungfernheide um 1930

Volkspark Jungfernheide (1923)

Charlottenburg hatte großes Glück mit seinem Gartenbaudirektor Erwin Barth. Ihm hat es zu verdanken, dass neben dem Schlosspark eine zweite große Parkanlage geschaffen werden konnte: der Volkspark Jungfernheide. Barth war von 1912 bis 1926 Gartendirektor von Charlottenburg und anschließend von Groß-Berlin. In Charlottenburg hat er großartige Platz- und Parkanlagen geschaffen, darunter neben dem Volkspark Jungfernheide den Savignyplatz, Brixplatz, Hochmeisterplatz, Klausenerplatz, Mierendorffplatz und den Lietzenseepark. Auch den Krankenhausgarten für das damalige Krankenhaus Westend gestaltete er.

Barths Credo lautete: „Wenn irgendwo eine reiche Ausstattung der Plätze mit verschwenderischer Blumenfülle, mit Brunnen und dergleichen angebracht ist, so ist es da, wo Leute wohnen, die sich keine eigenen Gärten leisten können." Am Mierendorffplatz und am Brixplatz erinnern seit 1980 Gedenktafeln an Erwin Barth.

Der Volkspark Jungfernheide geht zwar auf Planungen des Charlottenburger Magistrats am Anfang des 20. Jahrhunderts zurück, aber erst in den 20er Jahren konnte Erwin Barth die Pläne verwirklichen.

Die Jungfernheide als östlich von Spandau gelegenes Wald- und Heidegebiet erhielt ihren Namen nach den „Jungfern" des Spandauer Nonnenklosters, das 1239 von den Markgrafen Otto III und Johann I gegründet wurde. Auch die Nonnendammallee bezieht sich auf das Spandauer Nonnenkloster. Bis um 1800 befand sich hier ein kurfürstliches bzw. königliches Jagdrevier; ab 1824 wurde ein Teil der Jungfernheide als Exerzier- und Schießplatz genutzt.

1904 kaufte die Stadt Charlottenburg Teile der Jungfernheide für die Anlage eines großen städtischen Parks, was wegen der hohen Kosten immer wieder hinausgezögert wurde. Die für 1920 von der Stadt Charlottenburg bereitgestellten 10 Mio Mark wurden nach der Bildung von Groß-Berlin 1920 zunächst gesperrt. 1921 wurde eine Stiftung „Park, Spiel und Sport" gegründet, die Sponsorengelder einwarb.

1920 bis 1926 wurde auf 112 Hektar der Jungfernheidepark gestaltet. Er ist 1800 Meter lang und 800 Meter breit. Die Garten- und Hochbauverwaltung führte die Arbeiten hauptsächlich mit Arbeitslosen im Notstandsprogramm durch.

Am 27.5.1923 wurden der Park und die Badeanlagen zu den Spiel- und Sportwochen im Bezirk eröffnet. Ein 1925 ebenfalls von Erwin Barth geschaffener Ehrenhain für die im Ersten Weltkrieg gefallenen Niederdeutschen wurde bei der Verbreiterung des Tegeler Weges (heute Kurt-Schumacher-Damm) nach 1945 entfernt. 1927 wurden die Arbeiten am Park eingestellt. Aus Geldmangel konnten nicht alle Pläne realisiert werden. Der Park und einzelne Baulichkeiten wurden im Zweiten Weltkrieg sehr beschädigt.

Der 1927 von W. Helmcke gebaute 38 Meter hohe Wasserturm, ein expressionistischer Klinkerbau, wurde im Zweiten Weltkrieg beschädigt, blieb aber erhalten und wurde in den 80er Jahren restauriert. Früher befand sich unten eine Gaststätte.

Komödie und Theater am Kurfürstendamm (1924)
von Brigitta Valentin

Die Komödie am Kurfürstendamm – ein elegantes, intimes Boulevardtheater – wurde 1924 mit Goldonis „Diener zweier Herren" eröffnet. Der Architekt Oscar Kaufmann hatte es im Auftrag von Max Reinhardt ausgeführt. Zur ersten Premiere kam tout Berlin – angeführt von Reichskanzler Wilhelm Marx und Außenminister Gustav Stresemann.

1932 wurde Max Reinhardt enteignet und emigrierte in die USA. 1934 übernahm Hans Wölffer die Direktion, zu der auch das benachbarte 1928 eröffnete Theater am Kurfürstendamm gehörte. Er beschäftigte Schauspieler, Regisseure und spielte Werke, die an den Staatstheatern verboten waren. Das brachte ihm keine Freunde bei den Behörden ein, aber seine Bühnen waren beliebt. Sogar einen Prozess gegen den Preußischen Staat musste er führen. Die meisten Stücke wurden danach von der Reichstheaterkammer kurz vor der Premiere verboten. Er fand jedoch Tricks, dies zu umgehen. Schließlich wurde er 1943 enteignet. Drei Tage später brannte die Komödienpracht aus.

1946 wurde das Haus mit Schillers „Kabale und Liebe" wieder eröffnet. Im selben Jahr wurde das Theater am Kurfürstendamm mit Shakespeares „Ein Sommernachtstraum" wiedereröffnet. 1950 kehrte Hans Wölffer nach Berlin zurück und wurde gemeinsam mit Dr. Raeck Direktor der Komödie. Im selben Jahr ließ Hans Wölffer das Haus von den Architekten Schwebes und Schossberger vollständig wiederaufbauen und renovieren. 1951 wurde er wieder alleiniger Chef der Komödie. Das Theater am Ku'damm kam 1962 zurück in seine Obhut. Bis dahin war es feste Spielstätte der „Freien Volksbühne".

Wölffer ließ auch dieses Haus renovieren und umbauen. Drei Jahre später wurden die Söhne von Hans Wölffer, Jürgen und Christian, Mitgesellschafter der Theater. 1971 wurde erst das Theater am Kurfürstendamm erneut aufwändig renoviert, ein Jahr später die Komödie nochmals umgestaltet.

Die eigentlichen Theaterräume blieben erhalten, wurden jedoch repariert und hergerichtet. Hatte vorher der Jugendstil überwogen, bekam der Innenraum nun etwas Klassizistisches. Die Restauration des ehemaligen Interieurs wäre zu aufwändig gewesen, außerdem fehlten die notwendigen Unterlagen. Auch die meisten Nebenräume entstanden bei dieser Gelegenheit neu.

Meine beste Freundin, 1955
Inge Meysel (l.), Alice Treff

Bleib doch zum Frühstück
Günter Pfitzmann, Gaby Gasser 1973

Zwischen 1971 und 1974 entstand das „Ku'damm Karree". Die beiden Theater blieben zwar mit ihren nun schon historischen Mauern und ihrer wechselvollen Geschichte erhalten, wurden aber von dem neuen modernen Gebäude umschlossen. Viele Passanten meinten, es handele sich um zwei kleine moderne Boulevardtheater. Besonders dem vorher freistehenden Theater am Kurfürstendamm auf der linken Seite sieht man seitdem weder seine Größe noch seine Bedeutung an.
1986 wurde die KOMÖDIE nochmals umgebaut und renoviert und bekam ein neues Gestühl.

Die Söhne Hans Wölffers wurden schon früh Mitgesellschafter an den Bühnen. Jürgen, der Ältere, leitete ab Mitte der sechziger Jahre mit dem Vater zusammen die Häuser, seit dem Tod Hans Wölffers 1976 dann gemeinsam mit seinem Bruder Christian. Die Besetzungslisten der beiden Häuser lesen sich wie ein Who is Who deutscher Schauspieler: Lil Dagover, Grete Weiser, Rudolf Platte, Horst Buchholz, Walter Giller, Nadja Tiller, Edith Hancke, Peer Schmidt, Chariklia Baxevanos, Harald Juhnke, Johanna von Koczian, Georg Thomalla, O.E. Hasse, Claus Biederstaedt, Curd Jürgens, Günther Pfitzmann, Wolfgang Spier, Herbert Herrmann, Wolfgang Völz, Hans-Jürgen Schatz, Walter Plathe, Nicole Heesters, Uwe Ochsenknecht, Heiner Lauterbach …

1990 entschied sich Martin, der Sohn Jürgen Wölffers, in die Direktion einzutreten und eröffnete bald das „magazin", ein 100-Plätze-Theater. Heute ist er als Regisseur sehr gefragt und längst etabliert. Seine „Comedian Harmonists" waren mit über 600 Vorstellungen einer der größten Theatererfolge in Berlin.

Seit Mitte der 90er Jahre sind die Zeiten schwerer geworden, aber die Direktion Wölffer behauptet sich noch immer ohne jede Subvention. Ihre Theater gehören nach wie vor zu den beliebtesten der Stadt. Damit das fortgeführt wird, ist Martin Woelffer mit 40 Jahren der Chef der Direktion geworden. Am 100. Geburtstag seines Großvaters, dem 11. August 2004, hat er die Verantwortung für die Berliner Traditionshäuser übernommen.

Kempinski Hotel Bristol Berlin

Kempinski (1926)

Es begann mit einem zielstrebigen jüdischen Mann namens Berthold Kempinski, der auszog um die Welt zu erobern. Kempinski kam nach vielen Stationen in seinem Leben von Breslau nach Berlin und gründete einen Weinhandel in der Friedrichstraße, der 1872 ins Handelsregister eingetragen wurde. Er betrieb mit seiner Frau Helene eine Weinstube, die nach und nach zu einer kleinen Weingaststätte wurde. Die Gastronomie erwies sich bald als lukrative Erwerbsquelle, die der Firma ein sicheres Fundament bot. Der Platz wurde zu klein, und da die Kempinskis es zu einem sicheren Wohlstand gebracht hatten, kauften Sie eine Immobilie in der Leipziger Straße.

Die Kempinskis hatten keinen männlichen Nachkommen. Aus diesem Grund wurde der Schwiegersohn, Richard Unger in das Unternehmen eingeführt. Der erwies sich als sehr geschäftstüchtig. Da der Ku'damm immer populärer wurde, erwarb Unger 1926 dort ein Restaurant und eröffnete es am 30.9.1926 – das heutige Kempinski Hotel Bristol Berlin. Damals war es ein zweistöckiges Weinrestaurant, das mit halben Portionen zu halben Preisen ein großes Publikum anlockte. Während des Nazi-Regimes nahm das Geschäft durch Propaganda-Maßnahmen stetig ab. Richard Unger und seine Frau emigrierten aufgrund der schlechten Bedingungen nach Amerika. Das Unternehmen Kempinski wurde von der Firma Aschinger auf 30 Jahre gepachtet, aber unter dem Namen Kempinski weitergeführt.

Nach dem Krieg kam Friedrich Unger, ein Enkel von Kempinski, zurück nach Deutschland und versuchte, Geschäftsanteile zurückzugewinnen. Dies gelang ihm beim Restaurant Kempinski. Durch den Marshall-Plan wurde der Bau eines Hotels möglich. 1951 wurde der Grundstein für den Bau des Hotels Kempinski auf dem Grundstück Nr. 27 gelegt und 1952 in Betrieb genommen. Im gleichen Zuge verkaufte der Enkel Kempinskis seine Anteile an eine Hotelbetriebs-AG, die bereits ein Hotel namens Bristol und Kaiserhof führte. Der Name Bristol wurde einfach übernommen, und so entstand der Name Kempinski Hotel Bristol Berlin. Es ist das Stammhaus der international aktiven Hotelkette.

Die Schaubühne am Lehniner Platz

Schaubühne im früheren Universum-Kino (1928)

Am 20. September 1981 eröffnete die Schaubühne am Lehniner Platz mit „Die Orestie des Aischylos" in einer Inszenierung von Peter Stein, ihr neues Domizil. Das 1927-28 von Erich Mendelsohn als Universum-Kino gebaute Haus war vollständig abgerissen und äußerlich originalgetreu wieder aufgebaut worden. Das Innere war für die Schaubühne als variables Universaltheater völlig neu gestaltet worden.

Die Schaubühne wurde 1962 unter dem Namen „Schaubühne am Halleschen Ufer" als privates Theater mit einem politisch und sozial engagierten Spielplan gegründet. Über Jahrzehnte haben von hier aus namhafte Regisseure und Schauspieler des deutschsprachigen Theaters in Stücken von Sophokles bis Botho Strauss gewirkt, unter anderem Peter Stein, Luc Bondy und Jutta Lampe. Gespielt wurde am Halleschen Ufer und seit 1981 am Lehniner Platz. Seit der Zusammenarbeit mit Sasha Waltz und Thomas Ostermeier im Jahr 1999 zählt die Schaubühne zu einem der ersten Häuser der internationalen Schauspiel und Tanz-Avantgarde. Weltweite Gastspiele und Theaterpreise dokumentieren diese junge Erfolgsgeschichte. Kein anderes deutschsprachiges Theater ist in vergleichbarer Weise international präsent.

Die Schaubühne am Lehniner Platz steht für ein experimentelles, zeitgenössisches und engagiertes Theater. Die Schauspiel- und Tanzproduktionen gastieren in der ganzen Welt.

Touro College Berlin im Campus am Rupenhorn 5 (1929)
VON SARA NACHAMA

Touro College Berlin – Deutschlands erste amerikanisch-jüdische Privatuniversität, hat im Oktober 2003 ihren Studienbetrieb aufgenommen. Sie ist in dem 1929 von Bruno Paul im Bauhaus-Stil errichteten Gebäude-Komplex am Rupenhorn 5 untergebracht – ein Gelände mit wunderschönem Blick auf die Havel. Neben dem BWL-Studium werden am Touro College geisteswissenschaftliche Kurse gelehrt, zum Beispiel Einblicke in die amerikanische und in die jüdische Geschichte sowie die Fächer Hebräisch, Holocaust oder amerikanische Geschichte.

Der englischsprachige Studiengang führt in drei Jahren zum amerikanischen Abschluss „Bachelor of Science in Business, Management and Administration". Die Studenten am Touro College Berlin kommen aus den verschiedensten Ländern und von allen Kontinenten – neben Deutschland unter anderem aus den USA, Israel, Russland, El Salvador und China.

Gründer und Initiator des Touro Colleges ist der amerikanische Rabbiner, Dr. Bernard Lander. Die Universität gehört zum internationalen Touro-Netzwerk. Die Zentrale befindet sich in New York – mittlerweile gibt es auch Standorte in Kalifornien, Israel und Russland.

Die bemerkenswerte Geschichte des Hauses ist zugleich ein Spiegelbild des Schicksals der Berliner Juden. Die jüdische Familie Lindemann, für die das Haus 1929/30 erbaut wurde, konnte ihr neues Heim nicht lange genießen. Sie wurde in der Nazizeit gezwungen, das Haus weit unter Wert zu verkaufen. Es wurde zur Residenz des NS-Reichsministers für kirchliche Angelegenheiten, Hans Kerrl. Nach dem Krieg ging das Gelände an die Alliierten; 1953 übernahm es die Senatsjugendverwaltung. Auch heute ist das Haus im Besitz des Landes Berlin. Im August 2003 wurde der Campus dem Touro College Berlin zur Verfügung gestellt.

Atelierhaus (Udo Meinel 2000)

Georg-Kolbe-Museum (1929)
VON CLAUDIA MARCY

Als ehemaliges Atelierhaus des Bildhauers Georg Kolbe nimmt das Haus eine ganz besondere Stellung sowohl in Charlottenburg als auch in der gesamten Berliner Museumslandschaft ein. Zudem ist es das erste Museum, das im Westteil Berlins 1950 seine Pforten öffnete.

Der 1877 in Waldheim geborene Georg Kolbe gehört zu den erfolgreichsten deutschen Bildhauern der ersten Hälfte des 20. Jahrhunderts. Er widmete sich in seinen Arbeiten besonders der autonomen Aktfigur, mit der sich seine Generation von den Auftragsbildhauern absetzte. Berühmt wurde er mit der Tänzerin von 1912, die sich heute in der Alten Nationalgalerie befindet. Kolbe bevorzugte Frauendarstellungen, erst in den späten zwanziger Jahren traten Männerdarstellungen auf.

Georg Kolbe ließ sich das heutige Museum 1928-29 von dem Architekten Ernst Rentsch und Paul Linder als aus zwei Gebäuden bestehendes Ensemble errichten. In enger Zusammenarbeit mit dem Bildhauer entstand eine Anlage, die einerseits die landschaftlichen Vorgaben, andererseits die Bedürfnisse des Bildhauers und seiner Familie berücksichtigte. Die beiden parallel gelegenen kubischen Bauten, die zur Straße hin von einer Mauer begrenzt werden, sind Zeugnisse des Berliner Wohnhausbaus der zwanziger Jahre. Kolbe, der erst im Tiergartenviertel gelebt hatte, bezog nur das Atelierhaus mit seinen hohen, hellen Arbeitsräumen. Das Nachbarhaus war der Tochter Kolbes mit ihrer Familie vorbehalten.

Der 1947 in Berlin verstorbene Kolbe hatte testamentarisch verfügt, dass sein Haus sowie der größte Teil seiner Werke, seine Sammlung sowie das Archiv der Öffentlichkeit zugänglich gemacht werden. Dafür wurde 1949 die Georg-Kolbe-Stiftung gegründet, die alle Rechte am Werk des Künstlers besitzt und noch heute Trägerin des Museums ist. Bis in die siebziger Jahre galt das Atelier mehr als Kolbe-Gedenkstätte, die noch in original ausgestatteten Räumen die Werke des Bildhauers zur Schau stellte.

Die Berufung einer Museumsdirektorin 1978 durch die Stiftung führte zur Erneuerung des Hauses. Die wissenschaftliche Aufarbeitung des Kolbe-Nachlasses

Tänzerinnenbrunnen 1922

Meerweibchen 1921

sowie die Auseinandersetzung mit der figürlichen Bildhauerei in der ersten Hälfte des zwanzigsten Jahrhunderts führten zur Entstehung eines der bedeutendsten Bildhauermuseen in Deutschland. Durch Neuerwerbungen aus Mitteln der Deutschen Klassenlotterie, des Museumsfonds sowie Schenkungen und Dauerleihgaben konnte der Bestand des Museums seit 1980 verdoppelt werden. Im Mittelpunkt steht dabei weiterhin das Werk Kolbes: Das Museum verfügt über 200 Plastiken, meist in Bronze, und eine große Anzahl von Gipsmodellen. Durch Ankäufe und Neugüsse wurde in den letzten Jahren insbesondere das Frühwerk des Bildhauers in der Sammlung ergänzt. Außerdem besitzt das Haus über 1300 Blätter aus seinem graphischen Werk, das zu Lebzeiten des Bildhauers nicht weniger berühmt war als seine Plastiken. Das Museum erweiterte auch die Bestände der Werke von Bildhauerkollegen aus der Kolbe-Zeit. Der wichtigste Ankauf war der Nachlass des Bildhauerfreundes Richard Scheibe.

Um der anwachsenden Sammlung gerecht zu werden, wurde 1993-94 mit Mitteln des Landes Berlin ein Erweiterungsbau errichtet, der die Ausstellungsfläche mehr als verdoppelte und zudem ein großzügiges Depot bereit stellte. In über sechzig Sonderausstellungen widmete sich das Georg-Kolbe-Museum der figürlichen Bildhauerei des 20. Jahrhunderts. Zahlreiche Einzelausstellungen und Übersichtspräsentationen haben dazu beigetragen, das facettenreiche Bild der Bildhauerei zu beleuchten.

Seit mehreren Jahren ist auch das Nachbargebäude, das Wohnhaus der Tochter, für die Öffentlichkeit zugänglich. Es ist Sitz der „Stiftung für Bildhauerei" und des „Café K", das den Museumsbesucher gern in seine schönen Räume und den Garten einlädt.

Vom Hobby zum Beruf

Kordula Kunde (im Foto oben in der Mitte) ist seit 1971 Mitglied des SC Poseidon. Dies ist auf den ersten Blick nicht ungewöhnlich, doch wenn man sich das Eintrittsdatum anschaut, fällt schon auf, dass ihr erster Lebenstag auch der Beginn ihrer Mitgliedschaft war.

Schwimmen wurde für sie zum Lebensinhalt. Durch Ausdauer, Trainingsfleiß und Teamgeist erlangte die Mädchengruppe, der Kordula Kunde angehörte, zu sportlichen Erfolgen. Der Höhepunkt war der Aufstieg in die 2. Bundesliga.

Doch Kordula Kunde erkannte schnell, dass dieser Erfolg nur durch die intensive Betreuung, gezielte Gymnastik, Massage und Sportphysiotherapie möglich war. Daraus wurde ihr Berufswunsch geboren, den sie sich vor neun Jahren erfüllt hat und nunmehr in Schmargendorf ausübt. In ihrer Krankengymnastikpraxis ist sie mit ihrem Physioteam für ihre Patienten da.

Ob Massage, Fango/Heißluft, Elektro-oder manuelle Therapie, Sportphysiotherapie und manuelle Lymphdrainage – Kordula Kunde und das Physioteam helfen praxisorientiert. Als besonderer Service werden auch Hausbesuche angeboten – getreu nach dem Firmenmotto:

Liebenswürdig Nutzen bieten.

Physioteam
Kordula Kunde
Cunostraße 107 · 14199 Berlin
Telefon: 824 40 00
Telefax: 823 99 38

Radio und Fernsehen (1931)

Von Henric Lewkowitz und Dietmar Schiller

Hans Poelzig erhielt 1929 den Auftrag, an der Masurenallee in Charlottenburg ein Funkhaus zu bauen. Das „Haus des Rundfunks" wurde 1931 eröffnet. Zunächst residierten hier drei Rundfunkgesellschaften. 1933 wurde es dem NS-Propagandaministerium unterstellt. Nach dem Zweiten Weltkrieg besetzten sowjetische Soldaten das nur geringfügig beschädigte Gebäude, und der Berliner Rundfunk nahm bereits am 13. Mai 1945 den Sendebetrieb wieder auf – allerdings kontrolliert von sowjetischen Offizieren, zu denen Markus (Mischa) Wolf gehörte, der spätere Leiter der Westspionage im Ministerium für Staatssicherheit der DDR.

Der große Sendesaal im Haus des Rundfunks

Als Bewohner der Ostzone das HdR irrtümlich für den Standort der West-Berliner Sender RIAS und NWDR hielten, warnte ein Schild „Dies ist kein West-Berliner Sender". Die politische Situation beschreibt Fritz L. Büttner in seinem Buch „Im Vordergrund das Haus des Rundfunks in Berlin" (1965): „Anfang Juni 1952 spitzte sich die politische Situation in Berlin zu: Von ostzonaler Seite waren die West-Berliner Enklaven Steinstücken, Papebucht, Erlengrund und Fichteberg abgeriegelt worden. Daraufhin ließ der britische Stadtkommandant General Coleman am 3.6.1952 das Haus des Rundfunks umstellen und mit Stacheldraht umzäunen. Nunmehr stellte der Berliner Rundfunk den Betrieb in West-Berlin ein, die letzten 42 Angestellten und Techniker aus dem Ostsektor verließen am 9.7.1952 das Haus."

Vor allem während der Zeit der Blockade 1948/49 protestierten die Briten mehr und mehr gegen die sowjetische Kontrolle des in ihrem Sektor befindlichen Rundfunksenders. Die sowjetische Militärregierung lehnte aber eine Übergabe des Funkhauses ab. 1950 demontierte sie nach und nach die technischen Anlagen und verbrachte sie in den eigenen Sektor im Ostteil der Stadt. 1952 stellte der Berliner Rundfunk schließlich seinen Sendebetrieb ein, und das Funkhaus an der Masurenallee stand leer, wurde aber von einem sowjetischen Kommando bewacht. Erst 1956 übergaben es die Sowjets dem Berliner Senat.

Der Sender Freies Berlin (SFB) wurde 1953 gegründet. Die Journalisten und Techniker arbeiteten zunächst am Heidelberger Platz in Wilmersdorf, wo das Berliner Studio des Nordwestdeutschen Rundfunks (NWDR) beheimatet war. Dort eröffnete der erste SFB-Intendant, Alfred Braun, mit dem Läuten der Freiheitsglocke und einer Ansprache am 1. Juni 1954 um 4.55 Uhr das Programm. Damit war der Wunsch vieler Berliner in Erfüllung gegangen, dass auch Berlin eine eigene Landesrundfunkanstalt erhält. Bereits 1950 hatte der Präsident des Abgeordnetenhauses, Otto Suhr, formuliert: „Die Freiheitsglocke liefert das Pausenzeichen, die Berliner liefern den Text und die Musik". Bereits im September 1954 wurde der SFB Mitglied der ARD, der Arbeitsgemeinschaft der Rundfunkanstalten Deutschlands, Trägerin des Ersten Deutschen Fernsehens.

SANKT GERTRAUDEN KRANKENHAUS

Paretzer Str. 12
10713 Berlin-Wilmersdorf

LANGE TRADITION UND NEUESTE BEHANDLUNGSMETHODEN – DAS SANKT GERTRAUDEN-KRANKENHAUS

Die Geschichte

Der Orden der Katharinenschwestern ist einer der ältesten aktiven Frauenorden, der seit seiner Gründung im Jahr 1571 ununterbrochen fortbesteht. Die Heimat des Ordens liegt in Braunsberg im ostpreußischen Ermland, heute Braniewo/Polen. Die Ordensschwestern wirken schon seit mehr als vier Jahrhunderten für Kranke, Arme und hilfsbedürftige Menschen. Die Ordensgründerin ist Regina Protmann, die sich selbst die Aufgabe stellte *„Allen alles zu sein"*. Die Schutzpatronin der Gemeinschaft wurde Sankt Katharina von Alexandrien. Die Leitgedanken des Handelns im Sankt Gertrauden-Krankenhaus sind die qualifizierte medizinische Versorgung und Pflege hilfsbedürftiger Menschen sowie die Ausbildung junger Menschen.

Eingang des SGK-Behandlungszentrums

Das Sankt Gertrauden-Krankenhaus in Berlin wurde am 04.11.1930 eingeweiht. Zu diesem Zeitpunkt verfügte es über 580 Betten der Fachbereiche Innere Medizin, Chirurgie, Gynäkologie und Geburtshilfe sowie über eine Röntgenabteilung sowie die Krankenpflegeschule. Im Mai 1932 kam eine HNO-Abteilung und 1935 eine Abteilung für Augenheilkunde hinzu. Während des Krieges diente das Krankenhaus größtenteils als Lazarett, nach dem Krieg als Zufluchtsort für viele Flüchtlinge. 1974 kamen die Fachbereiche Neurochirurgie sowie das Institut für Pathologie hinzu. 1988 konnte mit Hilfe von Fördergeldern des Landes Berlin die Grundsteinlegung eines neuen Bettenhauses sowie die Sanierung der Altbauten erfolgen.

Aktuell verfügt das Sankt Gertrauden Krankenhaus über 410 ordnungsbehördlich genehmigte Betten in 12 medizinischen Fachabteilungen. Ambulante Einrichtungen, ein Bewegungsbad sowie intensive Kooperationen mit niedergelassenen Ärzten ergänzen das umfassende Leistungsspektrum des Krankenhauses. Eine intensive Zusammenarbeit mit der Kardiologischen Gemeinschaftspraxis Dres. med. Levenson, Albrecht und Eisenhut besteht seit 1992 durch das Herzkatheterlabor am Standort des Krankenhauses, seit 2000 mit der Radiologischen Gemeinschaftspraxis Dres. med. Engels, Renner, Korves, im Spring, die im Sankt Gertrauden-Krankenhaus einen Kernspintomografen (MRT) betreiben. Das Sankt Gertrauden-Krankenhaus ist seit 2003 Mitglied im Deutschen und Internationalen Netzwerk gesundheitsfördernder Krankenhäuser e. V. (DNGfK), einem Netz der WHO.

Seit Mai 2003 betreibt die Sankt Gertrauden-Krankenhaus GmbH ein Ambulantes Rehabilitationszentrum für neurologische Erkrankungen. Für das Jahr 2005 ist eine Erweiterung für geriatrische Erkrankungen geplant. Im Jahr 2003 wurde das SGK-Behandlungszentrum in Betrieb genommen – hier ist neben einem ambulanten Operationszentrum mit drei OP-Sälen, die sowohl für ambulante Operationen des Krankenhauses als auch niedergelassenen Ärzten zur Verfügung stehen, auch das Neurologische Facharztzentrum Berlin etabliert, das von vier anerkannten Neurologen Berlins gegründet wurde. Weiterhin befindet sich im SGK-Behandlungszentrum auch das Brustzentrum-City sowie eine angiologische Facharztpraxis.

Das Leistungsspektrum

Das Sankt Gertrauden-Krankenhaus ist Unfallkrankenhaus und Akademisches Lehrkrankenhaus der Humboldt Universität/Charité. Im Jahr werden rund 17.500 Patienten stationär, 26.500 Patienten ambulant behandelt. Ein breit gefächertes medizinisches Spektrum zur Behandlung und Versorgung der Bevölkerung gewähren die 12 medizinischen Fachabteilungen. Neben der Neurochirurgie, die in der Therapie von schweren Tumorerkrankungen des Gehirns und in der operativen Behandlung von Schäden der Bandscheiben besonders erfolgreich ist, sind die Fachabteilungen Augenheilkunde sowie die Hals-Nasen-Ohrenheilkunde mit Plastischer Hals- und Gesichtschirurgie vertreten. Akute Sport-, Arbeits- und Unfallverletzungen aber auch chronische und altersbedingte Veränderungen des Bewe-

Neues Bettenhaus und Blick in den Garten

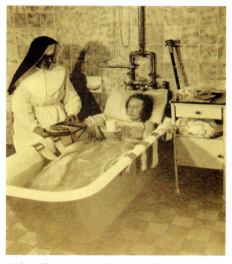

Behandlung im Sankt Gertrauden-Krankenhaus 1932

gungsapparates werden in der Unfall- und Wiederherstellungschirurgie erfolgreich behandelt. Außerdem haben seit Bestehen des Hauses rund 35.000 Kinder das Licht der Welt in den Kreißsälen des Sankt Gertrauden-Krankenhauses erblickt. Brusterhaltende Tumorchirurgie bildet den Schwerpunkt in der Frauenheilkunde. Minimal-invasives Operieren an Galle, Magen und Darm stellt heute die Operationsmethode der Wahl in der Allgemeinen und Visceralen Chirurgie dar. Die beiden Abteilungen Innere Medizin Kardiologie und Gastroenterologie sind auf die Behandlung des Herz-Kreislaufsystems sowie des Magen-Darm-Traktes spezialisiert.

All diese medizinischen Schwerpunkte erfordern auch von den Pflegekräften ein hohes Maß an Qualifikation, Engagement und Flexibilität. Unterstützung erfahren die professionellen Pflegenden durch den Hospizdienst, der auf Wunsch schwerkranke und sterbende Menschen und deren Angehörige intensiv begleitet. Ordensschwestern, Christlicher Besuchsdienst und die Krankenhausseelsorge bieten konfessionell offene Hilfe und Begleitung von Patienten und Angehörigen, aber auch Mitarbeitern in psychischen, sozialen und spirituellen Krisen. Religiöse Angebote wie Gottesdienste, Andachten, Gebete und Sakramente bilden in einem konfessionellen Krankenhaus einen besonderen Schwerpunkt.

Haben sich die Ordensschwestern des Krankenhaus es ständig dem Fortschritt von Medizin, Wissenschaft und Technik angepasst, so bleibt eines jedoch, gemäß dem Leitbild der Sankt Gertrauden-Krankenhaus GmbH, unverändert:
DIE ZUWENDUNG ZUM MENSCHEN AUS CHRISTLICHEM GEIST UND TÄTIGER NÄCHSTENLIEBE!

RBB-Fernsehzentrum (links) und Haus des Rundfunks (vorne rechts)

Für die Fernsehproduktion reichte das Haus am Heidelberger Platz nicht aus, und so wurde im Deutschlandhaus am heutigen Theodor-Heuss-Platz, Ecke Pommernallee, im Dezember 1954 das Richtfest für das SFB-Fernsehstudio gefeiert.

1957 erhielt der SFB das Haus des Rundfunks zur Nutzung und 1965 als Eigentum. Im selben Jahr legte Bundespräsident Heinrich Lübke den Grundstein für das neue SFB-Fernsehzentrum am Theodor-Heuss-Platz. Im Januar 1968 wurde hier das erste Fernsehstudio des neuen 14-stöckigen Fernsehzentrums in Betrieb genommen. Die Silhouette ist markant und jetzt weithin sichtbar, vom roten rbb-Logo markiert. Gemeinsam mit dem baugeschichtlich bedeutsamen „Haus des Rundfunks" an der Masurenallee ist dieses Ensemble seit der Fusion von SFB und ORB am 1.5.2003 der Berliner Standort des Rundfunks Berlin-Brandenburg (rbb); der zweite, gleichberechtigte Standort befindet sich auf dem filmhistorisch berühmten Gelände in Potsdam-Babelsberg. In Berlin-Charlottenburg sitzen die Hörfunk- und die Verwaltungsdirektion, während die Fernsehdirektion sowie die Produktions- und Betriebsdirektion in der Medienstadt Babelsberg beheimatet sind.

Heute werden in Berlin-Charlottenburg die Radioprogramme 88acht Stadtradio, inforadio, kulturradio und radiomultikulti produziert; das Jugendradio Fritz, radioeins und die Landeswelle Antenne Brandenburg sind in Potsdam beheimatet. Aus Berlin kommen viele rbb-Fernsehsendungen, so die „Abendschau" und „rbb aktuell", Politik-, Kultur- und Gesundheitsmagazine sowie Sport- und Unterhaltungssendungen und Live-Übertragungen. Zu den bekanntesten, die überregional im ERSTEN (ARD) zu sehen sind, gehören unter anderem „Kontraste", „Scheibenwischer" und „Polylux"

Siemensstadt (1932)

Zwischen 1929 und 1932 errichtete die Baugesellschaft Heerstraße am südwestlichen Rand der Jungfernheide, auf Spandauer und Charlottenburger Gebiet die Großsiedlung Siemensstadt, an der Architekten wie Hans Scharoun, Walter Gropius, Hugo Häring und Otto Bartning mitwirkten. Um 1900 war die Firma Siemens von Charlottenburg nach Spandau gezogen, wo sie sich in den folgenden Jahren ausdehnte zu einem großen Komplex von Fabrik- und Verwaltungsgebäuden, die am alten Standort an der Marchstraße und Franklinstraße keinen Platz gefunden hätten. 1928 arbeiteten 60.000 Menschen bei Siemens.

Nationalsozialismus: Zerstörung und Widerstand

In der Zeit des Nationalsozialismus zwischen 1933 und 1945 wurde nichts Bleibendes für Charlottenburg geschaffen, wenn man einmal von den Speerleuchten entlang der großzügig verbreiterten sogenannten Ost-West-Achse und dem Ernst-Reuter-Haus absieht. Für den Ausbau dieses Straßenzuges wurden sogar die beiden Flügel des Charlottenburger Tores so weit auseinandergezogen, dass sein Charakter als Tor stark beeinträchtigt wurde.

Das Olympiastadion wird zwar heute überwiegend als Bauleistung aus dieser Zeit wahrgenommen, weil es für die Olympischen Spiele von 1936 fertiggestellt wurde, aber die Planungen gehen auf die Weimarer Republik zurück.

An der sogenannten Ost-West-Achse entstand von 1938 bis 1939 das Haus des Deutschen Gemeindetages (heute Ernst-Reuter-Haus an der Straße des 17. Juni) und danach von 1939 bis 1941 an der Heerstraße das Gebäude der Reichsjugendführung, in dem heute Einrichtungen des Bezirksamtes Charlottenburg-Wilmersdorf untergebracht sind.

Im Zuge umfassender Gebietskorrekturen zwischen den Bezirken 1938 musste Charlottenburg Gebiete im Norden und Osten an Tiergarten, Schöneberg, Reinickendorf und Spandau abgeben, insbesondere auch das gutbürgerliche Kielgan-Viertel mit dem Wittenbergplatz und dem Kaufhaus des Westens, erhielt aber von Wilmersdorf die Siedlung Eichkamp.

Am Tag der nationalsozialistischen Machtübernahme, am 30. Januar 1933, marschierte der Charlottenburger SA-Sturm durch die Wallstraße (heutige Zillestraße) im „Kleinen Wedding", dem Arbeiterviertel Charlottenburgs. Es kam zu einer Schießerei, bei der der Charlottenburger SA-Sturmführer Maikowski und Polizei-Oberwachtmeister Zauritz erschossen wurden. Bis heute ist ungeklärt, wer die tödlichen Schüsse abgegeben hat. Nach Zeugenaussagen war es ein SA-Mann. Aber die Nationalsozialisten nahmen das Ereignis zum Vorwand für umfangreiche Razzien und Verhaftungen in Charlottenburg.

Der Kaiserdamm um 1934

SA besetzte das „Volkshaus" in der Rosinenstraße 3-4 (heute Loschmidtstraße), ein Versammlungshaus der Sozialdemokratie mit Räumen der sozialistischen Jugend, der Konsumgenossenschaft und der Ortskrankenkasse. Im Keller wurden Regimegegner gefangen gehalten, verhört, misshandelt, gefoltert und manche ermordet. Jan Petersen hat in seinem ins Ausland geschmuggelten Bericht „Unsere Straße" von 1938 aus kommunistischer Perspektive den Widerstand einer kleinen Zahl von Regimegegnern in der Wallstraße geschildert. Heute erinnern Gedenktafeln an Otto Grüneberg (Schloßstraße 22) und Richart Hüttig (Danckelmannstraße 21), die dem NS-Terror zum Opfer fielen.

Unmittelbar nach der Machtübernahme der Nationalsozialisten wurden die Charlottenburger Verwaltung und die Schulen „von Marxisten und Juden gesäubert", wie es im Verwaltungsbericht hieß. Das Haus des Rundfunks wurde durch SA und SS gestürmt. Leitende Mitarbeiter wurden verhaftet und in Konzentrationslager deportiert.

Bei den undemokratischen Wahlen im Mai 1933 wurden die Nationalsozialisten selbstverständlich stärkste Partei in der Bezirksversammlung. Die gewählten Bezirksverordneten hatten aber nichts mehr zu sagen und trafen nur noch wenige Male zusammen. Das „Gesetz über eine vorläufige Vereinfachung der Verwaltung der Hauptstadt Berlin" vom 22.9.1933 schaltete die demokratischen Institutionen der Selbstverwaltung aus. Die Bezirksversammlungen mussten ihre Arbeit einstellen. Ihre Zuständigkeiten gingen auf die Bezirksämter über, die den Weisungen des Berliner Oberbürgermeisters zu folgen hatten. 1934 wurden schließlich auch die Bezirksämter aufgelöst. Die Bezirks-

Die meisten Spuren jüdischen Lebens in Charlottenburg sind vernichtet. Deswegen kommt dem Gebäudekomplex in der Kantstraße 125 eine besondere Bedeutung zu. Dort wurde 1908 für Angehörige des orthodoxen Glaubens im Hinterhof ein Bet- und Versammlungsraum geschaffen, der immerhin 280 Personen Platz bot. Für Juden polnischer oder litauischer Abkunft war diese im Stil eines polnischen „Stibl" gehaltene Synagoge die eigentliche. Dagegen schien der in der Fasanenstraße errichtete repräsentative Bau vielen von ihnen „fast wie eine Kirche". Dass die Synagoge in der Kantstraße im Jahr 1938 nicht das gleiche Schicksal ereilte wie das so vieler anderer Synagogen Berlins, ist lediglich einem kuriosen Zufall zu verdanken. Im 2. Obergeschoss des Quergebäudes, also in unmittelbarer Nähe, wohnte ein Mitglied der NSDAP. Er war es, der aus Furcht vor einem um sich greifenden Brand das bereits eingetroffene NS-Kommando davon abhielt, auch hier Feuer zu legen. Der Bau wird heute von einem Kulturverein betreut.

Razzia in der Danckelmannstraße 1935

bürgermeister wurden alleinige Leiter der Bezirksverwaltungen, unterstützt von Beigeordneten und ehrenamtlichen Bezirksbeiräten, die vom Berliner Oberbürgermeister berufen wurden, der sie auch entlassen konnte – Zentralismus pur.

Unmittelbar nach der Machtübernahme der Nationalsozialisten begannen auch die Repressalien gegen die Juden in Charlottenburg. Hier lebten 27.000 von den etwa 160.000 Berliner Juden. Es war die größte Zahl von allen Berliner Bezirken. Der prozentuale Anteil an der Bevölkerung war allerdings in Wilmersdorf mit mehr als 15 % noch höher. Die Technische Hochschule nahm keine jüdischen Studenten mehr auf und exmatrikulierte die verbliebenen nach und nach. Die jüdischen Schülerinnen und Schüler wurden von den Schulen vertrieben. Ihnen blieb zunächst der Ausweg in jüdische Schulen, die es bereits gab oder die jetzt gegründet wurden, um dem großen Bedarf gerecht zu werden. Die Boykottaktion gegen jüdische Geschäfte am 1. April 1933 betraf den Kurfürstendamm und Tauentzien besonders hart.

1933 wurde unter dem Druck der Verhältnisse die „Reichsvertretung der Deutschen Juden" gegründet, die in das Gebäude an der Kantstraße 158 zog, in dem sich seit 1928 die Räume des Preußischen Landesverbandes jüdischer Gemeinden befanden. Die Reichsvertretung versuchte, die jüdischen Schulen zu unterstützen, Juden auf die Auswanderung vorzubereiten, eine jüdische Armenfürsorge aufrechtzuerhalten und Arbeitsplätze für Juden zu vermitteln. Eine Reihe weiterer jüdischer Organisationen hatten ihren Sitz in der Kantstraße 158, darunter die Hauptstelle für jüdische Wanderfürsorge, die Vereinigte Zentrale für jüdische Arbeitsnachweise, die Kinder- und Jugendalijah und der Jüdische Frauenbund. 1939 wurde die Reisvertretung zwangsweise in die „Reichsvereinigung der Juden in Deutschland" umgewandelt und der Aufsicht der Gestapo unterstellt. Sie wurde gezwungen, an der Vorbereitung und Organisation der Deportationen mitzuwirken. Im Juni 1943 schloss die Gestapo die Geschäftsräume in der Kantstraße 158 und beschlagnahmte das Vermögen.

Eine andere wichtige Adresse für die Berliner Juden wurde die Meinekestraße 10. 1924 hatte der Verlag der „Jüdischen Rundschau" das Haus erworben. Bis Ende 1942 befanden sich hier zeitweise bis zu 30 zionistische Organisationen, darunter das Plästinaamt der Jewish Agency, die Zionistische Vereinigung für Deutschland und der Jüdische Kulturbund. Das Haus wurde zur wichtigsten Anlaufstelle für alle Juden, die auswandern wollten. Heute erinnert eine Gedenktafel an dem Haus daran.

Auch die Pogromnacht vom 9. auf den 10. November 1938 hinterließ in Charlottenburg besonders auffällige Spuren. Wiederum Kurfürstendamm und Tauentzien waren von Glasscherben übersät, und es gab Plünderungen in den zerstörten Geschäften. Die große Synagoge in der Fasanenstraße brannte aus. Auch die Räume der zionistischen Organisationen in dem Haus Meinekestraße 10 wurden verwüstet. Die Zionistische Vereinigung wurde danach verboten. Das Palästinaamt der Jewish Agency durfte seine Arbeit wieder aufnehmen, da den Nationalsozialisten die Auswanderung der Juden zunächst noch genehm war, bevor dann 1941 die Deportationen und schließlich die planmäßig organisierte Ermordung der Juden begannen. Im Frühjahr 1941 wurde das Palästinaamt geschlossen.

Heute erinnern viele Gedenkstätten und Gedenktafeln an die Zerstörungen, die von den Nationalsozialisten in Charlottenburg angerichtet wurden – zunächst durch die Ausgrenzung, Vertreibung und schließlich Ermordung der jüdischen Bevölkerung und dann durch den von Hitler begonnenen Zweiten Weltkrieg. Die Ruine der Gedächtniskirche wurde zum besonders augenfälligen und eindringlichen Mahnmal.

In dem 1910 als Reichsmilitärgericht eröffneten Gebäude an der Witzlebenstraße fällte seit 1936 das nationalsozialistische Reichskriegsgericht seine Urteile. Die meisten Mitglieder der Widerstandsgruppe Schulze-Boysen/Harnack wurden hier im Januar 1943 zum Tode verurteilt und in Plötzensee hingerichtet.

Inge Deutschkron hat in ihrem Buch „Ich trug den gelben Stern" erzählt, wie sie und ihre Mutter vom Ehepaar Gumz, das in der Knesebeckstraße 17 lebte und eine Wäscherei betrieb, versteckt und gerettet wurden. Seit dem 1. Oktober 2004 erinnert an dem Haus eine Gedenktafel an den mutigen Widerstand der „stillen Helden" Emma und Franz Gumz. Emma Gumz lebte in dem Haus von 1900 bis zu ihrem Tod 1981.

1940 begannen die ersten britischen Luftangriffe auf Berlin. Zunächst richteten sie wenig Schaden an. 1943 begannen schließlich massive Bombenangriffe, die Tausende Opfer forderten und weite Bereiche der Stadt zerstörten. Auch in Charlottenburg waren die Schäden gewaltig: Im Januar 1943 brannte nach einem Nachtangriff die Deutschlandhalle aus. Im November 1943 wurden das Schloss, das Rathaus, die Kaiser-Wilhelm-Gedächtnis-Kirche und ihre gesamte Umgebung, die Technische Hochschule und das Deutsche Opernhaus zerstört oder schwer beschädigt.

Reproduktion aus „Sturm 33"

Volksspeisung um 1934

Allerdings blieben auch einzelne Viertel verschont, darunter der Arbeiterkiez zwischen Zillestraße Spandauer Damm (Klausenerplatz-Kiez) und die Wohngebiete um den Stuttgarter Platz und um den Lietzensee.

Nachdem im April 1945 die Rote Armee Berlin bereits eingeschlossen und weitgehend besetzt hatte, fanden die letzten Kämpfe noch in Charlottenburg im Bereich des Zoologischen Gartens statt, wo sich im Zoobunker bis zuletzt die Frontleitstelle befand. Letzte Gefechte an der Heerstraße wurden sogar noch fortgesetzt, nachdem am 2. Mai 1945 der Berliner Stadtkommandant General Weidling die Kapitulationsurkunde schon unterzeichnet hatte.

Die Bevölkerungszahl Charlottenburgs sank von 301.000 im Jahr 1943 auf 151.000 am Ende des Zweiten Weltkriegs 1945.

Dietrich-Bonhoeffer-Haus (1935)

Der berühmte Berliner Nervenarzt und Psychiater Karl Bonhoeffer baute 1935 ein Haus nach eigenen Plänen an der Marienburger Allee 43. Die Tochter Ursula zog mit ihrem Mann Rüdiger Schleicher in das Nachbarhaus Nr. 42. Der 29jährige, unverheiratete Sohn Dietrich, zog in ein schlichtes Zimmer im Dachgeschoss. Es war für ihn Rückzugsmöglichkeit und Arbeitsort.

Dietrich Bonhoeffer war einer der wenigen Deutschen, die schon unmittelbar nach Hitlers Machtübernahme den

Dietrich-Bonhoeffer-Haus

Antisemitismus der Nationalsozialisten öffentlich kritisiert hatte. Er engagierte sich in der bekennenden Kirche und schloss sich schließlich dem aktiven Widerstand um seinen Schwager Hans von Dohnanyi an, der jahrelang Belege über die nationalsozialistischen Verbrechen gesammelt hatte. Im Dienst der militärischen Abwehr das Admirals Wilhelm Canaris knüpfte Dietrich Bonhoeffer konspirative Kontakte im Ausland und warb um Unterstützung für den Widerstand.

Am 5. April 1943 wurde Dietrich Bonhoeffer im Haus seiner Eltern verhaftet. Nach zweijähriger Haft wurde er am 9. April 1945, kurz vor Kriegsende und vor dem Ende der Nazidiktatur, die er so leidenschaftlich bekämpft hatte, auf Hitlers ausdrückliche Anordnung im Konzentrationslager Flossenbürg umgebracht.

Bonhoeffers theologisches Werk wurde zu einer wichtigen ethisch-moralischen Grundlage für viele Christen in aller Welt, in Japan, Korea und in den USA, für christliche Befreiungsbewegungen in Lateinamerika und Südafrika.

Heute ist an der Marienburger Allee 43 die Erinnerungs- und Begegnungsstätte Bonhoeffer-Haus öffentlich zugänglich. Auch Dietrich Bonhoeffers Zimmer und Studierstube unter dem Dach kann man besichtigen.

Teufelsberg statt Wehrtechnische Fakultät (1937)

Der Bau der Wehrtechnischen Fakultät der Technischen Hochschule begann 1937, deren Rohbau noch fertiggestellt wurde. Nach dem Krieg wurde hier aus Trümmern der Teufelsberg aufgeschüttet, der die Mauern der Wehrtechnischen Fakultät zudeckte.

So entstand ein 115 m hoher Trümmerberg im Grunewald. Er wurde von 1950 bis 1972 aus 26 Mio. Kubikmeter Trümmerschutt aufgeschüttet. Er ist der größte Trümmerberg Berlins und gemeinsam mit den gleich hohen Müggelbergen die höchste Erhebung der Stadt. Auf dem Gipfel bauten die Amerikaner während der Besatzungszeit eine Radar-Abhörstation, außerdem entstanden mehrere Freizeitanlagen.

1992 übergaben die Amerikaner die ehemalige Spionagestation dem Berliner Senat.

Ernst-Reuter-Haus – Haus des Deutschen Städtetages (1939)

VON SYBILLE WENKE-THIEM

Nachdem der Deutsche Städtetag 1933 von den Nationalsozialisten aufgelöst und mit den anderen kommunalen Spitzenverbänden zum Deutschen Gemeindetag zwangsvereinigt worden war, sollte für die neu geschaffene Institution ein repräsentatives Gebäude im Stadtzentrum erbaut werden. Ausgewählt wurde ein Grundstück an der von Albert Speer geplanten Ost-West-Achse – der damaligen Berliner Straße, die heute Straße des 17. Juni genannt wird – nahe dem S-Bahnhof Tiergarten. Entwurf und Planung wurden dem Stadtbaurat von Hannover, Karl Elkart, übertragen, und der Berliner Architekt Walter Schlempp übernahm die Bauleitung. Die Grundsteinlegung erfolgte am 14. Juni 1938.

1940 bezog Albert Speer, der damalige Generalbauinspektor für die Reichshauptstadt, den Westflügel und der Deutsche Gemeindetag den Ostflügel. Im Krieg wurde das noch nicht fertig gestellte Gebäude jedoch stark beschädigt. Dennoch wurde das Haus in den wohn- und gewerberaumknappen Zeiten nach 1945 intensiv genutzt – von der Herren- und Knabenkleiderfabrikation über Buchprüfer bis hin zur Lebensmittel-Großhandlung waren viele Branchen vertreten. Der im mittleren Gebäudeteil liegende große Saal mit mehr als 900 Plätzen gehörte im zerstörten Berlin zu den wenigen großen noch nutzbaren Sälen. Er diente als Proben- und Aufführungsraum für die Deutsche Oper, als Ausgabestelle für Lebensmittel an bedürftige Ostberliner und als Vorlesungsraum für die Technische Universität.

1951 übertrugen die Alliierten auf Antrag des Deutschen Städtetags und des Landes Berlin das stark zerstörte Gebäude auf den „Verein zur Pflege kommunalwissenschaftlicher Aufgaben e.V. Berlin" (seit 1963 Verein für Kommunalwissenschaften e.V.), der auf Initiative insbesondere von Ernst Reuter gegründet worden war, um das im Grunde dem

Hast du dir jemals diesen Himmel und diese Erde vorgestellt, von Wesen bewohnt, die unter der Herrschaft der höchsten Weisheit stehen?

Mary Baker Eddy

Christian Science Kirchen in Charlottenburg-Wilmersdorf

Christliches Heilen ist der Kern von Christian Science

Seit mehr als hundert Jahren leben Menschen in Berlin, die sich mit ganzem Herzen der Idee des christlichen Heilens, wie Jesus Christus es lehrte, widmen. Im Bezirk Charlottenburg-Wilmersdorf gibt es heute zwei Christian Science Kirchen,* deren Gottesdienste, Sonntagsschulen und Leseräume dazu dienen, dieses Heilen fortzuführen.

Ursprung der Bewegung

Im 19. Jahrhundert hatte Mary Baker Eddy in Neu-England nach intensivem Bibelstudium die Gewissheit gewonnen, dass Heilen durch die Macht Gottes – so wie Jesus es tat – noch immer möglich ist, dass es sogar einer geistigen Gesetzmäßigkeit folgt. In ihrem Hauptwerk „Wissenschaft und Gesundheit mit Schlüssel zur Heiligen Schrift" erläutert sie diese Praxis des Christentums, die sie Christian Science (Christliche Wissenschaft) nannte. Das Buch ist heute in 16 Sprachen übersetzt und im Buchhandel erhältlich.

Erste Aktivitäten in Berlin

Nach Berlin kam Christian Science durch die US-Amerikanerin Frances Thurber Seal. Sie lehrte und heilte viele Menschen durch Gebet – darunter Mitglieder des kaiserlichen Hofes – und erlangte große Bekanntheit. 1900 gründete sie mit anderen Anhängern die erste Christian

Erste Kirche Christi, Wissenschafter Berlin, Wilhelmsaue 112, 10715 Berlin, Tel. (030) 861 91 33

Science Kirche in Berlin. Die Gemeinde wuchs stetig. 1920 gründete sich eine zweite Kirche, 1923 in Charlottenburg eine dritte. Lange Zeit wurden die Gottesdienste in öffentlichen Sälen abgehalten. 1936 baute Erste Kirche Christi, Wissenschafter Berlin ein Kirchengebäude an der Wilhelmsaue in Wilmersdorf. Architekt war Otto Bartning.

Verbot und Neuanfang

1941 wurde Christian Science von den Nationalsozialisten verboten; es folgte die Enteignung der Gemeinden. Nach dem Krieg hielten die Christian Science Kirchen sofort wieder Gottesdienste ab. Erste Kirche baute ihr durch einen Luftangriff zerstörtes Gebäude 1956 wieder auf.

Die Mitglieder Dritter Kirche ließen 1959 durch Wolf von Möllendorff eine Kirche in der Schillerstraße in Charlottenburg errichten. Finanziert wurden beide Projekte durch Spenden der Mitglieder.

Ein anderes Konzept von Kirche

Heute wie damals sind die Gemeinden lebendig und aktiv und verstehen Kirche

- als Gemeinschaft von Suchern nach der Wahrheit – der Wirklichkeit des Seins
- als Kraft, die überlieferte Denkmuster in Frage stellt
- als Institution, die das Heilen des Ur-Christentums praktiziert
- als Möglichkeit der Verknüpfung von geistig-spiritueller Erfahrung mit Harmonie und Gesundheit
- als Laienkirche mit direkter Beteiligung der Mitglieder an allen Ämtern

Die beiden Gemeinden versuchen diese Ideen von Kirche in ihren öffentlichen Aktivitäten, zu denen jeder herzlich eingeladen ist, zu verwirklichen. Neben den Gottesdiensten am Sonntag und Mittwoch stehen jedem die Leseräume offen, um die Literatur zu nutzen oder Gedanken auszutauschen. Gedankenaustausch gibt es auch ganz speziell für Kinder und Jugendliche in den Sonntagsschulen.

Dritte Kirche Christi, Wissenschaftler Berlin, Schillerstraße 16, 10625 Berlin, Tel. (030) 313 85 02

www.spirituality.com
www.christian-science-berlin.de
*seit 1954 Körperschaft öffentlichen Rechts

Ernst-Reuter-Haus

Schon mit 23 Jahren schloss sich Ernst Reuter (1889-1953), Sohn eines Kapitäns der Handelsmarine der SPD an. Während des Krieges geriet er in russische Kriegsgefangenschaft, lernte dort Lenin kennen, der ihn 1918 als Volkskommissar nach Saratow in die Wolga-Republik schickte. Im selben Jahr kam er nach Deutschland zurück und wurde nach einem kurzen Intermezzo bei der KPD unter anderem Redakteur beim „Vorwärts". 1926 wurde er Mitglied des Berliner Magistrats und übernahm das Dezernat Verkehr und Versorgungsbetriebe. Er gilt als Schöpfer der BVG. Nach der Machtübernahme Hitlers wurde Ernst Reuter gleich zweimal in „Schutzhaft" genommen und in ein KZ eingeliefert. Einer erneuten Verhaftung entging er durch die Emigration in die Türkei. 1946 kam Ernst Reuter nach Berlin zurück. Er wurde 1947 zum Oberbürgermeister gewählt. Dagegen legten jedoch die Russen ihr Veto ein, da Reuter in die „faschistische" Türkei exiliert sei, sodass bis 1948 Louise Schröder das Amt des Oberbürgermeister übernahm. Nach der Spaltung Berlins wurde Reuter zum Regierenden Bürgermeister gewählt. Ausgestattet mit gesundem Menschenverstand und Schlagfertigkeit, einer Mischung aus Schlichtheit und Pathos („Ihr Völker der Welt, schaut auf diese Stadt!") war er bei Gegnern wie Anhängern gleichermaßen geschätzt.

Deutschen Städtetag zustehende Gebäude wiederaufzubauen. Die Ost- und Westflügel des Gebäudes wurden bis 1955 wiederhergestellt. Der damalige Vorsitzende des Vereins, der ehemalige Oberbürgermeister von Königsberg, Hans Lohmeyer, regte eine Umlage unter den deutschen Gemeinden an, um auch den Ausbau des mittleren Gebäudeteils zu finanzieren. Durch die Unterstützung des Landes Berlin sowie zahlreiche Spenden von Mitgliedsstädten des Deutschen Städtetages wurde das Ernst-Reuter-Haus bis 1956 fertig gestellt. Zum Dank wurden diese Städte später mit ihren jeweiligen Stadtwappen in die große Fensterwand des Foyers aufgenommen. In das Gebäude zogen schließlich das Finanzamt Tiergarten, das Institut für Physikalische und Theoretische Chemie der TU und die Senatsbibliothek dauerhaft als Mieter ein.

1973 wurde im Rahmen einer Hauptversammlung des Deutschen Städtetages auf Initiative von 60 Städten das Deutsche Institut für Urbanistik (Difu) gegründet, das seither im Ostflügel des Ernst-Reuter-Hauses untergebracht ist. Damals wurde der Ruf nach einem Forschungsinstitut laut, das fern vom akademischen „Elfenbeinturm" – aber dennoch wissenschaftlich fundiert –, den Städten bei der Bewältigung ihrer Tagesaufgaben zur Seite steht und längerfristige Perspektiven und Handlungsmöglichkeiten für die städtische Entwicklung aufzeigt. Inzwischen wird das Difu von fast allen deutschen Großstädten, von Kommunalverbänden und Planungsgemeinschaften getragen und repräsentiert eine Zahl von etwa 22 Millionen Einwohnern. Ob Stadt- und Regionalentwicklung, Wirtschaftspolitik, Städtebau, Soziale Themen, Umwelt, Verkehr, Kultur, Recht, Verwaltungsthemen oder Kommunalfinanzen: Das Difu bearbeitet als größtes Stadtforschungsinstitut im deutschsprachigen Raum ein umfangreiches Themenspektrum und beschäftigt sich in Forschung, Fortbildung und Informationsdiensten mit allen Aufgaben und Problemstellungen, die Kommunen heute und in Zukunft zu bewältigen haben.

Nach der Wende beschloss der Deutsche Städtetag, einen Teil seiner Hauptgeschäftsstelle von Köln nach Berlin zu verlegen, und zog schließlich 1998 in den Westflügel des Ernst-Reuter-Hauses ein. Darüber hinaus enthält das Ernst-Reuter-Haus, in dem viele weitere Einrichtungen ihren Sitz genommen haben, in seinem Mittelbau ein stark frequentiertes Tagungszentrum.

Nachkriegszeit: Wiederaufbau

Nach der Kapitulation Berlins am 2. Mai 1945 besetzten Einheiten der Roten Armee auch Charlottenburg. Es unterstand wie ganz Berlin zwei Monate lang dem sowjetischen Stadtkommandanten. Dieser ernannte für Charlottenburg einen Bezirksbürgermeister aus der KPD, der allerdings nur einen Monat im Amt blieb und am 15.6.1945 durch den parteilosen Dr. Paul Genths ersetzt wurde. Dieser blieb bis zu den ersten Nachkriegswahlen 1946 im Amt.

Das bereits Anfang Mai 1945 gebildete Bezirksamt aus Kommunisten, Sozialdemokraten und Parteilosen verteilte sich auf verschiedene Dienststellen. Im Rathaus konnten ab Ende Mai nur wenige Räume benutzt werden.

Anfang Juli 1945 rückten Truppen der westlichen Alliierten in Berlin ein. Am 11. Juli 1945 trat die Alliierte Kommandantur zu ihrer ersten Sitzung zusammen. Von da an gehörte Charlottenburg zum britischen Sektor Berlins. Die Bezirksverwaltung musste zunächst versuchen, die Seuchengefahr zu bekämpfen, die teilweise zerstörte Kanalisation wieder in Gang zu bringen und die Versorgung mit Lebensmitteln, Wasser und Strom zu sichern.

Von 102.000 Wohnungen in Charlottenburg waren 37.000 total zerstört, 32.000 schwer beschädigt, 26.000 leichter beschädigt, und lediglich 7.000 Wohnungen waren unbeschädigt. Von den 11.075 Wohnhäusern, die man 1939 in Charlottenburg gezählt hatte, waren 2.882 völlig zerstört. Nur 604 waren unversehrt geblieben.

Dabei stieg die Einwohnerzahl von 151.000 bei Kriegsende innerhalb weniger Wochen durch Flüchtlinge, Rückkehr von Soldaten, Gefangenen und Verfolgten innerhalb weniger Wochen sprunghaft auf 300.000 an. Für diese Menschen standen etwa 34.000 Wohnungen zur Verfügung, von denen die meisten mehr oder weniger schwer beschädigt waren. Viele mussten Jahre lang in Provisorien in den Laubenkolonien oder in anderen Behelfsbauten leben. Erst nach dem Ende der Berlin-Blockade 1948-49 konnten größere Wohnungsbauprojekte in Angriff genommen werden. 1950 gab es in Charlottenburg 37.650 benutzbare Wohnungen. Die Einwohnerzahl war inzwischen wieder auf knapp 225.000 zurück gegangen.

Die ersten Jahre nach dem Krieg waren geprägt durch die Enttrümmerungs-

REEMTSMA in Berlin

Der Hamburger Unternehmer Hermann F. Reemtsma ließ 1959 in Wilmersdorf für 7 Millionen DM eine komplette Produktionsstätte erbauen. Mit nur 250 Mitarbeiterinnen und Mitarbeitern und einer Handvoll von Maschinen produzierte man damals immerhin rund sechs Millionen Cigaretten täglich. Ihren Einstand in Wilmersdorf gaben dabei die Traditionsmarke Ernte 23 und die frisch gekürte Peter Stuyvesant, die erste deutsche Filtercigarette im King Size Format. Der Erfolg der neuen Marke war so groß, dass noch im selben Jahr ein Erweiterungsbau notwendig wurde. Mit ihm verdoppelten sich nicht nur die Belegschafts-, sondern auch die Produktionszahlen. Beinah 8 Milliarden Cigaretten wurden 1960 hergestellt. 1981 brachte Reemtsma die American Blend Filtercigarette WEST auf den Markt, die sich als eine der erfolgreichsten Neueinführungen etablierte und wie zuvor die Peter Stuyvesant ebenfalls ein neues Kapitel Cigarettengeschichte schrieb. Mit der neuen Marke war das Wilmersdorfer Werk erneut an seine Leistungsgrenzen gestoßen. Es mußte abermals angebaut und aufgestockt werden. Wie schon so oft in der Werksgeschichte.

Durch den Einsatz moderner Technik sowie qualifizierter und motivierter Mitarbeiter ist das Werk heute eine der leistungsfähigsten Cigarettenfabriken weltweit und gehört seit 2002 zur Imperial Tobacco Group, dem viertgrößten internationalen Cigarettenhersteller.

Jede sechste Cigarette, die in Deutschland geraucht wird, stammt aus dem Betrieb Berlin in der Mecklenburgischen Straße.

Täglich werden im Werk Berlin bis zu 80 Tonnen Tabak angeliefert, die zu unterschiedlichen Tabakmischungen verarbeitet werden. Dazu noch fast 200 Paletten mit Fertigungsmaterial, das zur Cigarettenherstellung und -verpackung benötigt wird. Über 500 Mitarbeiterinnen und Mitarbeiter arbeiten im Werk Wilmersdorf und produzieren mit rund 330 unterschiedlichen Artikeln mehr als 26 Milliarden Cigaretten im Jahr.

Damit ist das Werk in Berlin auch ein wesentlicher Wirtschaftsfaktor. Allein an Tabaksteuern werden täglich rund 10 Millionen Euro abgeführt.

arbeiten, die notwendig waren zur Vorbereitung neuer Baumaßnahmen. Künftige Baugrundstücke mussten freigeräumt werden, Baumaterialien mussten gewonnen werden. Nicht zuletzt dienten die Arbeiten als Arbeitsbeschaffungsmaßnahmen. Die „Trümmerfrauen" sind in die Berliner Geschichte eingegangen.

Erstaunlich war die schnelle Wiederbelebung der Kultur und des Vergnügungswesens unmittelbar nach Kriegsende. Bereits im Mai 1945 wurden in Charlottenburg 201 Gastwirtschaften, 39 Cafés und 25 Lichtspieltheater registriert. 1950 konnte das Bezirksamt feststellen, dass Charlottenburg das Vergnügungszentrum des neuen Berlin geworden war. Der Kurfürstendamm und die City West hatten der alten Berliner Mitte im Ostteil bereits den Rang abgelaufen.

Auch die meisten West-Berliner Theater befanden sich in Charlottenburg: Schon 1945 spielte im Theater des Westens wieder die Deutsche Oper und blieb dort, bis 1961 ihr Neubau an der Bismarckstraße fertig war. Dazu kamen das Schillertheater in der Bismarckstraße, die Tribüne am Ernst-Reuter-Platz, das Renaissancetheater in der Hardenbergstraße, Komödie und Theater am Kurfürstendamm, später noch die Freie Volksbühne und die Schaubühne im Wilmersdorfer Teil der City-West.

Eine besonders beeindruckende Leistung ist der Wiederaufbau des Schlosses Charlottenburg, das 1943 bei Luftangriffen schwer beschädigt worden war und nur noch als Ruine existierte. Während der Charlottenburger Baudezernent im März 1946 einen Wiederaufbau für sinnlos hielt, kämpfte die damalige „Schlossherrin" Margarete Kühn dafür, und schon im Sommer 1946 begannen die ersten Instandsetzungsarbeiten. Mit ersten Ausstellungen begann 1947 die Entwicklung des Schlosses zu einem kulturellen Mittelpunkt und Tourismusmagneten.

Enttrümmerungsarbeiten

Im Oktober 1946 trat eine von der Alliierten Kommandantur bestätigte vorläufige Verfassung für Berlin in Kraft, die für die Bezirke Bezirksämter und Bezirksverordnetenversammlungen vorsah. Die BVVs hatten „im Rahmen der von der Stadtverordnetenversammlung und vom Magistrat aufgestellten Richtlinien über alle Angelegenheiten des Bezirks zu beschließen." Im Oktober fanden auch die ersten Wahlen nach dem Krieg in Berlin statt. Die gewählte Charlottenburger Bezirksverordnetenversammlung trat im Dezember 1946 erstmals zusammen und wählte ein neues Bezirksamt. Erster gewählter Bezirksbürgermeister nach dem Krieg wurde Albert Horlitz (SPD).

Nach der Spaltung Berlins 1949 trat im Oktober 1950 eine mit dem Grundgesetz der Bundesrepublik Deutschland abgestimmte neue Verfassung in Kraft. West-Berlin wurde zugleich Bundesland und Stadtgemeinde. Aus dem bisherigen Magistrat wurde ein Senat, der als Landesregierung und Stadtverwaltung gleichzeitig fungierte. Den Bezirken gab die neue Verfassung das Recht, ihre Aufgaben „im Rahmen der Gesetze und der Verwaltungsvorschriften des Senats in eigener Verantwortung zu erfüllen. Den Verwaltungen der Bezirke ist darüber hinaus die Möglichkeit gegeben, zu den grundsätzlichen Fragen der Verwaltung und Gesetzgebung Stellung zu nehmen."

Mit dieser Form der bezirklichen Selbstverwaltung knüpfte man wieder an das Berlin-Gesetz von 1920 an. Aus den damaligen Bezirksversammlungen, die von den Nationalsozialisten aufgelöst worden waren, wurden jetzt Bezirksverordnetenversammlungen oder kurz: BVVs.

1950 zog die gesamte Bezirksverwaltung wieder in das Rathaus an der Berliner Straße. Allerdings zogen sich die Bauarbeiten zur Wiederherstellung noch mehrere Jahre hin.

1950 begann eine sich von Jahr zu Jahr verstärkende Neubautätigkeit, so dass die Wohnungsknappheit bis 1960 weitgehend behoben werden konnte. Dabei spielte der öffentlich geförderte soziale Wohnungsbau eine immer größere Rolle. Bis 1960 wurde der Bau von mehr als 17.000 Wohnungen öffentlich gefördert. Die entsprechenden Neubauten wurden im innerstädtischen Bereich Charlottenburgs errichtet, etwa an der Kantstraße, der Bismarckstraße, Leibniz- und Cauerstraße oder zwischen AltLietzow und der Otto-Suhr-Allee in der Nähe des Rathauses. Aber es entstanden auch neue Stadtteile, darunter vor allem Charlottenburg-Nord.

Obwohl bereits 1947 Geschäftsleute einen städtebaulichen Ideenwettbewerb „rund um den Zoo" anregten, zog sich der Wiederaufbau hier, mitten in der stark zerstörten City, lange hin. Erst 1955 wurde das Gelände zwischen Zoo und Breitscheidplatz enttrümmert, und von 1956 bis 1959 baute man anstelle der alten Ausstellungshallen neue Gebäudekomplexe. Gegenüber dem Bahnhof Zoo entstand das Zentrum am Zoo ZAZ mit dem Damenoberbekleidungs-(DOB-)Hochhaus für die Bekleidungsbranche, dem Zoo-Palast und dem sechsstöckigen Langbau an der Budapester Straße. Gegenüber dem Zoo-Palast wurde 1959 das Schimmelpfenghaus als Brückenbau über der Kantstraße fertiggestellt.

Der Platz vor dem Bahnhof Zoologischer Garten wurde 1960 teilweise auf ehemaligem Zoo-Gelände als Hardenbergplatz für Bushaltestellen und Parkplätze für PKWs und Reisebusse angelegt. Der Bahnhof Zoologischer Garten wurde zum zentralen Bahnhof in West-Berlin, was die Bedeutung Charlottenburgs als City-Bezirk unterstrich.

300 Jahre Charlottenburg – die Deutsche Bundesbank gratuliert

Außenansicht des Neubaus in der Leibniz-/Ecke Bismarckstraße.

Seit mehr als 50 Jahren ist die Deutsche Bundesbank eng mit Charlottenburg verbunden. Die nach dem Krieg errichtete Berliner Zentralbank wie auch ihre Nachfolgeorganisation, die Deutsche Bundesbank Hauptverwaltung Berlin, sind seit ihrem Bestehen im Bezirk ansässig.

Die Gründung der Berliner Zentralbank fällt in das Jahr 1949, als die politische Teilung der Stadt nicht mehr abwendbar war und die D-Mark nach dem Willen der Alliierten – neun Monate nach ihrer Einführung in den damaligen westlichen Besatzungszonen – alleiniges gesetzliches Zahlungsmittel im Westteil Berlins wurde. Als Standort wählte man die repräsentativen ehemaligen Reichsbankgebäude – entstanden 1906 bis 1926 – in der Leibnizstraße, die von Kriegsschäden bereinigt und Mitte der 50er Jahre nach Plänen des Architekten Johannes Krüger erweitert wurden. Die Leibnizstraße blieb auch der Standort, nachdem im Zuge der Errichtung der Deutschen Bundesbank die Berliner Zentralbank mit dieser verschmolzen wurde und den Namen Landeszentralbank (LZB) in Berlin erhielt.

Die Eingliederung Ostdeutschlands machte eine Neugliederung der Deutschen Bundesbank erforderlich. Dies führte 1992 zur Erweiterung des Zuständigkeitsbereichs der LZB auch auf den Ostteil der Stadt sowie auf das Land Brandenburg. Die Verantwortlichkeit der nun in „Landeszentralbank in Berlin und Brandenburg" umbenannten LZB für beide Regionen verlangte Raumkapazitäten, die an alter Stelle nicht vorhanden waren.

Eine örtliche Zersplitterung einzelner Arbeitsbereiche war daher unvermeidlich. Die LZB selbst zog zunächst nach Berlin-Mitte in die Kurstraße, um allerdings bereits 1995 wieder nach Charlottenburg zurückzukehren. Ihr Domizil schlug sie, nur wenige Straßen von alter Stelle entfernt, in einem angemieteten Gebäude am Steinplatz auf, wo sie bis heute sitzt. Die Einführung des Euro und die Übertragung der geldpolitischen Verantwortung auf die Europäische Zentralbank mündete in einer erneuten Strukturreform der Bundesbank. Mit dem veränderten Aufgabenspektrum ging ein weiterer Namenswechsel einher. Die frühere LZB firmiert seither als „Hauptverwaltung Berlin der Deutschen Bundesbank."

Sitz der Hauptverwaltung am Steinplatz

Im Jahr 2007 kehrt die Hauptverwaltung in die Leibnizstraße zurück. Die Entscheidung, mit den gegenwärtigen Erweiterungs- und Sanierungsmaßnahmen hier die Voraussetzungen für die Zusammenfassung der zur Zeit getrennten Arbeitsbereiche zu schaffen, war nicht zuletzt der langen Reichs- und Zentralbankgeschichte dieser Adresse geschuldet.

Der an diesem Ort entstehende Gebäudekomplex wird behutsam in seine Umgebung integriert. Die Gebäudehöhen nehmen die Maße der umgebenden Bebauung auf, eine Ausnahme bildet der weiterhin bestehende 10-geschossige Turm des Krügerbaus.

Die Grundstücksfläche beträgt insgesamt 8.190 m². Hiervon werden 5.665 m² bebaut. Die Gebäude weisen eine Hauptnutzfläche von insgesamt 18.088 m² auf. Zukünftig werden hier rund 500 Mitarbeiter tätig sein.

Nach der Schließung der Filialen in Potsdam und Frankfurt (Oder) Ende 2007 wird Berlin zur zentralen Geldumschlagstelle in der Region. Die Geldbearbeitung, d.h. das Prüfen auf Echtheit und das Aussortieren nicht mehr umlauffähiger Banknoten, wird in einem Neubauabschnitt in der Leibnizstraße untergebracht sein.

Denkmalgeschütztes Treppenhaus, 1954

Der Haupteingang befindet sich in der Leibnizstraße. Die Kundenbereiche im 1. Obergeschoss werden über das repräsentative, denkmalgeschützte Treppenhaus sowie einen Zugang aus der Kundentiefgarage zu erreichen sein. Hier in der Leibniz-/Ecke Bismarckstraße können die Berliner und Berlinerinnen wieder Münzen oder beschädigte Banknoten umtauschen oder vom Bund begebene Sondermünzen erwerben. Selbstverständlich werden auch noch vorhandene D-Mark Banknoten und Münzen weiterhin gebührenfrei in Euro umgetauscht.

Häuser für die Mode (1950)

Das alte Zentrum der Berliner Mode und Konfektion um den Hausvogteiplatz in Berlin Mitte war im Krieg zerstört worden. Die jüdischen Unternehmer, die in der Textilbranche Maßstäbe gesetzt hatten, gab es in Berlin nicht mehr.

In den 50er Jahren entstand im Westen Berlins, am Fehrbelliner Platz und vor allem am Kurfürstendamm eine neue, kurz aufblühende Modeindustrie. Die ersten Modeschauen nach dem Krieg gab es am Kurfürstendamm schon im Herbst 1945. Ein Jahr später gab es zwischen Gedächtniskirche und Halensee schon wieder 210 Geschäfte, darunter 43 Modefirmen. 1950 eröffneten vier große Modehäuser am Kurfürstendamm: Gehringer & Glupp, Horn, Staebe-Seger und Schwichtenberg.

Das 1955 am Kurfürstendamm 64/65 entstandene ECO-Haus war Domizil für eine Reihe von Konfektionsfirmen. 1000 Beschäftigte der Bekleidungsindustrie fanden hier neue Arbeitsplätze. 1957 kam das DOB-Haus am Zoo als Sitz der Damen-Oberbekleidungs-Industrie hinzu. Die kurze Blüte der Modeproduktion am Kurfürstendamm endete mit dem Mauerbau 1961.

Kinos für die Filmfestspiele (1952)

Nach dem Zweiten Weltkrieg gab es eine große Sehnsucht nach internationaler Beachtung. Der Hilferuf von Ernst Reuter an die „Völker der Welt" verlieh diesem Bedürfnis in der mehr und mehr abgetrennten westlichen Teilstadt auf höchst emotionale Weise Ausdruck. Der Kurfürstendamm war dazu prädestiniert, zum internationalen „Schaufenster des Westens" zu werden.

Das gelang zum ersten Mal nach dem Krieg mit den Filmfestspielen, die seit 1952 Jahr für Jahr unter großer internationaler Beteiligung am Kurfürstendamm gefeiert wurden. Die Ersten Internationalen Filmfestspiele Berlin waren 1951 noch im Steglitzer Titania-Palast veranstaltet worden. Aber seit 1952 gab es neben dem Delphi-Kino an der Kantstraße das neue Kino Capitol im ehemaligen Universum am Kurfürstendamm 153. Bereits 1953 kam der Neubau des Gloria-Palastes, am Kurfürstendamm 12 und die Filmbühne Wien am Kurfürstendamm 26 hinzu, seit 1957 der Zoo-Palast als größtes Festival-Kino.

BERLINS STARVISAGIST RENÉ KOCH ERZÄHLT:

Make-up zwischen gestern und heute

„Eine deutsche Frau schminkt sich nicht" hieß es in Deutschland zwischen 1933 und 1945. Doch nach dem Krieg sofort ein neuer Trend: der „Trümmerfrauen-Look". Zwischen den grauen Ruinen sprossen sie mit ihren bunt gewickelten Turbanen und den roten Lippen hervor wie blühende Blumen. Aus Amerika kamen nämlich 1948-49 die ersten preiswerten Drehlippenstifte. Die Alliierten brachten diese trotz Blockade nach West-Berlin, womit die moderne Charlottenburgerin, zum Beispiel in der Bar „Old Eden" in der Damaschkestraße bei Jazzmusik, Whisky und Coca Cola den „Befreiern" den Kopf verdrehte. Neu damals „Creme Puff" von Max Factor, ein Make-up, das mit einem nassen Schwämmchen aufgetragen wurde. Auch Gesichtspuder wurde wieder aktuell: Charles of the Ritz begeisterte mit seiner Puder-Bar und dem handgemischten Gesichtspuder im KaDeWe.

Heute noch kreiere ich in meinem Cosmetic & Camouflage Centrum in

René Koch mixt Gesichtspuder nach alter Tradition für die Schauspielerin Judy Winter, die seit 15 Jahren in Charlottenburg zu Hause ist.

der Helmstedter Straße Pudermischungen nach diesen Rezepturen. Ein Muss: Die modebewusste Berlinerin der 1960er und 1970er Jahre trug künstliche Wimpern, manchmal sogar doppelt oder dreifach. Hildegard Knef, die damals monatelang im Hotel Kempinski logierte, was von den Berlinern liebevoll in „Knefpinski" umbenannt wurde, behielt diesen „Look" bis zu ihrem Tode bei. Sie sagte oft zu mir: „Kleb' mir mal meine Zahnbürsten dran!" Auch den Mannequins der Berliner Haute Couture-Häuser habe ich während der „Durchreise" Dutzende solcher „Augenvergrößerer" angeklebt. Anfang der 1970-er Jahre wurde es dann ziemlich bunt in den Gesichtern der Frauen. Die Hippie-Mode, die im Musical „Hair" kulminierte, zauberte Blumenornamente auf die Gesichter. Man gab sich, vor allem in West-Berlin, frei und weltoffen. Stilprägend war auch das „Non-Make-up" der Frauenbewegung bei den Studentinnen der Berliner Universitäten, die emanzipiert und selbstbewusst propagierten: Weg mit den bourgeoisen weiblichen Verschönerungsmethoden wie Make-up und Lippenstift. Die neuen Markenzeichen jetzt: Latzhose, Nickelbrille und luftgetrocknete Dauerwelle.

Heute ist das Make-up längst weg vom Modediktat und trotzdem kann frau sich eines gewissen Einflusses von Film- und Music-Stars sowie der Werbung nicht entziehen. So wie sich bereits vor dreihundert Jahren Königin Sophie Charlotte die höfisch-barocken Mode- und Make-up-Regeln zunutze machte: hell gepuderter Teint, rosige Apfelbäckchen und ein kleiner Schönheitspunkt. Also, es lebe das Make-up.

Auf dem abgesperrten Kurfürstendamm säumten Tausende die Star-Paraden und feierten enthusiastisch Gary Cooper, Sophia Loren, Gina Lollobrigida, Alec Guinness, Richard Widmark, Henry Fonda, Errol Flynn, Shirley MacLaine, James Stewart, Federico Fellini und Wald Disney. Während der Filmfestspiele der 50er Jahre fühlte Berlin sich jeweils für 14 Tage als Weltstadt. Ein großer Teil der Bevölkerung nahm daran Anteil und pilgerte zum Kurfürstendamm.

Ernst-Reuter-Platz (1953)

Zur Erinnerung an den verstorbenen Oberbürgermeister wurde 1953 der Platz „Am Knie", an dem sich Hardenbergstraße, Bismarckstraße, Otto-Suhr-Allee, Marchstraße und Straße des 17. Juni treffen, in „Ernst-Reuter-Platz" umbenannt.

Seit 1954 entstanden nach einem städtebaulichen Entwurf Bernhard Hermkes rund um den Platz Hochhäuser mit Verwaltungseinrichtungen von Telefunken, Osram, IBM und anderen Firmen und Hochschulgebäude der Technischen

Ernst-Reuter-Platz heute

Historische Ansicht vom „Knie" um 1906

Landesversicherungsanstalt Berlin
(LVA Berlin) – Dienstleister rund um die gesetzliche Rentenversicherung

erfolgte der Umzug vom Messedamm in das jetzige Gebäude der Hauptverwaltung in der Knobelsdorffstraße.

Die LVA Berlin ist eine Selbstverwaltungskörperschaft des öffentlichen Rechts, die die gesetzliche Arbeiterrentenversicherung im Land Berlin durchführt. Derzeit werden von ihr ca. eine Million Versicherte und Rentner betreut, die in gewerblichen Berufen beschäftigt sind oder waren. Zu unseren Leistungen gehören neben Altersrenten u.a. auch Renten wegen Erwerbsminderung und Hinterbliebenenrenten sowie Beiträge zur Krankenversicherung der Rentner und medizinische und berufliche Rehabilitationen. Für die Durchführung medizinischer Rehabilitationsmaßnahmen stehen u. a. zwei eigene modern eingerichtete Reha-Kliniken in Bad Staffelstein/Schwabthal und Bad Kissingen zur Verfügung.

Wir verstehen uns als moderner Dienstleister und stehen jederzeit mit Rat und Auskunft bei Fragen zur Rentenversicherung zur Verfügung.

Errichtet am 17. März 1890 als Versicherungsanstalt für den Stadtkreis Berlin trägt die LVA Berlin bereits seit 1.1.1900 ihren heutigen Namen. Nach Ende des Zweiten Weltkrieges, der auch die Sozialversicherung zum Erliegen gebracht hatte, wurde bereits zum 1.7.1945 die Versicherungsanstalt Berlin (VAB) wieder errichtet, der die Durchführung der Kranken-, Unfall- und Rentenversicherung für die Werktätigen in Berlin übertragen wurde. Sie hatte ihren Sitz in den früheren Räumen der LVA Berlin am Köllnischen Park 3 in Berlin-Mitte. Infolge der Spaltung Berlins, Ende 1948, zog die VAB in ein gemietetes Gebäude in der Westfälischen Straße im Westteil der Stadt. Nach Wiedererrichtung der LVA Berlin am 1.8.1952 wurde im Jahre 1954 der Grundstein für das Dienstgebäude am Messedamm 1 in Charlottenburg gelegt. Im Sommer 1995

LVA Berlin · Knobelsdorffstraße 92 · 14059 Berlin
Postanschrift: 14047 Berlin
Telefon: (030) 30 02-0 · Telefax: (030) 30 02-10 09
E-Mail: lva@lva-berlin.de · Internet: www.lva-berlin.de

Universität, die später auch das Telefunken-Hochhaus bezogen hat. Das Hochhaus für Berg- und Hüttenwesen der TU-Berlin wurde 1954-59 von Willy Kreuer als 10-geschossiger Rasterbau mit blauer Glasfassade errichtet, flankiert von niedrigen Anbauten. Als Bautypus hat das Gebäude Vorbildcharakter für spätere Institutsbauten in Deutschland.

Edzard Reuter und Isolde Josipovici haben gemeinsam für die Restaurierung des Brunnens auf dem Ernst-Reuter-Platz gekämpft.

1960 wurde die Mittelinsel eingeweiht. Werner Düttmann gestaltete sie mit einer Grünfläche mit Wasserspielen und einer Hauptfontäne.

Nach jahrelangem Stillstand konnte der Brunnen durch das Engagement der „Brunnenfee" Isolde Josipovici inzwischen wieder in Betrieb gehen. Zur Mittelinsel führt zwar ein Fußgängertunnel, aber der Ernst-Reuter-Platz hat durch die neue Anlage seinen Charakter als Stadtplatz eingebüßt und wurde zum Verkehrsknotenpunkt.

Die Bronzeplastik „Flamme" („Dynamik") von Bernhard Heiliger wurde 1963 vor dem Architekturgebäude der TU zwischen Straße des 17. Juni und Marchstraße aufgestellt. Die „Kristalline Form" (Wachsende Flügel") von Karl Hartung vor dem Hochhaus für Berg- und Hüttenwesen zwischen Hardenbergstraße und Straße des 17. Juni.

Amerika Haus (1957)

In einem Gebäude von Bruno Grimmek wurde 1957 in der Hardenbergstraße das Kultur- und Informationszentrum des United States Information Service (USIS), kurz Amerika Haus Berlin, eröffnet. Bei seiner Gründung stand im Vordergrund der kulturpolitischen Aufgaben der Versuch, das nach NS-Zeit und Teilung Deutschlands entstandene Informationsdefizit der Berliner durch Veranstaltungen, Lehrerfortbildungen, Ausstellungen auszugleichen.

1995 wurde das „Information Resource Center Headquarters Berlin" mit völlig neuem technischen Equipment eröffnet. Seit dem Umzug der amerikanischen Botschaft von Bonn nach Berlin ist das Amerikahaus unmittelbar Bestandteil der Botschaft und dem Außenministerium unterstellt. Seither veranstaltet es Programme und Service ausschließlich für Multiplikatoren aus Politik, Wirtschaft, Kultur, Wissenschaft und Verwaltung.

Le-Corbusier-Haus (1958)

Von 1956-58 baute der schweizerisch-französische Architekt Le Corbusier im Rahmen der Interbau (Internationale Bauausstellung) die „Unité d'habitation, Typ Berlin". Nach Marseille und Nantes war es die dritte derartige Wohnanlage, ein 17-geschossiges auf Stützen stehendes Hochhaus mit 557 Wohnungen, die über neun mittig angelegte „Straßen" erschlossen werden. Durch spezifische Bauvorschriften wurden bauliche Veränderungen erzwungen. Das „Modulor"-Maßsystem wurde verändert: Statt der vorgesehenen Raumhöhe von 2,26 Meter mussten es entsprechend den Vorschriften des sozialen Wohnungsbaues 2,50 Meter sein. Reduziert gegenüber dem ursprünglichen Entwurf wurden die geplanten

Postkarte von 1965 mit der Aufschrift „Corbusier-Hochaus (größtes Wohnhaus Europas)"

infrastrukturellen Einrichtungen so, dass der Architekt sich letztlich vom ausgeführten Bau distanzierte.

Charlottenburg-Nord mit der Paul-Hertz-Siedlung (1961)

Von 1956 bis 1961 entstand als Erweiterung der Siedlung Siemensstadt der westliche Teil von Charlottenburg-Nord mit annähernd 4000 Wohnungen, an dessen Planungen Hans Scharoun beteiligt war. Der östliche Teil, die Paul-Hertz-Siedlung, mit annähernd 2.700 Wohnungen wurde im Anschluss daran 1961-1965 nach Plänen von Wils Ebert, Werner Weber und Fritz Gaulke am Heckerdamm, östlich des Kurt-Schumacher-Damms für die GEWOBAG gebaut.

Die Paul-Hertz-Siedlung

Paradoxerweise vergrößerten diese großen Bauprojekte zunächst die Wohnungsnot, denn gebaut wurde auf Kleingartengelände. Viele ständig bewohnte Lauben mussten weichen.

Die Paul-Hertz-Siedlung und Charlottenburg Nord insgesamt gehörten zu einem Planungsgebiet, dessen Strukturmerkmal die freie Stellung der Baukörper zueinander ohne direkten Bezug zur Straße ist. Unter der Bezeichnung „organischer Städtebau" gilt die Siedlung als Musterbeispiel für die damaligen Vorstellungen von der „aufgelockerten Stadt".

Wegen der Luftsicherheit verlangte die alliierte Flugsicherheitsbehörde, die ursprünglich vorgesehenen dreizehn Stockwerke der Hochhäuser auf acht zu reduzieren 1993-96 wurden einige Gebäude trotz heftigster Mieterproteste aufgestockt.

Die Straßen wurden nach Widerstandskämpfern gegen die NS-Gewaltherrschaft benannt. Am Heckerdamm errichteten die beiden christlichen Kirchen zum Gedenken an die NS-Opfer das Evangelische Gemeindezentrum Plötzensee mit dem „Plötzenseer Totentanz" von Alfred Hrdlicka und die Katholische Kirche Maria Regina Martyrum mit dem Karmel-Kloster. Die 1966 eingeweihte Grundschule erhielt den Namen des Widerstandskämpfers Helmuth James von Moltke (Kreisauer Kreis). In der Nähe der Siedlung befindet sich die 1952 eingeweihte Gedenkstätte Plötzensee. Benannt wurde die Siedlung nach dem 1961 verstorbenen SPD-Politiker Paul Hertz, der sich nach dem Zweiten Weltkrieg für den Wiederaufbau im damaligen West-Berlin eingesetzt hatte.

Im Jahr 2005 gibt es in der Paul-Hertz-Siedlung 3100 Wohneinheiten. Heute leben hier 5.972 Menschen, davon 981 Kinder und Jugendliche. 1.473 Bewohner sind über 65 Jahre alt. Ihren grünen und ruhigen Charakter hat die Wohngegend bis heute bewahrt. Viele alteingesessene Mieter schätzen das Quartier auch wegen der Nähe zum Volkspak Jungfernheide. Den Freizeitwert des unmittelbaren Wohnumfeldes hat der GEWOBAG-Verbund durch mehrere Spielplatzanlagen gesteigert.

SPI Consult ist eines der großen Beratungsunternehmen für Arbeit und Ausbildung in Berlin.

Im Auftrag des Landes Berlin verwalten wir als Treuhänder und beliehenes Unternehmen seit 1991 Fördergelder des Landes und der Europäischen Union und stellen sicher, dass diese Mittel effizient eingesetzt werden.

Beschäftigungsprobleme lassen sich leichter lösen, wenn alle an einem Strang ziehen. Wir moderieren lokale Netzwerke und Aktionsbündnisse zwischen Wirtschaft und Politik.

Die Verbesserung der Lebensqualität und Attraktivität des Wirtschaftsstandortes im Stadtteil stehen dabei im Mittelpunkt.

Gemeinsam mit freien Trägern, Unternehmen des Mittelstands und den Bezirksämtern hat SPI Consult in Charlottenburg-Wilmersdorf eine Reihe von Initiativen mitbegründet und begleitet.

Dazu gehören Projekte zur Schaffung von mehr Ausbildungsplätzen, Integration von MigrantInnen, die Förderung von Frauen-Existenzgründungen oder die Unterstützung lokal agierender Stiftungen.

Mehr Information unter www.spiconsult.de

SPI Consult GmbH
Hildegardstraße 28
10715 Berlin
Tel.: 030-69 00 85 0
E-Mail: info@spiconsult.de

Mauerstadt: Schaufenster des Westens

Mit dem Mauerbau am 13. August 1961 wurde Charlottenburg mehr noch als vorher zur City im Westteil Berlins und damit zum Schaufenster des Westens. Kultur, Vergnügen und Kommerz konzentrierten sich hier. Hierher pilgerten die Touristen. 1966 befanden sich in Charlottenburg 1016 Gaststätten und Hotels, 1984 waren es 2143.

Gerade aus dem gutbürgerlichen Bezirk zogen aber nach dem Mauerbau viele Bewohner weg. 1960 hatte Charlottenburg 227.500 Einwohner, 1965 waren es 223.300, 1970 noch 200.000, 1975 noch 170.300 und 1982 nur noch 150.000. Charlottenburg war zwar von West-Bezirken umgeben, so dass man hier nirgends auf die Mauer traf, aber viele sahen in der eingemauerten Stadt keine Entfaltungsmöglichkeiten und kehrten ihr den Rücken. Das galt für Charlottenburg mehr als für andere Berliner Bezirke.

Trotzdem entstanden auch in den 60er und 70er Jahren neue Wohnungen. Ende der 60er Jahre wurde im innerstädtischen Bereich, zwischen Zillestraße und Bismarckstraße südlich der Deutschen Oper ein Neubauviertel mit mehr als 1.000 Wohnungen gebaut, das sogenannte Opernviertel. Anfang der 70er Jahre wurde in der Nähe des Olympiastadions an der Glockenturmstraße und Angerburger Allee ein Neubauviertel angelegt, das sogenannte „Grüne Dreieck".

Die 60er und 70er Jahre waren auch eine Zeit der Großbauten, von denen nicht wenige bald als Bausünden empfunden wurden. Einige sind heute bereits wieder beseitigt. Nicht zuletzt die großzügige Berlin-Förderung der Bundesregierung brachte Geld in die Stadt, das nicht immer sinnvoll ausgegeben wurde. Gefördert durch staatliche Bauprogramme entstanden vor allem am Kurfürstendamm moderne Großbauten, die sich bewusst abhoben vom traditionellen architektonischen Gesicht des Boulevards. Auf die räumlichen Proportionen wurde keine Rücksicht genommen, alle bis dahin gültigen Maßstäbe wurden gesprengt.

Der Blick vom Funkturm über die westliche City

Von 1963 bis 1965 wurde das Europa-Center am Breitscheidplatz gebaut. Der sich drehende Mercedes-Stern als I-Punkt auf dem Hochhaus wurde zum Symbol dafür, dass West-Berlin am Wirtschaftswunder der Bundesrepublik teilhaben durfte. 1966/67 folgte das Bekleidungshaus von C&A Brenninkmeyer an der Jochoachimstaler Straße Ecke Augsburger Straße, 1971 Wertheim zwischen Kurfürstendamm 230-233 und Augsburger Straße 36-42, 1972 das Ku'damm-Eck von Werner Düttmann und 1973 Ku'damm-Karree von Sigrid Kressmann-Zschach und Kurfürstendamm-Center in Halensee.

Fast alle diese Großbauten, die mit staatlicher Unterstützung entstanden, waren mit Finanzskandalen verbunden und mussten auch nach ihrer Fertigstellung weiter direkt oder indirekt staatlich subventioniert werden, um überleben zu können. So mietete sich die Senatsverwaltung für Kultur im Europa-Center ein, und die Fachhochschule für Verwaltung und Rechtspflege im Ku'damm-Karree. Die meisten damals entstandenen Bauten mussten mehrmals umgebaut werden, die Wertheim-Fassade wurde in den 80er Jahren komplett neugestaltet, Ku'damm-Eck und C&A wurden nach der Wende abgerissen und durch Neubauten ersetzt.

1966 wurde der neue „Zentrale Omnibusbahnhof" gegenüber dem Messegelände neben dem Funkhaus an der Masurenallee eröffnet.

Charlottenburg als City von Berlin-West war auch Hauptschauplatz politischer Demonstrationen, die mit der zunehmenden Politisierung der Studenten seit den 60er Jahren an Häufigkeit und Stärke zunahmen. Zunehmend heftiger wurden die Auseinandersetzungen, die sich unmittelbar vor Ort mit der Polizei ergaben, aber auch die Auseinandersetzungen, die in der Öffentlichkeit und vor allem in den Berliner Zeitungen des Springer-Verlages geführt wurden. Die Demonstrationen der Studenten gegen den Vietnamkrieg Amerikas stießen auf die Dankbarkeit und Verehrung vieler Berlinerinnen und Berliner für die amerikanischen Soldaten, die ihnen über die sowjetische Blockade geholfen hatten und ohne deren militärische Präsenz die Freiheit und Sicherheit West-Berlins nicht vorstellbar waren.

Am 2. Juni 1967 ging es um den Schah von Persien und damit indirekt auch um Amerika, denn Schah Resa Pahlawi galt als amerikanischer Statthalter in Persien. Bei einer Demonstration gegen den Besuch des Schahs in Berlin vor der Deutschen Oper an der Bismarckstraße wurde der Student Benno Ohnesorg von einem Polizisten erschossen. Sein Tod wirkte wie eine Initialzündung und führte zu einer weiteren Radikalisierung der Studenten, die dem Berliner Establishment, insbesondere den Politikern und den Medien, vorwarfen, an diesem Tod mit Schuld zu sein, weil sie Hetzkampagnen gegen die Studenten betrieben hätten. Am 15. Dezember 1990 wurde an der Deutschen Oper ein Mahnmal für Benno Ohnesorg aufgestellt. Es besteht aus einer Gedenktafel und dem Relief „Der Tod des Demonstranten",

bensgefährlich verletzt. Er litt unter den Folgen der Tat bis zu seinem frühen Tod 1979. Wieder wurde die Tat vor allem der Springer-Presse angelastet. Deshalb folgten Demonstrationen am Gebäude des Springer-Verlages in der Kreuzberger Kochstraße, in den folgenden Tagen aber vor allem wieder auf dem Kurfürstendamm.

Maria Regina Martyrium (1963)

Die Kirche Maria Regina Martyrium wurde am 5.5.1963 als Gedächtniskirche der deutschen Katholiken für die Opfer des Nationalsozialismus eingeweiht. Sie war von Hans Schädel und Friedrich Ebert am Heckerdamm 230-232, unweit der Gedenkstätte Plötzensee gebaut worden. Hier befindet sich das Grab des 1934 von den Nationalsozialisten erschossenen Leiters der Katholischen Aktion, Erich Klausener, und eine Gedenkstätte für Dompropst Lichtenberg, der 1943 auf dem Weg ins Konzen-

Innenansicht der Gedenkstätte in der Kirche Maria Regina Martyrium

das Alfred Hrdlicka 1971 unter dem Eindruck der Ereignisse geschaffen hatte.

Am 11. April 1968 wurde der prominenteste Wortführer der Studentenbewegung, Rudi Dutschke in der Nähe des SDS-Büros am Kurfürstendamm Ecke Johann-Georg-Straße und Joachim-Friedrich-Straße angeschossen und le-

trationslager starb. Ein großes Altarwandbild von Georg Meistermann zeigt eine Vision des himmlischen Jerusalem.

1983-84 baute Theo Wieland einen Wohntrakt und ein Gemeinschaftshaus für angeschlossene Kloster Karmel.

Die Werbepalette GmbH
25 Jahre

Als Ende der 70er Jahre das Berliner Kulturleben einen bemerkenswerten Aufschwung nahm, sich kulturelle *Initativen* gründeten, eine *Off-Szene* entstand, sich in Tempelhof die *Ufa-Fabrik* „legalisieren" durfte, in Kreuzberg jeden Tag die *taz* gedruckt wurde, trat das Kreuzberger Künstlerhaus Bethanien an ein Brüderpaar aus Zehlendorf heran, um ihre Veranstaltungen und Ausstellungen mit Plakaten und Flyer in anderen Kultureinrichtungen bekannt machen zu lassen – ein modernes „Litfaß"-Unternehmen wurde unter dem Namen **Die Werbepalette GmbH** vor 25 Jahren gegründet. Seither entwickelte unsere Werbeagentur eine breite werbliche Angebotspalette – zeitweise gehörte eine Theaterkasse dazu –, betreut nicht nur einen festen Kundenstamm, sondern erweitert stetig seine Referenzliste und vermittelt Werbeflächen jeder Art von Frohnau bis Köpenick, von Rostock bis Freiburg, von Norwegen bis Spanien, Faltblätter liegen auch in Hotels in Paris, Plakate kleben auch in Budapest. Seit fast 20 Jahren besteht unser Geschäftssitz im Herzen Wilmersdorfs, auf der alten Dorf-*Aue*, neben der *Auenkirche* und dem *Schoeler-Schlösschen*.

Grafik · Druck · Mediaplanung
Plakate · Anzeigen · Flyer · Gratispostkarten
Fahnen · Rundfunk- und Fernsehspots
alle Werbeflächen und elektronische Medien
Kampagnenplanung in Berlin
deutschlandweit
und in europäischen Metropolen

Die Werbepalette GmbH
Wilhelmsaue 133 · 10715 Berlin
Tel. 854 20 47 · www.werbepalette.de

Klausenerplatzkiez (1963)

Seit dem Ende der 60er Jahre gab es Widerstand gegen Kahlschlagsanierungen. In Charlottenburg bekam das vor allem die Wohnungsbaugesellschaft Neue Heimat zu spüren, die im Sanierungsgebiet Klausenerplatz mit ihren Maßnahmen soziale Konflikte provozierte, die schließlich zur „Instandbesetzung" von leerstehenden Häusern führten, vor allem im Bereich Nehringstraße und Knobelsdorffstraße.

Zur Sanierung des seit 1963 als Sanierungsgebiet ausgewiesenen Bereiches wurde 1972-74 ein Sanierungswettbewerb durchgeführt. Die städtebauliche

Mitten im Kiez: Danckelmann-/Ecke Nehringstraße

> *Die Atmosphäre im Kiez ist eine ganz Besondere. Hier gehen die Menschen noch aufeinander zu. Der Spielplatz ist eine ideale Begegnungsstätte für Mütter mit Kindern. Sie kommen gern hierher, auch wegen der netten kleinen Geschäfte.*
> *Man sitzt im Café, bei schönem Wetter stehen kleine Tische auf dem Gehweg. Direkt neben dem Café ist eine griechische Taverne, an einem Tisch sitzt ein junger Mann. Am Nebentisch sitzt eine junge Frau, die in der Nachmittagssonne ihren Kaffee genießt. Schnell kommt man ins Gespräch, das ist hier im Kiez völlig normal. Es dauert nicht lange, dann gesellt sich eine Mutter mit zwei kleinen Kindern dazu. Sie blickt wehmütig zum Spielplatz hinüber. Vor ein paar Monaten ist sie mit ihrer Familie in einen anderen Stadtteil gezogen, aber sie kommt einmal in der Woche hierher, in ihren alten Kiez. Eigentlich möchte sie wieder zurück.*

Planung lag bei der Arbeitsgruppe für Stadtplanung (AGS), die Durchführung bei verschiedenen Architekten. Als vom Land Berlin eingesetzter Sanierungsträger engagiert sich die WIR seit 1972 für die Mieter am Klausenerplatz. Das Konzept sah den weitgehenden Erhalt der Vorderhäuser, die Entkernung der Blockinnenbereiche und die Lückenschließung entsprechend dem historischen baulichen Kontext vor. Seit Mitte der 70er Jahre unterstützt die WIR die Interessen-und Mietervertretungen der Anwohner des Klausenerplatzes.

1973 wurde die erste Berliner Mieterinitiative gegründet, damit die Belange und Forderungen der Bewohner stärker berücksichtig wurden: „Sanierung ohne Verdrängung" war das Ziel. Die Respektierung der Mieterinteressen führte bei der Sanierung des sogenannten „Hämer-Blockes" zu einem gelungenen und international beachteten Ergebnis mit neuen Grundrisslösungen und dem Aufbrechen der engen Standards des sozialen Wohnungsbaues. Benannt wurde der Block nach dem Architekten und Planungsdirektor der IBA 1987, Hardt-Waltherr Hämer. Die Sanierung im Klausenerplatzkiez wurde Pilotprojekt im Rahmen des Europäischen Jahres für Denkmalschutz. Ergebnis des städtebaulichen Lernprozesses und der verstärkten Mieterbeteiligung war der Übergang von der Block- zur Objektsanierung. Die Sanierung wurde Ende der 80er Jahre fertiggestellt.

Ein Ergebnis des Mieterengagements ist der Ziegenhof, ein Kinderbauernhof in der Danckelmannstraße 14. Eingerichtet wurde er durch den Verein Blockinitiative 128 e.V. in einem Blockinnenbereich auf einer 6000 qm großen Grünfläche, die Anfang der 80er Jahre bebaut werden sollte. Anwohner des Kiezes rund um den Klausenerplatz schlossen sich im Protest gegen diese Pläne zusammen, begrünten den Hof mit Rasen und Bäumen und gründeten den Verein. Heute leben auf dem Hof vier Ziegen, zwei Böcke, drei Gänse, Hühner und Enten, die dem Verein gehören und ehrenamtlich durch die Anwohner betreut werden.

1999 haben Anwohner und Gewerbetreibende das Kiezbündnis Klausenerplatz e.V. gegründet. Das Kiezbündnis sorgt gemeinsam mit dem Mieterbeirat und der WIR bzw. dem GEWOBAG-Verbund dafür, dass sich Nachbarn näher kommen, das Wohnumfeld weiter aufgewertet wird, und dass das Leben im Quartier bunt und abwechslungsreich bleibt.

Willkommen zu Hause – in Charlottenburg

GEWOBAG-Verbund bietet Wohnungen für individuellen Geschmack.

Schön und großzügig gestaltete Grünbereiche vor der Haustür in Charlottenburg-Nord.

Volkspark Jungfernheide kann man mit der Familie oder Freunden an schönen Tagen zum Spazierengehen oder zum Picknick nutzen. Und wer will, ist in wenigen Minuten mit öffentlichen Verkehrsmitteln oder mit dem PKW in der City West. In diesem naturnahen Wohnviertel bietet der GEWOBAG-Verbund sowohl gut geschnittene Mietwohnungen als auch Eigentumswohnungen zu attraktiven Preisen an.

Wenn ein Charlottenburger erzählt, dass er seinen Kiez so richtig „dufte" findet, kann das sehr verschiedene, teilweise gegensätzliche Gründe haben. Denn Charlottenburg ist facettenreich. Wohl fühlen bedeutet für die einen mitten im Geschehen zu sein, City und pulsierendes Leben zu spüren. Für die anderen muss das Zuhause zwar stadtnah aber doch im Grünen liegen – wie im Charlottenburger Norden. Und wieder andere schwärmen von ihrem Charlottenburg, wenn sie von schönen Gründerzeitvierteln reden und beim morgendlichen Brötchenholen einen Blick auf das Schloss Charlottenburg werfen können.

Ku'damm, Schloss Charlottenburg, Volkspark Jungfernheide – Sie haben die Wahl

Für die Verwirklichung individueller Wohnideen in Charlottenburg finden Miet- und Kaufinteressenten beim GEWOBAG-Verbund interessante Angebote. Mit rund 82.000 über das gesamte Stadtgebiet verteilten Mieteinheiten sowie variantenreichen Eigentumsimmobilien gehört das Wohnungsunternehmen zu den Marktführern in Berlin. Auch in Charlottenburg bietet der GEWOBAG-Verbund Vielfalt:

Die Bewohner des **Opernviertels** schätzen die verkehrs- und einkaufsgünstige Lage im kulturellen Zentrum der Stadt – das heißt in unmittelbarer Nähe zur Deutschen Oper, zum Ku'damm, zur Gedächtniskirche oder zum Zoo. Das in den 70er und 80er Jahren erbaute Viertel bietet neben dem Lagevorteil „Innenstadt" helle und freundliche Wohnungen. Naherholung garantiert ein Spaziergang im Park des in wenigen Minuten erreichbaren Schlosses Charlottenburg.

Noch näher am Charlottenburger Schloss befindet sich der Kiez um den **Klausenerplatz**. Hier „residieren" Sie in wunderschönen Gründerzeithäusern mit dekorativen Fassaden und herrschaftlichen Eingangsbereichen. Der Versuch Wohnen, Arbeiten und Einkaufen an einem Ort zu bewahren, ist am Klausenerplatz gelungen. Statt Abriss

Kleine Oasen mitten in der Stadt: Balkon und prachtvolle Gründerzeitfassade in der Schloßstraße.

und Neubau wurde auf eine Wiederherstellung der vorhandenen guten Bausubstanz zugunsten bezahlbarer Mieten, eines gewachsenen Umfeldes und einer vielfältigen sozialen Mischung gesetzt. Die Kiezstruktur mit liebevoll restaurierten Läden, Restaurants, kleinen Cafés, einem Ziegenhof für die Kinder und auch dem Wochenmarkt verleiht dem Wohngebiet seinen eigenen Charme.

Auch das Wohnungsangebot im **Charlottenburger Norden**, direkt am Volkspark Jungfernheide, ist einen Blick wert. Wer hier lebt, genießt ein ruhiges und grünes Wohnumfeld. Den unmittelbar angrenzenden

Tierische Freizeiterlebnisse: Der Ziegenhof in der Danckelmannstraße macht das Wohnen rund um den Klausenerplatz für Groß und Klein interessant.

Aktuelle Immobilienangebote und persönliche Beratung in der Geschäftsstelle Charlottenburg

Vermietungs-Service vor Ort bieten die über das Stadtgebiet verteilten Geschäftsstellen des GEWOBAG-Verbundes – so auch in Charlottenburg. Ein qualifiziertes Team aus Kaufleuten und Technikern berät hier zu aktuellen Wohnungsangeboten, Seniorenapartments mit speziellen Betreuungsleistungen, Gewerbeobjekten und zu allen Fragen rund ums Wohnen. Besucher sind herzlich willkommen: Heilmannring 24 C, 13627 Berlin.
Öffnungszeiten: montags bis donnerstags von 8.00 bis 17.30 Uhr und freitags von 8.00 bis 13.00 Uhr.
Telefon: 030 4708-4300
Internet: www.gewobag-verbund.de

Der GEWOBAG-Verbund

Europa-Center (1965)

Ein weithin strahlendes Wahrzeichen des pulsierenden Lebens rund um den Kurfürstendamm ist das Europa-Center, ein 22-stöckiges Hochhaus von 86 Meter Höhe, vom sich drehenden und leuchtenden Mercedes-Stern gekrönt. Es verdankt seine Existenz dem Berliner Geschäftsmann Karl-Heinz Pepper. Ihm gelang es, verzwickten Grundstücksbesitz und zähe Finanziers unter einen (Berliner) Hut zu bekommen. Damals wurde die Frage gestellt: „Wer kann uns jetzt sagen, was in zwei Jahren in Berlin los ist?" Und man antwortete, dass vor allem das Europa-Center neben der Gedächtniskirche stehen und eine Sensation sein würde wie das Rockefeller-Center in New York. Das glas- und aluminiumglitzernde Europa-Center entstand von 1963 bis 1965 nach Plänen von Professor Helmut Hentrich und Dipl.-Ing. Hubert Petschnigg unter der künstlerischen Beratung von Prof. Egon Eiermann, dem Erbauer der neuen Kaiser-Wilhelm-Gedächtnis-Kirche. Damit wurde Peppers Traum von einem Giganten mit Geschäfts- und Büroflächen an städtebaulich hervorragender Stelle Wirklichkeit. Eingeweiht wurde das Center – so groß, wie es vorher noch keines in Deutschland gab – am 2. April 1965.

Karl-Heinz Pepper bei der Eröffnungsrede am 2. April 1965

Karl-Heinz Pepper vor dem Europa-Center

Das Europa-Center mit einem Gebäudekomplex von 80.000 und einer Nutzfläche von 26.000 Quadratmetern ist nicht nur äußerlich imposant – nicht zuletzt durch den 35 Meter hohen Licht-Obelisken an der Außenwand, der seine Farbe ständig wechselt –, sondern beeindruckt ebenso durch sein vielfältiges Innenleben. So beherbergt es auf drei Ebenen etwa hundert Geschäfte rund um Mode, Schmuck, Schuhe, Düfte, Accessoires, Unterhaltung, Essen und Trinken. Und schließlich bietet es auch optische „Highlights", etwa die 13 Meter hohe „Uhr der fließenden Zeit" mit zwei Säulen – eine für Stunden, eine für Minuten – und 30 abgeflachten Kugeln, von denen jede sich in zwei Minuten mit Wasser füllt, was insgesamt einer vollen Stunde entspricht.

Zwischen 20.000 und 40.000 Menschen besuchen täglich das Europa-Center. Im April 2005 wird es 40 Jahre alt und steht mittlerweile unter Denkmalschutz. Es ist untrennbar mit seinem „Schöpfer", Karl-Heinz Pepper, verbunden. Der Träger des Bundesverdienstkreuzes und des Verdienstordens des Landes Berlin verstarb am 15. Oktober 2003 im Alter von 93 Jahren. Er hat dem Gebäude durch mehrere Modernisierungen, Umbauten und Erweiterungen immer wieder neue Impulse gegeben.

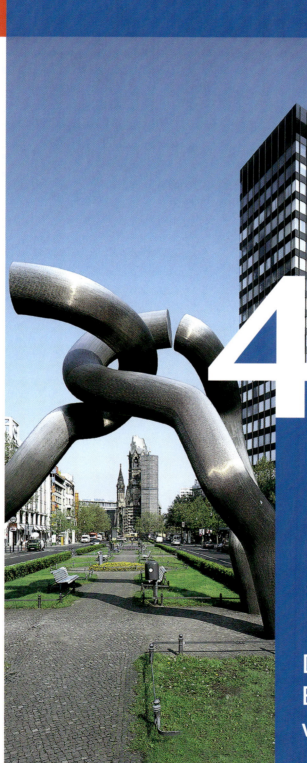

Das
Europa-Center
wird 40 und neu!

 Europa-Center
LEBENDIG WIE BERLIN   www.24ec.de

Das Hotel Palace Berlin gratuliert zum Jubiläum 300 Jahre Charlottenburg

Ein Hotel im Wandel der Zeit

Das Hotel Palace Berlin ist seit der Eröffnung 1968 nicht mehr aus dem heutigen Bezirk Charlottenburg-Wilmersdorf wegzudenken. In diesen 37 Jahren ging das Haus immer mit der Zeit, setzte es Maßstäbe in der Hotellerie hinsichtlich zukunftsorientiertem Denken und Handeln im Interesse der Gäste. Erst Anfang 2005 wurden 106 Zimmer des Westflügels komplett renoviert, nachdem in den beiden Jahren zuvor bereits auf insgesamt 800 Quadratmetern Fläche der Palace-SPA im mediterranen Stil mit Swimming – und Whirlpool, Sauna, Eisgrotte, Fitnessraum und Massageangeboten geschaffen sowie der Veranstaltungsbereich auf 2.400 Quadratmeter erweitert wurden. Heute stehen 19 hochwertige, multifunktionale Veranstaltungsräume mit bester technischer Ausstattung und Tageslicht, darunter ein Ballsaal mit fünf Metern Deckenhöhe, zur Verfügung.

Lobby

Gobelinzimmer

Schon in den Jahren davor gab es nie Stillstand, wurde das Hotelprodukt ständig weiterentwickelt. Alleine zwischen 1988 und 1992 belief sich die Investitionssumme für Umbauarbeiten auf 75 Millionen Mark und bereits 1998 waren die Zimmer und Suiten

Poolbereich

renoviert worden. Die gesamte Infrastruktur des Hotels erhielt in dieser Zeit ein neues Konzept.

Gastronomisches Herz des Hotel Palace Berlin ist das weit über die Grenzen der Hauptstadt bekannte Gourmetrestaurant „first floor". In diskreter Atmosphäre und stilvollem Ambiente genießen Gäste die leichte Aromenküche von „first floor"-Chef Matthias Buchholz. Der mehrmalige Berliner Meisterkoch bestätigt die konstant hochwertige Qualität des Restaurants seit Jahren durch einen Michelin-Stern und 18 Punkte im Gault Millau.

Restaurant „first floor"

Die Mitarbeiter des privat geführten Gourmet- und Tagungshotels wissen: Persönlichkeiten bevorzugen persönliche Hotels. Mit seinem exzellenten individuellen Service gehört das renommierte Haus zu den führenden 5-Sterne-Hotels der Hauptstadt. Ein „Gesicht in der Menge", wie es von vielen Gästen gerne beschrieben wird. Und so enthält die Gästeliste viele prominente Namen: Künstler wie Peter Kraus, Harald Juhnke, Claudia Schiffer, Julia Roberts, Kevin Costner und John Travolta ließen sich hier bisher schon verwöhnen.

Deutsche und internationale Politiker nahmen im Hotel Palace Berlin während ihrer Berlin-Aufenthalte oder bei Veranstaltungen Quartier, darunter Walter Scheel, Hans-Jochen Vogel, Kurt Biedenkopf, Helmut Kohl, Hans-Dietrich Genscher, Tony Blair und Vladimir Putin.

Die vom Hotel Palace Berlin ins Leben gerufene Veranstaltungsreihe „Begegnungen", in der sich wichtige Personen der Zeitgeschichte zu brisanten Themen äußerten, setzte in den achtziger Jahren Akzente im kulturellen und politischen Leben der Stadt. Sie wird heute durch solche Veranstaltungen wie die Top Lounge oder auch zahlreiche Vernissagen fortgeführt, die nicht minder zu Begegnungen zwischen Persönlichkeiten aus Kultur, Politik, Sport und von Medien beitragen.

Budapester Straße 45
10787 Berlin
Telefon (030) 25 02-0
Telefax (030) 25 02-1109
www.palace.de
hotel@palace.de

Produktionstechnisches Zentrum PTZ (1986)

Von 1982 bis 1986 bauten die Architekten Gerd Fesel und Peter Bayerer an der Spree (Pascalstraße 8) eine 3.850 qm große verglaste, stützenfreie, kreisrunde Versuchshalle für das Fraunhofer-Institut für Produktionsanlagen und Konstruktionstechnik der Fraunhofer-Gesellschaft zur Förderung der angewandten Forschung e.V. und das Institut für Werkzeugmaschinen und Fabrikbetrieb der Technischen Universität Berlin. Die riesige Halle wird halbkreisförmig von Arbeitsräumen, Werkstätten und Laboratorien umgeben. Außerdem gibt es zwei Hörsäle mit 260 und 110 Plätzen.

Fraunhofer-Institut (PTZ)

In den futuristisch und gleichzeitig elegant anmutenden Gebäuden am Ufer der Spree arbeiten Wissenschaftler an der Fabrik der Zukunft. Sie erforschen und entwickeln Technologien für das Management, die Produktentwicklung, den Produktionsprozess und die Gestaltung industrieller Fabrikbetriebe. Außerdem werden zunehmend neue Anwendungen in zukunftsträchtigen Gebieten wie der Sicherheits-, Verkehrs- und Medizintechnik erschlossen.

Heimatmuseum (1987)

Schräg gegenüber vom Schloss wurde 1987 in der Schloßstraße 69, das Heimatmuseum Charlottenburg gegründet. Seither hat es ca. 120 Sonderausstellungen zu Themen aus der Regionalgeschichte, der Berliner Kulturgeschichte und speziell der Frauengeschichte gezeigt, ferner jährlich Weihnachts- und Osterausstellungen veranstaltet. Es beherbergt und erschließt für Interessierte eine Sammlung von ca. 20.000 historischen Photos und Postkarten, sowie Gegenständen aus dem Alltagsleben. In der Obhut des Heimatmuseums befindet sich das älteste erhaltene Haus Charlottenburgs, das Baudenkmal Schustehrusstraße 13.

Eine Dependance des Heimatmuseums befindet sich im Rathaus Charlottenburg unter dem Turm. Auch dort wird eine große Anzahl sehenswerter Fotos und Zeitungen bewahrt.

1997 hat das Heimatmuseum eine für Museen sicherlich seltene Auszeichnung erlangt. Das Haus und Birgit Jochens, Museumsleiterin seit 1990, wurden in das Guinness Buch der Rekorde aufgenommen für die Entdeckung „der ungewöhnlichsten Fotochronik": der Serie nämlich von Weihnachtsfotos eines Berliner Ehepaares, das sich über 45 Jahre lang – und dies auch noch in der historisch bedeutsamen Zeit von 1900 bis 1945 – jedes Jahr vor dem Weihnachtsbaum und dem Gabentisch fotografiert hat.

Eine Besonderheit der Arbeit des Heimatmuseums ist die vielfältige Zusammenarbeit mit an Kultur und Geschichte Interessierten. So gibt es eine Schreibwerkstatt im Haus. Hier können schriftstellerische Begabte ihre Talente entfalten und im Rahmen von Lesungen und Publikationen auch der Öffentlichkeit vorstellen. Seit der Bezirksfusion ist das Heimatmuseum Charlottenburg-Wilmersdorf für den gesamten Bezirk zuständig.

Im Jubiläums-Jahr nimmt es auch den reichen Bestand des Wilmersdorf Archivs auf.

Birgit Jochens, seit 1990 Museumsleiterin des Heimatmuseums Charlottenburg-Wilmersdorf

Der Hamburger Chemiker Dieter Scharf, der 2001 im Alter von 75 Jahren starb, trat kurz vor seinem Tod aus der Anonymität und zeigte unter dem Titel „Surreale Welten" mehr als 200 Werke aus seiner Sammlung der phantastischen Kunst aus den verschiedensten Kunstepochen, darunter so berühmte Namen wie Giovanni Battista Piranesi (1720-1778), Francisco José de Goya (1746-1828), Paul Klee (1879-1940), Marx Ernst (1891-1976, Jean Dubuffet (1901-1985) und Salvador Dali (1904-1989). Dieter Scharf widmete die Ausstellung seinem Großvater Otto Gerstenberg, dessen Sammlung impressionistischer Kunst im Zweiten Weltkrieg großteils zerstört wurde. Ein Teil seiner Werke liegt als Beutekunst in der Sankt Petersburger Eremitage.

Dieter Scharf teilte die Vorliebe seines Großvaters für die Impressionisten nicht und spezialisierte sich stattdessen auf Abgründiges, Surreales, Fantastisches. Die Sammlung Scharf/Gerstenberg, wie sie jetzt meist genannt wird, sorgte bei ihrer Ausstellungstournee im Jahr 2000 in Hamburg, Tübingen, Wuppertal und Berlin für viel Begeisterung. Sie gilt als ideale Ergänzung zur gegenüberliegenden Sammlung Berggruen. Die beiden Stülerbauten werden zwei der bedeutendsten Kunstsammlungen der klassischen Moderne präsentieren und damit neben den beiden Nationalgalerien zum Pflichtprogramm für Kunstfreunde in Berlin gehören.

Naturwissenschaftliche Sammlung der Stiftung Stadtmuseum (1989)

Die Naturwissenschaftliche Sammlung wurde 1989 auf Initiative des Fördererkreises der naturwissenschaftlichen Museen Berlins e.V. (FNMB) als Keimzelle für ein Naturkundemuseum in Berlin (West) gegründet. Die Bestände sind in dem 1987/88 nach Entwürfen von Ralf Schüler und Ursulina Schüler-Witte umgebauten Gebäudekomplex der Alten Schlosswache in Charlottenburg untergebracht. Neben Arbeitsräumen und Laboren stehen der Sammlung dort 200 Quadratmeter Ausstellungsfläche zur Verfügung. Mittlerweile ist sie aus der Trägerschaft des Fördererkreises entlassen und gehört zur Stiftung Stadtmuseum. Damit wurde an die 1946 unterbrochene Tradition des Märkischen Museums angeknüpft, die naturgeschichtlichen Aspekte Berlins und seiner Umgebung zu präsentieren.

Naturwissenschaftliche Sammlung, Ausstellungsraum

Das Haus war von Beginn als naturwissenschaftliches Bildungszentrum konzipiert, das allen interessierten Laien, Fachleuten und Schulklassen offen steht. In vielen Sonderausstellungen wurden naturwissenschaftliche Zusammenhänge dargestellt, aber auch regionale Tiermärchen, der Berliner Untergrund und die Mark Brandenburg werden thematisiert. Vor allem die jährlich wiederkehrende Osterausstellung hat sich inzwischen einen festen Platz im Kulturangebot für Kinder erobert. Das bestehende Konzept der offenen Darbietung, bei dem die Objekte in Inszenierungen gezeigt und die Besucher zum eigenen Handeln animiert werden, hat sich sehr bewährt und macht die Ausstellungen vor allem für Familien attraktiv.

Die Bestände der Naturwissenschaftlichen Sammlung umfassen ein reichhaltiges geologisches und biologisches Material. In der biologischen Sammlung befinden sich unter anderem Bären, Insekten, regionale Vogel- und Säugetierfauna (im Aufbau), Sammlungen zur angewandten Entomologie (Fraßbilder tierischer Schädlinge), die Vogeleiersammlung Oskar Heinroths (früherer Direktor des Berliner Aquariums) sowie die phytopathologische Sammlung der ehemaligen Kaiserlichen Biologischen Reichsanstalt Berlins. In der geologischen Abteilung befinden sich zum Beispiel Sammlungen zur Erdgeschichte, Paläontologie, Mineralogie, zu eiszeitlichen Geschieben sowie 3-D-Modelle zur geomorphologischen Situation Berlins. Weiterhin steht eine Präsensbibliothek mit umfangreicher naturwissenschaftlicher Literatur allen Interessierten zur Verfügung.

„Die Schlange"...

...nennen ihre Bewohner liebevoll die Autobahnüberbauung entlang der Schlangenbader Straße in Charlottenburg-Wilmersdorf.

Die DEGEWO hat mit der Autobahnüberbauung eine Synthese der Stadtfunktionen Wohnen und Verkehr realisiert und durch die Doppelnutzung von Verkehrswegen ein internationales Beispiel für innerstädtisches Flächenrecycling geschaffen.

Für diese Leistung ist sie als Bauherr gemeinsam mit den Architekten Georg Heinrichs und Wolf Bertelsmann mit dem „Renault Traffic Design Award 2002" geehrt worden.

Die imposante Großwohnanlage ist seit über 25 Jahren ein Markstein der Stadtbaugeschichte und ein Anziehungspunkt des neuen Bezirks Charlottenburg – Wilmersdorf.

Die 1924 gegründete DEGEWO, Deutsche Gesellschaft zur Förderung des Wohnungsbaues gemeinnützige AG, die heute mit ihren Tochtergesellschaften KÖWOGE Köpenicker Wohnungsgesellschaft mbH, der WBG Marzahn und der Vertriebsgesellschaft GEWOBE als DEGEWO-Gruppe fungiert, entwickelte sich zur größten kommunalen Wohnungsbaugesellschaft Berlins. In fast allen Ortslagen der Stadt und auch im Umland bietet sie Miet- und Eigentumswohnungen, Ein- u. Mehrfamilienhäuser, aber auch Gewerberäume für Läden, Büros, Praxen sowie Seniorenresidenzen an. Insgesamt verwaltet die DEGEWO-Gruppe über 70.000 Wohnungen in und um Berlin.

Seit 1980 führt die Autobahn zwischen Schmargendorf und Steglitz durch die von der DEGEWO errichtete 14-geschossige Wohnanlage. Mit einer Höhe von 46 Metern und einer Länge von 600 Metern ragt sie wie ein imposanter Luxusdampfer aus dem Häusermeer der Großstadtlandschaft heraus.

Nach der Grundsteinlegung am 18. November 1976 und dem am 1. März 1979 folgenden Richtfest zogen 1980 die ersten von 1.125 Mietern in die Wohnungen über und an der Autobahn ein. Die mit einem Kostenaufwand von 400 Millionen DM (über 200 Millionen Euro) errichtete Autobahnüberbauung bietet mit ihren unterschiedlichen Tiefen 120 Wohnungsvarianten. Fünfzig Prozent von ihnen verfügen über eine Terrasse mit einer Größe von ca. 15 Quadatmetern. 250 Wohnungen wurden als Maisonetten errichtet.

Detaillierte Informationen zu den aktuellen Angeboten sind in den Kunden- und Vermietungszentren der DEGEWO – Unternehmensgruppe erhältlich. Alle Kontaktmöglichkeiten finden Sie im Internet unter www.degewo.de

DEGEWO
Gruppe

Potsdamer Straße 60 · 10785 Berlin
Telefon: (030) 26 485 440
Telefax: (030) 26 485 561

www.degewo.de

Wende: Ist der Neue Westen der alte Westen?

An den Tagen nach der Maueröffnung am 9. November 1989 strömten Hunderttausende Berlinerinnen und Berliner aus dem Ostteil der Stadt in die City West. Mit Trabi-Paraden auf dem Kurfürstendamm wurde die Wiedervereinigung Berlins gefeiert, und die Menschen strömten in die Kaufhäuser und Geschäfte.

In den Jahren danach geriet die westliche City zunächst ins Hintertreffen. Die Aufmerksamkeit und die Investitionen konzentrierten sich auf den Potsdamer Platz und die alte Mitte Unter den Linden und Friedrichstraße. Angesagt waren die Hackeschen Höfe, der Kollwitzplatz in Penzlauer Berg und die Simon-Dach-Straße in Friedrichshain.

Die Kaiser-Wilhelm-Gedächtnis-Kirche am 11. November 1989

West-Berlin galt vielen als Relikt aus der glücklich überwundenen Mauerzeit mit vielen alten Zöpfen, die man zugunsten der neuen alten Mitte abschneiden

Der Kurfürstendamm am 11. November 1989

musste. Das Theater des Westens wurde verkauft, das Schillertheater wurde geschlossen, viele Kinos wurden aufgegeben. Aus der City West, die vor mehr als 100 Jahren als „Neuer Westen" entstanden war, wurde plötzlich der alte Westen.

Inzwischen haben sich die Verhältnisse geklärt: Die meisten empfinden das West-Berlin der Mauerzeit nur noch als Episode. Berlin knüpft wieder an die Zwanziger Jahre an, als mehrere pulsierende Zentren die Stadt so attraktiv gemacht hatten. Unbestritten sind die Besucherzahlen rund um die Gedächtniskirche die höchsten von ganz Berlin. In der City West und in der Spreestadt werden hohe Summen investiert – ohne die publizistische Aufmerksamkeit, die der Neuaufbau am Potsdamer Platz und

in Mitte gefunden hatten, dafür aber höchst effektiv. Der Breitscheidplatz wird erneuert, Bausünden der 70er Jahre werden beseitigt und neue Hochhauspläne diskutiert. Rund um die großen Universitäten TU und UdK hat sich der Wissenschaftsstandort Charlottenburg zu einer modernen, kreativ vernetzten Struktur von erfolgreichen Unternehmen und Instituten entwickelt,

in denen sich Wissenschaft und Technologie, angewandte Forschung und Produktion sinnvoll ergänzen – auch wenn Charlottenburg nicht so oft in den Medien erscheint wie Adlershof oder Buch.

Die Restaurants, Clubs, Galerien und Geschäfte um den Ludwigkirchplatz, um den Savignyplatz und in der Schlüterstraße sind wieder angesagt, und die Paris-Bar in der Kantstraße sieht so viele Prominente wie Reinhardts am Gendarmenmarkt.

Inzwischen haben auch viele der neu zugezogenen Berlinerinnen und Berliner aus Politik, Wirtschaft und Kultur Charlottenburg-Wilmersdorf entdeckt als

Wohnbezirk, Einkaufs- und Kulturzentrum. Die Konkurrenz der Zentren war Jahrzehnte lang durch die Trennung in ihrer belebenden Kraft gelähmt. Jetzt entfaltet sie wieder kreative Energien für ganz Berlin.

Ludwig-Erhard-Haus der IHK (1998)

Schon Anfang der neunziger Jahre wurde bei der IHK Berlin die Idee geboren, gemeinsam mit dem Verband Berliner Kaufleute und Industrieller ein Kommunikations- und Service-Center für die Unternehmen der Region Berlin zu schaffen. Mit der Errichtung des Ludwig Erhard Hauses 1994-98 von Nicholas Grimshaw & Partners an der Fasanenstraße 85 entstand direkt neben dem Altbau der IHK von 1953/54 an der Hardenbergstraße 16-18 ein serviceorientierter Anlaufpunkt, an dem Auskunfts-; Informations- und Beratungsleistungen zusammengefasst werden.

Die Tragekonstruktion aus fünfzehn mächtigen Bogen ergibt einen gerippten Baukörper, dem auf städtischen Wunsch eine gerade Außenwand zur Fasanenstraße angegliedert wurde. Inzwischen hat sich für das originelle Haus die Be-

Das Ludwig-Erhard-Haus der IHK, von den Berlinern liebevoll das „Gürteltier" genannt

zeichnung „Gürteltier" eingebürgert. Die einzelnen Büroetagen wurden mittels Stahlseilen von den Bögen abgehängt. Eine Passage erschließt die beiden Atrien. Die Eleganz dieses High-Tech-Baues erschließt sich besonders im Gebäudeinnern.

Mit einem breit gefächerten Angebot trägt die IHK dazu bei, möglichst viele Fragen der Mitgliedsunternehmen an einem zentralen, leicht erreichbaren Ort zu beantworten, den regionalen Wirtschaftsraum zu stärken und Kreativität, Ideenreichtum und Initiativkraft freizusetzen. Mit dem Wirtschaftswahrzeichen in Charlottenburg für Berlin, dem Ludwig Erhard Haus, trägt die IHK zum Erhalt und Wachstum der City West bei.

Stilwerk (1999)

Die Architekten Novotny, Mähner & Assoziierte, Offenbach/Berlin und Studio + Partners, Mailand bauten 1998/99 an der Kantstraße 17-20 das Stilwerk, ein Geschäftshaus mit 58 verschiedenen Einrichtungs- und Designerläden des gehobenen Segments, Restaurant und Espresso-Bar auf 20.000 Quadratmetern. Der Neubau entstand an Stelle des ehemals hier befindlichen Hauptverwaltungsgebäudes der Dresdner Bank; von diesem wurden aus statischen Gründen die Tresoranlagen im Untergeschoss erhalten und darüber das gläserne, abgerundete Eingangsfoyer errichtet.

Seit 1915 ist die traditionsreiche Marke mit einer Niederlassung am Charlottenburger Salzufer vertreten.

Mercedes-Welt (2000)

Die Mercedes-Welt am Salzufer 1 in Charlottenburg ist Glanzpunkt und Herzstück der DaimlerChrysler Niederlassung Berlin. Der Standort steht für das Unternehmen in einer langen Tradition: Schon 1915 eröffnete die erste Benz-Werkstatt in Charlottenburg auf dem von der Firma Siemens erworbenen Grundstück am Salzufer. Die Gebäude aus der Kaiserzeit wurden im zweiten Weltkrieg zerstört, ihnen folgten in den Fünfziger und Sechziger Jahren zweckmäßige Büro- und Ausstellungsbauten. Das Jahr 2000 brachte eine neue Ära: Die Eröffnung der Mercedes-Welt. Das Haus beeindruckt mit der Eleganz und Dynamik einer Glas- und Stahlkonstruktion. Die über vier Stockwerke hohe Decke sorgt für ausgezeichnete Akustik, von der Konzert-Veranstaltungen, zum Beispiel mit der Kammeroper Schloss Rheinsberg, der Staatskapelle Berlin oder auch den Berliner Philharmonikern, profitieren.

Kaum ein Veranstaltungsort konnte sich in den letzten Jahren einen Platz in den Herzen der Berliner erobern wie die Mercedes-Welt am Salzufer. Exklusive Automobilpremieren, Benefiz-Live Konzerte oder Polit-Talkrunden – bekannte Namen aus Politik, Wirtschaft und Kultur sind gern und oft zu Gast. Rund 200 Events erleben Berlinerinnen und Berliner hier jährlich in modernem wie edlem Ambiente. Dabei lädt die Mercedes-Welt nicht nur zum Zuschauen ein: Freeclimbing-Begeisterte können sich mit Unterstützung erfahrener Sportler des Deutschen Alpenvereins an den 17 Meter hohen Kletterwänden versuchen. Wer sich dem Motorsport verbunden fühlt, kann nach der Übertragung eines Auto-Rennens auf der 52 Quadratmeter großen LED-Wand im Haus einmal selbst am Formel 1-Simulator Gas geben. Aber auch Veranstaltungen wie die Indoor-Golf Trophy oder die Indoor-Eisbahn ziehen viele Besucher an. Genauer: Insgesamt 1,5 Millionen im Jahr. In der Weihnachtszeit ist die Mercedes-Welt stets aufwändig geschmückt und bietet als Hauptattraktion jedes Jahr aufs Neue einen der größten Weihnachtsbäume der Stadt.

Die Mercedes-Welt am Salzufer in Charlottenburg mit ihrer Mischung aus Autohaus, Marken- und Veranstaltungswelt ist der größte der insgesamt 17 Standorte der DaimlerChrysler Niederlassung Berlin. Rund 330 Fahrzeuge der Marke Mercedes-Benz, neue und gebrauchte Pkw einschließlich Geländewagen, AMG-Modelle und designo gibt es hier zu besichtigen.

300 Mitarbeiter garantieren dem Kunden rund um die Uhr umfangreiche Service- und Reparaturleistungen, Fahrzeugverkauf und Beratung. Am Salzufer wird zugleich der Weg in die Zukunft des Automobils sichtbar: Die Brennstoffzelle (F-Cell) findet bei Mercedes-Benz Eingang in die Serienfertigung. Als eine der ersten Niederlassungen weltweit besitzt die Mercedes-Welt am Salzufer einen Servicestandort für die lautlosen wie schadstofffreien Fahrzeuge. Die DaimlerChrysler Niederlassung Berlin investiert in Charlottenburg: Das Jahr 2004 brachte in der Franklinstraße einen neuen Chrysler & Jeep Standort und am Salzufer, direkt neben der Mercedes-Welt, die neue smart-Welt, Deutschlands größtes smart-Center.

In diesem Jahr feiert die Mercedes-Welt am Salzufer ihr fünfjähriges Bestehen

www.mercedes-welt.de

Die Begeisterung für Mobilität wird auch die nächsten 300 Jahre überdauern.

Unser Portfolio umfasst die starken Marken Mercedes-Benz, Chrysler & Jeep und smart. Der Individualität und Vielfalt dieser Marken gerecht zu werden, bedeutet für uns Herausforderung und Verpflichtung zugleich. Über 1.700 engagierte Mitarbeiterinnen und Mitarbeiter in 17 Centern arbeiten gern und hart daran, Sie in puncto Beratung, Verkauf, Service und Dienstleistung genauso zu begeistern, wie unsere Automobile es tun. Auch in den nächsten 300 Jahren.

DaimlerChrysler · Niederlassung Berlin

  O smart

Mercedes-Benz Niederlassung Berlin, Salzufer 1, Telefon 030/39 01-00, www.berlin.mercedes-benz.de
smart center Berlin, Salzufer 1, Telefon 030/39 01-70, www.smartcenter-berlin.de
Chrysler & Jeep Center Berlin, Franklinstraße 26 a, Telefon 030/437 36-0, www.berlin.chrysler.de und www.berlin.jeep.de

Der Bereich der Mercedes-Welt gehört zu den Industriegebieten Charlottenburgs, die schon seit langem mit dem Automobilbau verknüpft sind. Nicht nur die Firma Mercedes kann hier auf eine langjährige Tradition zurückblicken. Eng verknüpft mit der Geschichte des Automobilbaus ist auch das Fabrikgelände der Beringers, das sich an der Bellstraße/ Ecke Einsteinufer befunden hat. Hier wurden zunächst von Firmengründer August Beringer Farben hergestellt. Sein Schwiegersohn, Adolf Slaby, wandte dann 1897 erstmals das von ihm entwickelte System drahtloser Telegraphie an und sendete von hier in den Hörsaal des Elektrotechnischen Laboratoriums der TH. Der Zusammenbruch aller Telefonleitungen in diesem Bereich Charlottenburgs war die Folge. Resultat aber von Slabys Forschungen und denen seines Straßburger Kollegen Braun war die Gründung von Telefunken, mit der Deutschland vom gefürchteten englischen Monopol unabhängig wurde. Slabys Sohn Rudolf (1887-1953) schließlich richtete hier zusammen mit seinem Vetter Hermann Beringer ein Werksgelände ein, auf dem kleine elektrisch betriebene Einsitzerwagen produziert wurden, gewissermaßen die Vorläufer des Volkswagens. Obwohl mehr als 100 Stück dieser elektrischen „Autozwerge" bis nach Japan ausgeliefert wurden, konnten sie ihrer geringen Geschwindigkeit wegen nicht mit ausgereiften Benzinfahrzeugen konkurrieren. Ein froschgrünes Exemplar ist noch im Technikmuseum Berlin zu bewundern.

Das neue Ku'damm-Eck

Ku'damm-Eck (2001)
VON THOMAS GROTHE

Wie ein Luxusdampfer mächtig und majestätisch scheint sich das Ku'damm-Eck in Richtung Joachimstaler Straße zu schieben. Modern und in seiner Architektur einzigartig in Charlottenburg reckt sich der eindrucksvolle Bau 45 Meter hoch in den Himmel. Im Halbkreis verbindet das Gebäude drei Straßen: Kurfürstendamm, Joachimstaler- und Augsburger Straße. Zwei Eingänge führen ins Haus: Vom Kurfürstendamm gelangt man ins Bekleidungskaufhaus C&A, auf der anderen Seite befindet sich das Entrée des Swissôtels.

Das Hamburger Architektenbüro van Gerkan, Marg und Partner entwarf die geschwungene Fassade aus Bronze und Naturstein, eine Reminiszenz an das Grünfeld-Haus, das in den 20er Jahren an diesem Platz stand. 1969-72 ließ der Architekt Werner Düttmann an seiner Stelle ein modernes, nicht besonders schönes Haus mit Metallfassade errichten, dessen für damalige Verhältnisse gigantische Medienwand wegen seiner Einmaligkeit bald deutschlandweit Furore machte. 1998 wurde das ziemlich heruntergekommene Ku'damm-Eck abgerissen. Es passte nicht mehr ins mondäne Stadtbild des Kurfürstendamms. Nach zwei Jahren Bauzeit wurde das neue Ku'damm-Eck 2001 eröffnet.

Der nun geschaffene, moderne Koloss hat einen gestaffelten Baukörper, dessen Fassade aus mehr als 1800 Fenstern besteht, die von silbrig schimmernden Lamellen aus Aluminium-Sandguss eingerahmt sind. Vom 3. bis 11. Stock beherbergt der Bau das Swissôtel, ein luxuriöses Hotel mit 316 Zimmern und Suiten, das gleichzeitig ein kleines Museum für zeitgenössische deutsche Kunst ist, und auch die Außenfassade schmückt eine Skulpturengruppe. Mit viel Aufwand wurden die tonnenschweren Skulpturen „Das Urteil des Paris" und die „Göttinen" von Markus Lüpertz per Kran auf die Hotelterrasse gehievt. Was die Göttinnen leider nicht sehen können – denn ihr Blick schweift geradeaus über die Stadt hinweg – ist die neue 70 Quadratmeter große digitale Werbewand, die unter ihnen Fußgänger und Autofahrer in ihren Bann zieht.

Konkurrenz bekommt das Ku'damm-Eck Mitte 2005. Denn dann eröffnet gegenüber an der Augsburger Straße am früheren Standort von C&A ein noch größeres Haus seine Tore. Mit 17 Stockwerken wird das neue Gebäude eines der höchsten am Ku'damm sein. Auch hier ist das Konzept ähnlich wie beim Ku'damm-Eck: In den unteren Etagen sind Geschäfte, in den oberen wird der Luxus-Hotelkonzern Concorde 350 Zimmer bereit stellen.

Volkswagen-Universitätsbibliothek (2004)

Nach 18 Jahren Planung und zwei Jahren Bauzeit wurde am 9.12.2004 die neue gemeinsame Bibliothek von TU und UdK eröffnet. Die Architekten: Lothar Jeromin und Walter A. Noe-

bel haben ein fünfstöckiges Zweckgebäude geschaffen, in dem auf etwa 30.000 Quadratmetern 3 Millionen Medien untergebracht werden können. Bund und TU bezahlten jeweils 25 Millionen EUR, VW 5 Millionen Euro.

Die Tradition der Bibliothek der Universität der Künste reicht bis zur Gründung der Akademie der Künste 1696 zurück, und die Bibliothek der Technischen Universität wurde zusammen mit der Technischen Hochschule 1884 ins Leben gerufen. Das neue gemeinsame Bibliotheksgebäude ist eine der modernsten Einrichtungen in Europa.

Zum Angebot gehören rund 2,7 Millionen Bücher und Zeitschriften, multimediale und digitale Medien sowie der umfangreichste und historisch bedeutsamste Bestand an Notendrucken unter den deutschen Musikhochschulbibliotheken. In den Lesesälen stehen 650 Plätze mit besten Voraussetzungen für die elektronische Recherche zur Verfügung.

PASSION FOR REAL ESTATE

Mit IVG als Mieter wie auch als Investoren profitieren!
Die Leibniz Kolonnaden am Walter-Benjamin-Platz – mitten in der City-West zwischen Leibniz- und Wielandstraße –, das Quartier am Salzufer, die Spreespeicher an der Oberbaumbrücke, das Carossa Quartier in Spandau und das Airportcenter Schönefeld stehen beispielhaft für unser Engagement in Berlin. Neben der Vermietung hochwertiger Büroflächen schaffen wir für unsere Kunden vor allem eins: Qualität und Mehrwert in den bedeutenden europäischen Metropolen.
IVG betreut Immobilien-Investments von 16 Milliarden Euro in den Geschäftsfeldern Portfoliomanagement, Immobilienfonds und Projektentwicklung. Als Mieter stehen Ihre Bedürfnisse im Mittelpunkt unseres Servicekonzepts.
www.ivg.de, www.spreespeicher.de, www.leiko-berlin.de, www.salzufer-berlin.de,
www.carossa-quartier.de, www.airportcenter-schoenefeld.de

IVG IMMOBILIEN

Unternehmerinnen-Netzwerk

Bezirksbürgermeisterin Monika Thiemen lädt alle zwei Monate zum Unternehmerinnen-Stammtisch in Charlottenburg-Wilmersdorf ein. Diese Begegnungen sind sehr kommunikativ, und der Austausch unter den Teilnehmerinnen ist über die regelmäßigen Begegnungen hinaus auch sehr rege. Seit März 2004 treffen sich interessierte Unternehmerinnen aus dem Stammtisch-Kreis der Bezirksbürgermeisterin regelmäßig einmal im Monat. Daraus ist ein Unternehmerinnen-Netzwerk entstanden, das sehr intensiv zusammenarbeitet. Fünf Unternehmerinnen, die sich auch in der Zusammenarbeit gut ergänzen, nehmen das Jubiläum 300 Jahre Charlottenburg zum Anlass, sich vorzustellen:

Juliane Koch-Sadighi, ist seit 1991 selbständig als Unternehmensberaterin. Das Hauptaugenmerk ihrer Tätigkeit sind Krisenmanagement für Unternehmen, Existenzgründungsberatung, Buchführungsrevision, Finanzplanungen, Kultureventplanung und soziale Projekte. Die rührige Unternehmerin nutzt ihre vielseitigen Kontakte auch zur Erhaltung von Kulturprojekten. Juliane Koch-Sadighi setzt sich unter anderem zur Erhaltung der Kinos in der City-West ein und ist 1. Vorsitzende des Kinokulturvereins e.V.
Juliane Koch-Sadighi, Englerallee 3, 14195 Berlin Telefon 24 35 75 00

Karola Flemming ist mit Leib und Seele Kosmetikerin und seit 5 Jahren selbständig. Im schönen Ambiente ihres Kosmetikinstituts in der Pestalozzistraße in Charlottenburg fühlen sich ihre Kunden so richtig wohl und lassen sich von Karola Flemming verwöhnen. In der Behandlung verwendet sie nur bionome Produkte, die beste Hautverträglichkeit garantieren. Durch die halbstündige Massage (Gesicht, Kopf, Nacken und Dekolleté) mit Shiatsu-Elementen, die Bestandteil jeder Behandlung ist, wird der Besuch bei Karola Flemming zum besonderen Erlebnis. Sie schwört auf diese Methode, weil der Körper danach die Behandlung und die angewandten Produkte viel besser aufnimmt.
Karola Flemming, Pestalozzistraße 16, 10625 Berlin, Telefon: 37 59 13 13

Susanne Rabe ist Fachanwältin für Familienrecht und Notarin. Die Schwerpunkte ihrer Arbeit liegen neben dem Familienrecht im Vertrags-, Erb- und Immobilienrecht. Mit Blick auf Europa erlauben es ihre Sprachkenntnisse sowie Kenntnisse im internationalen Privatrecht auch, bei Sachverhalten mit Auslandsberührung tätig zu werden. Ihre Erfahrung lehrte sie außerdem, dass es sich lohnt, bei rechtlichen Auseinandersetzungen ein Konzept zu entwickeln, das eine Win-Win-Situation für beide Parteien aufweist und deshalb eine schnelle und finanziell günstige Beendigung des Streits ermöglicht. Susanne Rabes Bestreben ist es, schwierige Sachverhalte für die Betroffenen zu vereinfachen und unkomplizierte risikoarme Lösungswege aufzuzeigen.
Susanne Rabe, Kurfürstendamm 216, 10719 Berlin, Telefon: 88 551 551

Regina Kunze ist Spezialistin in der Vorsorgeberatung. Zu einem selbstbestimmten Leben gehört auch die Vorsorge für das eigene Lebensende. In diesem Sinne berät sie nicht nur Senioren, sondern auch deren Kinder und Enkelkinder zu den Themen Bestattungsvorsorge, Patientenverfügung und Vorsorgevollmacht. Hierzu bietet Regina Kunze kostenlose Vorträge bei Selbsthilfegruppen, Seniorenclubs, Diakoniestationen, Altenheimen und anderen für Angehörige und Pflegepersonal an. (Keine Rechtsberatung). Die ständige Zusammenarbeit mit Ahorn-Grieneisen, HORIZONT und IDEAL ermöglicht es ihr, besonders günstige Konditionen und individuelle Verträge anzubieten.
Regina Kunze, Hohenzollerndamm 2, 10717 Berlin, Telefon: 887 257 54

Gabriele Jahn ist Inhaberin der Euramedia Werbung Berlin. Sie unterstützt unter anderem das Bezirksamt Charlottenburg-Wilmersdorf bei der Öffentlichkeitsarbeit und erstellt – ohne finanzielle Zuwendung aus öffentlichen Kassen – diverse Publikationen. Die Kunden schätzen an Gabriele Jahn ihre Spontaneität und die Ideen, die – einmal entwickelt – auch gleich in die Tat umgesetzt werden. „Geht nicht" – gibt es nicht.
Der Unternehmerinnen-Stammtisch bietet ihr die Möglichkeit, Unternehmerinnen aus dem Bezirk miteinander zu vernetzen. Durch ihre verschiedenen Projekte ist Gabriele Jahn ständig mit Unternehmen in Charlottenburg-Wilmersdorf im Gespräch. Diese dienen auch als Multiplikator für den Unternehmerinnen-Stammtisch und der Kreis wird dadurch immer größer ...
*Euramedia Werbung Berlin
Gabriele Jahn, Telefon: 706 99 13*

Das Bündnis für Wirtschaft und Arbeit Charlottenburg-Wilmersdorf hat in seinem Aktionsplan 2004 als neues Handlungsfeld „Gender Mainstreaming" aufgenommen. Ein Projekt aus diesem Handlungsfeld ist die Gründung eines Unternehmerinnen- und Gründerinnenzentrums im Bezirk Charlottenburg-Wilmersdorf.
Die fünf Unternehmerinnen unterstützen und fördern dieses Projekt.

Wohnen direkt am Wasser zwischen Landwehr-Kanal und Spree

KPM-Quartier und Spreestadt (2005)

Im Bereich zwischen Landwehrkanal und Spreebogen entsteht die sogenannte Spreestadt, ein neues Stadtquartier für Dienstleistung, Gewerbe und Wohnen auf dem ehemaligen Industrie- und Gewerbegelände. Mit 250.000 Quadratmetern ist das Gelände dreimal so groß wie die Potsdamer-Platz-Bebauung, und auch das Investitionsvolumen beträgt ein Vielfaches.

Seit dem 19. Jahrhundert befanden sich hier der Salzhafen (Salzufer) und die Königliche Porzellan-Manufaktur KPM, seit dem 20. Jahrhundert Siemens und Daimler Benz. Die Investoren Daimler Chrysler, Bavaria, Jachimovicz und Partner und Hippon entwickeln das Gebiet mit dem KPM-Quartier zwischen Wegelystraße und Englischer Straße. Die südlich angrenzende Technische Universität Berlin erweitert sich ebenfalls in dieses neue Stadtgebiet hinein.

Zur Erschließung wurde die Wegelystraße umgelegt und verlängert. Pilotfunktion bei der Neudefinition dieses Gebietes hatte der Neubau der Mercedes-Benz-Niederlassung Berlin am Salzufer. Die drei Spitzenverbände des Gesundheitswesens, die Bundesärztekammer, die Kassenärztliche Bundesvereinigung und die Deutsche Krankenhausgesellschaft haben ihren Sitz im Haus der Ärzteverbände. Im Frühjahr 2005 eröffnet hier die Accor-Gruppe ihr erstes Berliner Luxushotel der Marke Sofitel mit 280 Zimmern.

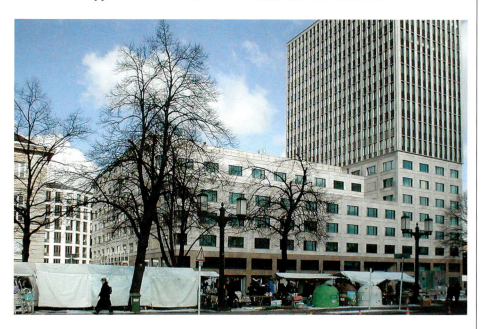

Büro- und Hotelhochhaus an der Straße des 17. Juni

Dynamische Express-Lösungen in Orange

Schnell, sicher und umweltbewusst – für die Berliner Niederlassung der TNT Express GmbH sind Expressdienstleistungen mehr als Transporte.

Seit 2001 versenden die schnellen Dienstleister in Orange Dokumente, Pakete und Fracht von Charlottenburg aus – über eine Million Sendungen jährlich. Der Standort an der Adam-von-Trott-Straße ist Teil des weltumspannenden TNT Express-Netzwerks von fast 900 Depots, Hubs und Sortiercentern mit 43.000 Mitarbeitern, mehr als 18.000 Fahrzeugen und 43 Flugzeugen.

Die Niederlassung Berlin nimmt dabei eine ganz besondere Vorreiterrolle ein: Gemeinsam mit der GASAG unterstützt TNT die Anschaffung von umweltfreundlichen Erdgastransportern. Bis Mitte 2005 werden zwei Drittel der TNT-Flotte in Berlin mit dem fast emissionsfreien Kraftstoff fahren. Dem schnellen und zuverlässigen Versand von über einer Million Sendungen im Jahr widmen sich in Charlottenburg 120 Mitarbeiter – davon 13 Auszubildende. „Mit der hohen Ausbildungsquote von rund elf Prozent steht Berlin stellvertretend für alle TNT-Standorte, denn wir sehen qualifizierte Nachwuchskräfte als die entscheidende Investition in die Zukunft an", erklärt Niederlassungsleiter Bernd Ohmann. Ein Beleg dafür: TNT wurde als erstes Unternehmen weltweit mit dem Titel „Investor in People" ausgezeichnet, der führenden Zertifizierung für vorbildliche Personalentwicklung und -förderung.
Auch in Sachen Arbeitsschutz und Unfallverhütung setzt das Unternehmen Maßstäbe: Als erster Expressdienst weltweit erhielt TNT Express die Höchstwertung von fünf Sternen für Arbeitssicherheit des British Safety Councils – die Niederlassung Berlin zählte zu den sechs geprüften Standorten.
Um Stars und Sternchen geht es auch beim Europäischen Filmpreis. TNT Express war 2004 im achten Jahr in Folge offizieller Transporteur von Preisen und Statuetten. Und obwohl das Pendant zum „Oscar" nur jedes zweite Jahr in Berlin verliehen wird – zum Transport von 75.000 Filmen an die 1.600 Juroren in aller Welt trug die TNT Express-Niederlassung Charlottenburg gerne bei.

So erreichen Sie die TNT Express-Niederlassung:
**Adam-von-Trott-Straße 1, 13627 Berlin
Telefon (030) 62 883-0
Weitere Informationen: www.tnt.de**

Literaturauswahl

Karl Baedeker: Baedekers Berlin-Charlottenburg. Bezirksführer. Ostfildern-Kemnat, München 1988

W. Bark: Chronik von Alt-Westend mit Schloß Ruhwald, Spandauer Bock und Fürstenbrunn. Berlin 1937, Neuauflage Berlin 1986

Heinz Berggruen: Hauptweg und Nebenwege. Erinnerungen eines Kunstsammlers, Berlin 1996

Inge Deutschkron: Ich trug den gelben Stern, Köln 1978

Annette Dorgerloh: Das Künstlerehepaar Lepsius. Zur Berliner Porträtmalerei um 1900, Berlin 2003

Helmut Engel: Baudenkmal Königliche Porzellan-Manufaktur Berlin. Zur Geschichte eines Staatsbetriebes, Berlin 2004

Helmut Engel: Charlottenburg, Residenzstadt, Großstadt, City. Die Bezirke Berlins, Geschichte und Architektur. Berlin 1993

Helmut Engel, Stefi Jersch-Wenzel, Wilhelm Treue (Hrsg): Charlottenburg. Teil 1. Die historische Stadt. Berlin 1986. Teil 2. Der Neue Westen. Berlin, 1985. (= Geschichtslandschaft Berlin, Orte und Ereignisse. Publikation der Historischen Kommission zu Berlin)

Edmund Fischer: Erzählungen aus der Geschichte Charlottenburgs. Begonnen von Edmund Fischer, fortgef. von Walter Eckler, neu bearb. u. erw. von Gisela Scholtze. Berlin 1987

Frauenforschungs-, -bildungs- und -informationszentrum FFBIZ (Hrsg): „O Charlottenburg, du frauenfreundlichste unter den Städten...?" Wege zur Frauengeschichte Charlottenburgs 1850-1930. Hg. vom. Berlin 1989

Irene Fritsch: Leben am Lietzensee, Berlin 2001

Dagmar Girra, Sylvia Lais: Charlottenburg. Wegweiser zu Berlins Straßennamen, hrsg. von Hans-Jürgen Mende. Berlin 1996

Berthold Grzywatz: Das Rathaus Charlottenburg. Zur Geschichte eines bürgerlichen Monumentalbaus. Berlin 1989

Berthold Grzywatz: Die Rathäuser Charlottenburgs. Berlin 1991

Wilhelm Gundlach: Geschichte der Stadt Charlottenburg. 2 Bde., Berlin 1905

Konrad Haemmerling: Charlottenburg. Das Lebensbild einer Stadt, 1905-1955. Hrsg. Bezirksamt Charlottenburg von Berlin, Berlin 1955

Heimatmuseum Charlottenburg-Wilmersdorf (Hg): Leben in der Paul-Hertz-Siedlung, Berlin 2000

Paul Hindemith: Berliner ABC. Das private Adreßbuch von 1927 bis 1938, Berlin 1999

Christian Hopfe: Berlin-Charlottenburg (= Die Reihe Archivbilder), Erfurt 2002

Henrike Hülsbergen (Hrsg): Charlottenburg ist wirklich eine Stadt. Aus den unveröffentlichten Chroniken des Johann Christian Gottfried Dressel (1751-1824). Veröffentlichung des Heimatvereins Charlottenburg e.V. in Verbindung mit dem Bezirksamt Charlottenburg, Bd.1. Berlin 1987

Birgit Jochens (Hrsg): Bruchstücke Stuttgarter Platz, Berlin 1999

Birgit Jochens: Charlottenburg in historischen Postkarten, Berlin 1997.

Birgit Jochens, Doris Hühnert: Von Tonwaren zum Olympiastadion. Die Berliner Familie March. Eine Erfolgsstory, Berlin 2000

Birgit Jochens, Herbert May: Die Friedhöfe in Berlin-Charlottenburg. Geschichte der Friedhofsanlagen und deren Grabmalkultur. Berlin 1994

Birgit Jochens und Sonja Miltenberger (Hrsg): Zwischen Rebellion und Reform. Frauen im Berliner Westen, Berlin 1999

Christiane Klingspor, Dorothea Zöbl: Bewegungsräume im Wandel. Mobilität von Frauen in Charlottenburg. Berlin 1997

Klaus Kordon: Bei uns in Charlottenburg. Geschichte in Geschichten. In Zusammenarbeit mit dem Bezirksamt Charlottenburg. Berlin 1992

Horst Krüger: Der Kurfürstendamm. Glanz und Elend eines Boulevards, Hamburg 1982

M. Kühn: Die Bauwerke und Kunstdenkmäler von Berlin – Schloß Charlottenburg. Berlin 1970

Kunstamt Charlottenburg (Hrsg.): Blumen, Gärten, Paradiese (Schloss Charlottenburg – 200. Geburtstag Joseph Peter Lenée), Berlin 1989

Kunstamt Charlottenburg (Hrsg.): Schloss Charlottenburg – ein Musensitz?" (300 Jahre Schloss Charlottenburg), Berlin 1995

Reiner Matzker (Hrsg): Charlottenburger Welttheater, Berlin 1993

Hans Mausbach: Rund um das Rathaus [Charlottenburg]. Stadtbildplan (isometrische Darstellung) mit einem Begleittext von Georg Holmsten. Berlin 1980

Herbert May: „Einst eine Zierde der Residenz". Die Schloßstraße in Charlottenburg. Berlin 1992

Karl-Heinz Metzger und Ulrich Dunker: Der Kurfürstendamm: Leben und Mythos des Boulevards in 100 Jahren deutscher Geschichte, Berlin 1986

Sonja Miltenberger: Charlottenburg in historischen Karten und Plänen, Berlin 1998

Bernd Nicolai: Andreas Schlüter. Das Reiterdenkmal des Großen Kurfürsten im Ehrenhof von Schloß Charlottenburg, Berlin 2002

Ute Nitsch: Charlottenburg-Wilmersdorf von A bis Z. Ein Lexikon. Hg. Bezirksamt Charlottenburg-Wilmersdorf, Berlin 2003

Jan Petersen: Unsere Straße, München 1978

Clemens-Maria und Michael Peuser: Charlottenburg in königlicher und kaiserlicher Zeit. Die reichste Stadt Preußens, Sao Paulo 2004

Susanne Prösel, Michael Kremin: Berlin um 1700. Die Idealstadt Charlottenburg. Die Bedeutung Charlottenburgs für die Entstehung von Groß-Berlin. Hg: Technische Universität Berlin, 1984

P. O. Rave, I. Wirth: Die Bauwerke und Kunstdenkmäler von Berlin – Stadt und Bezirk Charlottenburg. Berlin 1961

H.-J. Reiher: Straßenverkehr in Westend. Berlin 1989

Monika Reiher: Tendenzen der städtebaulichen Entwicklung. Charlottenburg seit 1945. Veröffentlichung des Bezirksamtes Charlottenburg. Berlin 1980

Wolfgang Ribbe (Hrsg): Von der Residenz zur City. 275 Jahre Charlottenburg, Berlin 1980

Gisela Scholtze: Charlottenburg und seine Straßen. Straßennamen im Spiegel der Zeiten. Berlin 1993

Gisela Scholtze: Die Villa Oppenheim in Charlottenburg. Die wechselhafte Geschichte eines Grundstückes, seiner Nutzer und Bewohner. Berlin 1997. In: Mitteilungen des Vereins für die Geschichte Berlins; 93 (1997) 1

Dietmar Schütte: Charlottenburg. Geschichte der Berliner Verwaltungsbezirke, hrsg. von Wolfgang Ribbe, Bd. 1, Berlin 1988

Senatsverwaltung Bau- und Wohnungswesen (Hg): Erneuerung in der Altstadt Charlottenburg. (= BERLIN BAUT. Bd. 10), Berlin 1990

Gustav Sichelschmidt: Charlottenburg in alten Ansichten. Zaltbommel (Niederlande) 1976

Sophie Charlotte und ihr Schloß. Ein Musenhof des Barock in Brandenburg-Preußen. Ausstellungskatalog, München – London – New York 2000

Stockhaus / Pfennig: Die Kulturmagistrale – Stadtzusammenhänge zwischen Berlin und Charlottenburg – Vom Eosanderportal zum Eosanderschloß. (Gebrüder Mann Verlag) 2000

Annemarie Weber: Charlottenburg. Ein Bezirk von Berlin. Fotografiert von Arno Kiermeir, Berlin 1984

Hans Wienicke: „Schon damals fingen viele an zu schweigen ...". Quellensammlung zur Geschichte Charlottenburgs von 1933-1945, Berlin 1986

Klaus-Dieter Wille: Spaziergänge in Charlottenburg. Berliner Reminiszenzen 66, Berlin 1992

Heinrich-Wilhelm Wörmann: Widerstand in Charlottenburg. Bd. 5 der Schriftenreihe über den Widerstand in Berlin von 1933 bis 1945, hrsg. von der Gedenkstätte Deutscher Widerstand, Berlin 1991

R. Zünder: Vom Ledigenheim zum Studentenwohnheim Danckelmannstraße. Berlin 1990

Wir danken den nachfolgenden Firmen, die mit ihrem Beitrag zur Finanzierung des Jubiläumsbuches beigetragen haben:

GSG-Gewerbesiedlungsgesellschaft mbH	Seite 23
Ahorn-Grieneisen	Seite 26/27
Gebr. Hertling GmbH & Co.KG	Seite 31
Goldschmiede Asendorf	Seite 32
Buchhandlung DER DIVAN	Seite 33
Rehbein Sicherheitstechnik	Seite 34
Furgber Immobilien GmbH	Seite 35
Berliner Volksbank eG	Seite 37
Königliche Porzellan-Manufaktur Berlin (KPM)	Seite 40/41
Urbschat Art & Photo	Seite 45
J. Fagel GmbH	Seite 53
Rüffer GmbH	Seite 54
Diekmann-Restauration & Kolonialwaren	Seite 55
DIFA-Deutsche Immobilien Fonds AG	Seite 57
HDI Industrie Versicherung AG	Seite 59
Charlottenburger Baugenossenschaft eG	Seite 61
Berliner Bau- und Wohnungsgenossenschaft von 1892 eG	Seite 63
Friedenskirche	Seite 67
EVM Berlin eG (Erbbauverein Moabit)	Seite 69
bbg-Berliner Baugenossenschaft eG	Seite 71
DRK Kliniken Berlin Westend	Seite 73
EHRIG – Computer- und Bürosysteme GmbH	Seite 81
Volksbund Deutsche Kriegsgräberfürsorge e.V.	Seite 85
Physioteam Kordula Kunde	Seite 91
Sankt Gertrauden-Krankenhaus	Seite 93
Christian Science Kirchen	Seite 99
Reemtsma Cigarettenfabriken GmbH	Seite 101
Deutsche Bundesbank	Seite 103
Landesversicherungsanstalt Berlin (LVA Berlin)	Seite 105
SPI Consult GmbH	Seite 107
Die Werbepalette GmbH	Seite 109
GEWOBAG – Verbund	Seite 111
Werbegemeinschaft Europa-Center	Seite 113
Hotel Palace Berlin	Seite 114
DEGEWO-Gruppe	Seite 117
DaimlerChrysler AG	Seite 121
IVG Immobilien	Seite 123
Unternehmerinnen-Netzwerk Juliane Koch-Sadighi, Karola Flemming, Susanne Rabe, Regina Kunze, Gabriele Jahn	Seite 124
TNT Express GmbH	Seite 125
HEUSSEN Rechtsanwaltsges. mbH	Seite 127
PricewaterhouseCoopers GmbH	3. Umschlagseite

HEUSSEN
Rechtsanwaltsgesellschaft Berlin
Wirtschaftsrechtliche Beratung aus Charlottenburg

Die HEUSSEN Rechtsanwaltsgesellschaft mbH und ihre Vorgängerunternehmen sind seit 1995 in Charlottenburg präsent. Die Gesellschaft gehört zu den überregionalen Wirtschaftskanzleien in Deutschland und bietet umfassende Rechtsberatung für national und international tätige Unternehmen.

Die mehr als 50 Rechtsanwälte in den vier deutschen Büros von HEUSSEN sind international und multidisziplinär vernetzt. Zur Lösung komplexer Aufgabenstellungen kooperieren sie regelmäßig mit Steuerberatern, Wirtschaftsprüfern und anderen Beratern.

Mit PricewaterhouseCoopers (siehe folgende Umschlagseite) verbindet uns die Erfahrung langjähriger Zusammenarbeit.

Rechtsberatung heißt für uns zunächst einmal Zuhören, um die Belange und Ziele unserer Kunden zu verstehen.

Unser Team von Spezialisten auf den Gebieten Gesellschaftsrecht inklusive M & A und Strukturierungen, Wirtschaftsrecht und Kapitalanlagerecht, IT-Recht, Immobilien- und Prozessrecht und im Notariat setzt die gemeinsam erarbeiteten Lösungen konsequent um.

Die Qualität der juristischen Beratung ist mitentscheidend für den Erfolg Ihres Unternehmens.

Sprechen Sie uns an.

**HEUSSEN
Rechtsanwaltsgesellschaft mbH**
Kontakt:
Dr. Karsten Kühne
Rechtsanwalt und Notar
Lise-Meitner-Strasse 1
10589 Berlin
Telefon: (030) 7009-4910

Bildnachweis

Ahorn-Grieneisen: 26, 27

Asendorf, Susanne: 32 links

bbg – Berliner Baugenossenschaft eG: 71 rechts

Berliner Bau-und Wohnungs-genossenschaft von 1892 eG: 63 rechts

Berliner Volksbank eG: 37

Bettge, Dirk: 118 links

Bezirksamt Charlottenburg-Wilmersdorf, Pressestelle:
Titelseite oben rechts, 38, 39 rechts, 58, 64, 68, 70 rechts, 77, 78 unten, 98, 105 oben, 115 oben, 125 unten

Bröhan-Museum: 65 links

Buchhandlung Der Divan:
32 rechts unten, 33 oben und rechts, 34 oben rechts, 35 oben links

Bücher-Galerie Peter Eichler: 62

Charlottenburger Baugenossenschaft eG: 61 rechts

Christian Science Kirchen: 99

DaimlerChrysler AG:
Titelseite unten rechts, 120

DEGEWO-Gruppe: 117

Deutsche Bundesbank: 103

Diekmann, Josef: 55 rechts

Die Werbepalette GmbH: 109 rechts

DIFA – Deutsche Immobilienfonds AG: 57

DRK-Kliniken Berlin Westend: 73

EHRIG Computer-und Bürosysteme: 81 rechts

EVM Berlin eG: 69

Euramedia Werbung Berlin, Archiv: 49, 105 mitte

Euramedia Werbung Berlin, Gisela Franke:
Titelseite unten links oben, 7, 18, 19, 25 oben, 30, 32 oben, 33 rechts, 52, 54, 55, 56, 67 links, 80, 82, 89 unten, 108, 110, 115 unten, 118 rechts, 119 oben, 122, 123 oben, 125 oben

Europa-Center:
112 links und rechts oben, 113

Furgber Immobilien GmbH: 35 rechts

Gebr. Hertling GmbH & Co. KG: 31

Gedenkstätte Plötzensee: 42

Georg-Kolbe-Museum:
90, 91 links und oben mitte

Gewerbesiedlungsgesellschaft mbH (GSG): 23

GEWOBAG: 107, 111

HDI – Industrie Versicherung AG: 59 unten

Heimatarchiv Charlottenburg:
4, 6, 8, 16 unten, 44 unten, 48, 78 oben

Heimatmuseum Charlottenburg-Wilmersdorf:
16 oben, 17, 20, 21, 22, 24, 25 unten, 28 unten, 29, 33 unten, 35 unten, 36, 45 links oben, 46, 47, 50, 53, 61 links, 66, 68, 70 links, 71, 74, 83, 95, 96, 97, 102, 106 unten

Hotel Palace Berlin: 114

IVG Immobilien: 123 unten

Josipovici, Isolde: 106 oben

Kirche Maria Regina Märtyrium: 109

Koch, René: 104

Königliche Porzellan-Manufaktur Berlin (KPM): 40, 41

Kunde, Kordula: 91 oben rechts

Landesarchiv Berlin: 79

Landesversicherungsanstalt Berlin: 105 unten

Literaturhaus Berlin: 39 oben

Müller, Raimund:
Titelseite unten links unten, 43, 44 oben, 63, 75, 82, 84, 87 unten, 89 oben, 92 oben, 94, 100, 107, 109 links, 112 rechts unten, 119 unten

Museum für Vor- und Frühgeschichte: 15

Naturwissenschaftliche Sammlung: 116

Olympiastadion GmbH: 76

Physikalisch-Technische Bundesanstalt PTB: 59 oben

RBB: 92 unten

Reemtsma Cigarettenfabriken GmbH: 101

Rehbein, Sabrina: 34 links

Renaissance-Theater: 86

Rüffer GmbH: 54 links

Sammlung Clemens Maria Peuser: 65 rechts, 72, 81, 87

Sankt Gertrauden-Krankenhaus: 93

Senat von Berlin, Senatskanzlei: 3

Sportverband City-West: 28 oben

Stiftung Preußische Schlösser und Gärten Berlin-Brandenburg (SPSG):
Titelseite oben links u. oben mitte, 9, 10, 11, 12, 13, 14

Theater am Kurfürstendamm, Komödie: 88

TNT-Express: 125 rechts

Urbschat Art & Photo:
5, 45 rechts

Volksbund Deutsche Kriegsgräberfürsorge e.V.: 85